Literarische Schokoladenauslese

Anthologie

W0088907

Bibliografische Information durch die Deutsche Nationalbibliothek:
Die Deutsche Nationalbibliothek verzeichnet diese Publikation in der Deutschen Nationalbibliografie; detaillierte bibliografische Daten sind im Internet über http://dnb.d-nb.de abrufbar.

Rechte für die Einzeltexte liegen bei den jeweiligen Autoren
Herausgeberin: Petra Pohlmann
Cover: Foto von Jessica Loaiza auf Unsplash
Coverdesign: Andreas Wieckowski (andwiec@gmail.com)
Titel-Illustration der Texte: Schokoladentafel von jedynka auf Pixabay
Originalausgabe September 2024
© Gesamtherstellung Pohlmann Verlag, 49196 Bad Laer
www.pohlmann-verlag.de
Printed in EU

ISBN 978-3-948552-48-0

Hg. Petra Pohlmann

Literarische Schokoladenauslese

Zum internationalen Tag der Schokolade

am

13. September 2024

Pohlmann Verlag

Inhaltsverzeichnis

Weihnachtszeit

Osterzeit

Rezepte

Prolog

oder

Aus der Schreibwerkstatt

Hartmut Gelhaar

Die Schokoladenseite zeigen
ist uns allen wohl zu eigen.

Dabei gehört zum ganzen Bild,
mal ist es bitter und mal mild.

Die wenigsten von unserer Sorte
sind Wunschkinder aus der Retorte.

Und so findet der Entdecker
hier verschiedene Geschmäcker.

Reise durch den Schokokosmos

Friederieke Butzheinen

Ich sitze mit meinem Freund im Zug, vor uns eine Packung Rocher-Pralinen. Die braunen Papierförmchen rascheln verheißungsvoll, als ich in die Schachtel greife, um die goldglänzende Haut von der Schokolade zu schälen. Ich halte mir die Kugel vors Gesicht. „Wusstest du, dass Rocher *Steine* bedeutet?", frage ich meinen Freund.

Hypnotisiert von der vorbeirauschenden Landschaft starrt er aus dem Fenster.

„Wenn eine Schokolade ein Stein sein kann, könnte sie dann auch ein Asteroid sein? Oder eine Schokoladenwelt?"

Ein Lächeln streicht um seine Lippen. „Mars?"

„Milky Way", kontere ich.

„Eine Schokomilchstraße." Er beugt sich vor. „Mit Welten aus Vollmilch, Zartbitter und weißer Schokolade, je nach Kakaoanteil."

„Und flüssigem Kern."

„Schokovulkanausbrüchen."

„Die zu Bims und Tuff aus Bubbleschoki führen."

Er lacht. Um sein Kinn bilden sich die Grübchen, die ich so liebe. „Das Leben entsteht im Meer."

Ich schiebe mir das Rocher in den Mund. „Ein Ozean aus Kakao?", frage ich.

Er nickt. „Mit heißen Quellen, die die Milch zum Kochen bringen. Da bilden sich dann erste Mikroorganismen."

„Aber der Ursprung allen Lebens ist die Kakaobohne?"

„Bist du eine Schokreationistin?"

Ich stibitze mir dreist ein weiteres Rocher. „Nein. Die Kakaobohne ist ein Einzeller. Den Rest übernimmt die Evolution."

Seine Augen leuchten.

Hastig schlucke ich die restlichen Rocher-Splitter runter. Oh-oh, bestimmt hat er meinen Diebstahl bemerkt.

„Du ...", beginnt er.

„Ja?"

„Glaubst du, die Welt ist von Weihnachtsmännern, Osterhasen und Maikäfern besiedelt?"

„Da muss es doch noch mehr geben?"

„Zumindest mehr Sorten ..."

Während er unterscheidet zwischen After Eight-Weihnachtsmännern (die nur nördlich des achten Breitengrads leben) und KitKat-Weihnachtsmännern (die Nüsse und Mandeln aus den Bergen schmelzen), nutze ich seine Ablenkung aus. Wieder zwei Rocher mein! Eins für jetzt – und eins für später.

„Was für Berge?", frage ich unschuldig.

„Was hättest du denn gern für welche?"

„Tafelberge natürlich!"

Vor dem Fenster zieht ein verfallener Hof vorbei. „Das führt wenigstens zu soliden Gebäuden", sagt mein Freund.

„In Tobleronto?"

„In Tobleronto am Toffisee."

„Was im Kinder Country liegt."

Inzwischen kaue ich ganz offen auf meiner Beute herum und lasse meine Hand immer wieder zu der durchsichtigen Packung zurückwandern. Es raschelt jedes Mal lauter, wenn ich die Folienreste nach getarnten Rochers durchwühle. „Ich glaube, die Welt ist eher mittelalterlich geprägt", erkläre ich.

„Warum?"

„Weil die Weihnachtsmänner Rittersport machen."

„Aua, aua!", jammert er. „Der war so schlecht."

„Hast du einen besseren?"

„Ähm ...", er runzelt die Stirn. „Die Weihnachtsmänner lieben ..."

„Was?" Ich ziehe meine Hand aus der Packung zurück.

„Sie lieben ... Autorennen."

„Was ist an Autorennen bitte schokoladig?"

„Naja", seine Grübchen vertiefen sich. „Sie fahren alle Ferrero."

Wir brechen simultan in Gelächter aus, so sehr, dass sich Mitreisende nach uns umdrehen – allerdings nicht, weil der Witz gut war. Während ich mir die Tränen aus den Augenwinkeln wische, schleicht die Hand meines Freundes über den Tisch. Ich lasse meine in seine Richtung rutschen – aber er weicht vom Kurs ab und landet mit den Fingern in der Rocher-Schachtel. Ich halte den Atem an. Folienknistern. Papierrascheln.

Die Schachtel ist leer. „Du hast das Universum zerstört!", beschwert er sich.

Ich wische mir die braunen Flecken vom Kinn. „Das war die Schokokalypse!", schauspielere ich in Theatralik.

„Nicht fair!"

Mir fällt mein *für später* im Rucksack ein. „Fang!", sage ich.

„Was ist das?"

Ich schaue ihm tief in die Augen. „Der letzte Stein einer sterbenden Welt. Und weißt du was? Im nächsten Bahnhof gibt es einen Süßigkeitenautomaten. Wir können die gesamte schoko-kosmische Reise von vorne beginnen."

Ohne Worte

Karen Wright

Man versteht sie ohne Worte.
Sie spricht ihre eig'ne Sprache,
wie Musik und Tanz und Liebe,
zur Versöhnung eine Pforte.

Schokolade schenkt Vertrauen,
wie ein bunter Blumenstrauß.
Sie lässt über Schatten springen.
Mit ihr kann man Brücken bauen.

Gräben kann sie überwinden,
Trost und Lebensfreude spenden,
Missverständnisse beenden.
Neue Wege lässt sie finden.

Leicht, wie Pusteblumensamen,
schillernd bunte Seifenblasen,
Segel, horizontwärts gleitend,
schafft sie immer neue Rahmen:

Sie wirkt grenzenlos und offen,
und egal in welcher Form –
Nikolaus, Herz, Schokohase –
schmeckt sie schlicht unübertroffen.

Der Mann, der sich nicht einwickeln ließ

Christina Müller

Die junge Frau stellte das Wasserglas wieder auf den Wohnzimmertisch und wartete. Ihr Blick wanderte von dem grauen Bierdeckel, worauf ihr Glas stand, hinüber zu der sparsam eingerichteten Wohnung. Draußen dämmerte es schon. An der Decke hing eine ausladende Lampe mit fünf verschnörkelten Holzarmen, an deren Ende je eine milchige Glaskugel angebracht war. Es brannten nur noch zwei der Glühbirnen, die dem Raum ein schummriges kneipenähnliches Licht gaben. Eine Seite des Zimmers wurde fast vollständig von einer dunklen Schrankwand ausgefüllt. Es roch nach Bratkartoffeln mit Speck. Sie schaute sich das hellbraune Sofa der Couchgarnitur genauer an, auf dem sie saß, und entdeckte ein paar Flecken und abgenutzte Stellen, die ihr vorher nicht aufgefallen waren. Auf dem ovalen Couchtisch waren eine brennende Kerze, ein leeres Brillenetui und eine offene Schachtel mit Pralinen. Die Frau sah sich den Inhalt der Schachtel an und merkte, wie sie Appetit bekam. Wann würde der Hausherr wohl wieder zurückkehren, dachte sie und schaute auf ihre Armbanduhr.

Endlich öffnete sich die Tür. „Verflixt und zugenäht. Ich kann die Brille einfach nicht finden! Wo habe ich sie nur hingelegt?" Der Mann ging suchend im Zimmer auf und ab und knöpfte seine Strickjacke währenddessen zu. Dann stellte er den Thermostat der Heizung etwas höher und drehte die restlichen drei Glühbirnen in die Fassung der Deckenleuchte. „Festtagsbeleuchtung", sagte er feierlich zu der Frau und lächelte sie an. „Alles nur für Sie." Es kam in seinem Alter nicht mehr oft vor, dass er Gesellschaft von einer Frau hatte, und er genoss ihre Anwesenheit. Er schaute auf ihre gepflegten Hände, die roten Fingernägel, ihr enganliegendes Kleid. Der Anblick gefiel ihm; nur ihre Stimme. Er wusste es nicht genau, aber etwas irritierte ihn in ihrem Klang und in der Art, wie sie die Endsilben betonte.

Sie schauten sich an. Ihre Augen waren grün, hellgrün, wie das klare Wasser eines Sees. Es erinnerte ihn an seine Aufenthalte in den Schweizer Bergen, wo er früher fast jedes Jahr Urlaub gemacht hatte. Ab und zu war er gern allein gereist. Dann musste er sich nach niemandem richten, war von seiner Familie ungestört und konnte sich neue Anekdoten und lustige Geschichten ausdenken, die er dann später im Hotel zum Besten gab. Die Gäste und das Personal des Hotels, wo er früher gearbeitet hatte, hatten seine Späße sehr geschätzt und sich manchmal gebogen vor Lachen, was ihn dann jedes Mal sehr freute.

Nachdem die Frau ausgetrunken hatte, kam sie zum geschäftlichen Teil. Sie holte einen Stapel Zeitschriften aus ihrem Koffer und breitete sie großflächig auf dem Tisch vor ihm aus.

Aha, dachte er. Ich habe es geahnt. Sie will mir was unterjubeln. Dank seiner jahrelangen Berufserfahrung als Empfangschef im Hotel kannte er sich aus. Er würde nicht auf ihren Charme und ihre Verkaufsmasche reinfallen. Wie ein Gentleman nahm er die Pralinenschachtel vom Wohnzimmertisch, um ihr eine davon anzubieten, und stutzte. Es fehlten zwei. So eine Frechheit! Da geht man für drei Minuten aus dem Zimmer und schon bedient sich die Dame ungeniert und glaubt, es würde mir nicht auffallen. Hoffentlich hat sie nicht in meinen Schubladen herumgestöbert, während ich nicht im Raum war.

Die Frau machte eine ablehnende Handbewegung und er stellte die Pralinenschachtel wieder auf den Tisch. „Also, wie ich vorhin schon sagte, handelt es sich um ein einmaliges Angebot, das Sie nicht ablehnen können. Wir bieten Ihnen ein Abonnement der Premium-Klasse. Ein bisschen Abwechslung im Rentneralltag könnte Ihnen nicht schaden, nicht wahr?" Mit diesen Worten nahm die Frau drei TV-Zeitschriften vom Tisch und gab sie ihm.

Mit zusammengekniffenen Augen blätterte er kurz in den Illustrierten und versuchte dann, den mehrseitigen Kaufvertrag zu überfliegen, doch ohne Brille konnte er nicht genau sehen, was im Kleingedruckten stand. Die Buchstaben verschwammen vor seinen Augen.

Siegesgewiss lehnte sich die Frau auf dem Sofa zurück und fuhr sich durch das lange Haar. Er merkte, wie ihn die Situation überforderte. Einerseits freute er sich über den Besuch der Frau und über die Abwechslung vom Alltag. Andererseits wollte er sich nichts andrehen lassen und Geld für etwas ausgeben, was er nicht brauchte. War der Frau etwa entgangen, dass er gar keinen Fernseher besaß? Ärger kam in ihm hoch und sein Herz begann schneller zu schlagen.

Dann war sein Entschluss gefasst. Langsam erhob er sich aus dem Sessel und ging zu seinem Wohnzimmerschrank. Er öffnete die unterste Schublade, entdeckte nebenbei seine Lesebrille und setzte sie sich auf die Nase. Aus einem Seitenfach holte er schließlich ein dickes Album hervor.

„Ach, das muss jetzt wirklich nicht sein", sagte sie und wollte sich gerade erheben, doch er hatte sich schon nah zu ihr auf das Sofa gesetzt und das Album aufgeschlagen.

„Es ist eine Sammlung von Papierbanderolen, die ich seit meinem vierzehnten Lebensjahr als Hotelpage aus der ganzen Welt gesammelt habe." Darunter war an erster Stelle das Einwickelpapier eines Schokoladentäfelchens, das er von einem Geschäftsmann aus der Schweiz damals in die Hand gedrückt bekommen hatte. Es zeigte in bunten Farben eine Berglandschaft und im Hintergrund einen Gletscher. Im nächsten Moment hatte er die Szene wieder vor Augen. Er sah sich, wie er im Fahrstuhl die Schokolade aus der Banderole schnell auswickelte und in den Mund steckte, gerade in dem Moment, als ein Hotelgast den Fahrstuhl betreten wollte. Etwas so Gutes hatte er schon lange nicht mehr gegessen. Langsam war die süße Vollmilch-Schokolade in seinem Mund geschmolzen und ein zufriedenes Lächeln hatte sich auf seinem jugendlichen Gesicht breitgemacht. Eifrig blätterte er weiter in dem Album herum. Er erzählte ihr eine lustige Anekdote nach der anderen aus seinem Leben.

Die Frau unterdrückte ein Gähnen und schaute auf ihre Uhr.

„Möchten Sie noch eine Praline? Ach ja, wie Sie sehen, besitze ich gar kein Fernsehgerät, aber schön, dass Sie mir Gesellschaft leisten."

Die Frau war so schnell verschwunden, wie sie gekommen war. Er konnte sie nicht einmal mehr bis zur Tür begleiten, was ihn nicht mehr viel bekümmerte und mit einem Schmunzeln im Gesicht räumte er das Wasserglas vom Tisch.

Glücklicher Weise

Hartmut Gelhaar

Dass Schokolade glücklich macht
ist zweifelsfrei erwiesen.

Doch steht sie auch schwer in Verdacht
den Korpus zu vermiesen.

Zum Glück schmälern paar Pfund zu viel
nicht unbedingt das Glücksgefühl.

Betrachtet man die Sache so,
macht Schokolade wirklich froh!

Wetten, dass ...?

Mirja Seim

Irgendjemand hat meine Hosen enger genäht. Auch die Waage scheint kaputt zu sein. Ich beschwere mich lautstark bei meinem Mann darüber und ernte einen langen Blick über seine Lesebrille. „Bei deinem Konsum an Schokolade wundert mich das gar nicht."

Was soll das denn jetzt? Mit verschränkten Armen schaue ich ihn an. Er zuckt mit den Schultern, geht in die Küche und öffnet die Vorratskammer. Mein Mann benutzt ständig so dramatische Gesten. Als ob die Vorratskammer zeigt, wie viel Schokolade ich ... – oh, ich verstehe, was er meint. Auf zwei von sechs Regalbrettern stapeln sich meine Schätze: Längliche und quadratische Tafeln, Vollmilch, Haselnuss, Nougat, Marzipan, daneben selbstgemachte Schokocrossies, Schachteln mit Schokoküssen und tütenweise mit Schokolade überzogene Erdnüsse. Ich habe ein Problem, aber das werde ich niemals zugeben. „Ja, und?"

„Mehr hast du dazu nicht zu sagen?", fragt mein Mann zurück. „Ich wette, du hältst es keine Woche ohne Schokolade aus."

Natürlich setze ich dagegen. Eine Woche, einfach lächerlich!

Tag 1

Es geht mir gut, ausgesprochen gut. Ich habe mich nur zweimal dabei ertappt, wie ich vor meinen Schokoladenfächern stand. Diese Wette werde ich im Handumdrehen gewinnen. Und dann muss mein Mann mir Schokoladentorte backen und kann sich das Männerwochenende mit seinen Kumpels knicken.

Tag 2

Mein Hochgefühl ohne Schokolade hält an. Gewissenhaft arbeite ich im Supermarkt meine Einkaufsliste ab. Jede Menge Gemüse statt Schokolade! Mein Weg führt mich nicht in die Süßwarenabteilung. Auf gar keinen Fall. Obwohl, einen kleinen Blick könnte ich riskieren. Nur mal schauen, was mir in dieser Woche alles entgeht.

Tag 3

Der Abstecher zu den Süßigkeiten im Supermarkt ist eine ganz schlechte Idee gewesen. Es ist halb vier nachts, ich kann nicht schlafen, sitze am Küchentisch und futtere meine fünfte Möhre. Die Vorratskammer habe ich abgeschlossen. Mein Laptop steht vor mir. Die Bestellung von Scheuklappen für meinen nächsten Supermarktbesuch ist raus. Ich hoffe, sie werden schnell geliefert. Andernfalls muss ich den Wocheneinkauf auf meinen Mann abwälzen.

Tag 4

Kohlrabi macht beim Kauen fast so schöne Geräusche wie die Chips, die mein Mann sich einverleibt. Es ist unser gemeinsamer Fernsehabend (zum Glück nicht mit *Bridget Jones – Schokolade zum Frühstück!*).

Jetzt läuft Werbung. Ich fange an zu husten, der Kohlrabi hängt mir quer im Hals.

„Alles in Ordnung bei dir?", fragt mein Mann.

Nein, gar nichts ist in Ordnung. Über den Bildschirm flimmern meine Lieblingspralinen aus der Schweiz. Schon beim Anblick des Maître Chocolatier schmelze ich dahin. Ich muss ins Bett!

Tag 5

Die Kinder hassen mich. Ich habe Kakao von ihrem täglichen Frühstücksplan gestrichen. Tee oder Wasser sind sowieso viel gesünder für die Zähne. „Nur, weil du auf Diät bist, müssen wir darunter leiden", mault der Große.

Diät! Ha, so weit kommt das noch! Ich habe eine Wette zu gewinnen. Und das geht nicht, wenn ich abgelenkt bin. Wie gut, dass der Große nicht weiß, dass ich seine Schokocornflakes entsorgen werde, sobald er in der Schule ist.

Tag 6

Es hat jemand Angst, zu verlieren – ich bin es nicht! Mein Mann hat im gesamten Haus Rosen und Schokoladenherzen verteilt. Natürlich muss er mit unfairen Mitteln kämpfen. Aber nicht mit mir! Mit Putzhandschuhen und großem Müllsack bewaffnet durchkämme ich sämtliche Zimmer nach seinen kleinen Lockmitteln. Genau in dem Moment, als er das Haus wieder betritt, versenke ich eine besonders große Pralinenschachtel in Herzform im Beutel. „Du musst dir schon was Besseres einfallen lassen", rufe ich ihm überlegen zu.

Sein Blick geht von meinem Gesicht zum Müllsack und zurück.

„Alles Gute zum Hochzeitstag, mein Schatz!", sagt er und verschwindet im Wohnzimmer.

Verflixt! Voll vergessen ... Hoffentlich kann ich das wieder geradebiegen. Vielleicht mit einem Schokoladenherz?

Tag 7

Meine Chefin hat sich mit meinem Mann verbündet. Anders kann ich mir nicht erklären, dass ich diejenige bin, die einen Artikel für unsere Lokalzeitung über die Eröffnung des neuen Schokoladenhotels in der Stadt schreiben soll.

„Unsere Zimmer sind in die Kategorien *Vollmilch, Zartbitter, Marzipan und Karamell* unterteilt. Die einzelnen Geschmacksrichtungen finden Sie individuell in die Gestaltung der Räume eingearbeitet. Sehen Sie hier –"

Gehorsam folgen meine Augen dem ausgestreckten Arm der Hotelmanagerin durch die geöffnete Zimmertür. Das Bild der angebissenen Schokoladentafel im Großformat an der Wand über dem Bett schlägt mir sofort aufs Gemüt. Wie gerne würde ich jetzt – nein, ich muss heute noch durchhalten!

„Wir setzen unsere Führung im Wellnessbereich fort, bitte hier entlang!" Immerhin können mir ein Schwimmbecken und Massagebänke nicht gefährlich werden. „Frau Schönfeld, wir haben eine Überraschung für Sie", die Hotelmanagerin holt mich aus den Gedanken, „wir bieten Ihnen eine kostenlose Schokomassage an, damit Sie Ihren Lesern von unseren einzigartigen Anwendungen berichten können." Sie schiebt mich in eine Umkleidekabine. „Meine Kollegin holt Sie gleich ab."

In was bin ich da hineingeraten? Ich atme tief ein und aus. Ich habe nichts zu befürchten. Die Schokolade wird nur auf meinem Körper sein, ich werde sie nicht essen müssen.

„Frau Schönfeld, sind Sie bereit?"

Nein, bin ich nicht. Wie ein Verbrecher zum Schafott bewege ich mich auf die Massagebank zu.

„Bitte geben Sie mir Ihren Bademantel und legen sich auf den Bauch."

Wenn ich die Augen schließe, werde ich die Schokolade auch gar nicht sehen können.

„Ich bin die Susi und werde nun mit Ihrer Massage beginnen. Statt Öl verwende ich leicht erwärmte flüssige Schokolade. Verfeinert ist sie mit einem Hauch von Kakaobutter. Sie werden merken, Ihre Haut wird sich anschließend seidig-zart anfühlen."

Ohrstöpsel wären super gewesen. Ich kann das Wort Schokolade nicht mehr hören. Susi hört nicht auf zu plappern. Von fair gehandeltem Kakao, von den Pralinenkursen, die das Hotel anbietet, vom Schoko-ladenfondue, das ich im Anschluss genießen kann. In meinem Kopf dreht sich alles. Der schokoladige Duft wird immer stärker. Ich kann nicht entspannen. Meine Brust schnürt sich zu. Ich muss hier raus.

Abrupt springe ich auf, schnappe mir meinen Bademantel und sprinte aus dem Raum. Erst draußen vor dem Hoteleingang komme ich zum Stehen. Panisch hole ich Luft, versuche, meine Atmung zu beruhigen, und lasse mich auf den Gehweg sinken. Die Tränen laufen mir ungehemmt die Wangen hinunter.

„Du siehst aber traurig aus!"

Undeutlich erkenne ich ein kleines Mädchen, das vor mir steht.

„Hier, für dich!" Es reicht mir einen Schokoriegel. „Meine Mama sagt immer, Schokolade macht glücklich."

„Deine Mama ist eine weise Frau", schniefe ich und beiße ein Stück ab. Eine Welle der Euphorie durchströmt mich. Gleichzeitig die Er-kenntnis, dass ich die Wette verloren habe. Egal jetzt, ich beiße noch ein Stück ab. Ich habe kein Problem, ich bin wieder glücklich. Die Schokoladentorte backe ich mir selber, wenn mein Mann auf sein Männerwochenende geht. Oder ich gönne mir eine Übernachtung im Schokoladenhotel.

Freund 18

Anna Bösel

Soll ich dich mit Schokolad' vergleichen?
Du kommst fröhlich und in buntem Gewand.
Die Bitterkeit jener will nicht weichen,
Und ihre Süße hat nicht lang Bestand.

Manchmal wird mir von ihrem Zucker schlecht,
Und oft plagt mich das schlechte Gewissen.
Alleine gegessen – wie ungerecht,
schon verschwunden, wie werd' ich sie missen.

Deine ewige Süße schwindet nicht.
Du bleibst bei mir, auch wenn ich dich brauche.
Kein kurzer Glücksmoment, der schnell verlischt.
Du bist mir im Herz – nicht nur im Bauche.

Du bist mein Freund, der Schokolade bringt.
Du bleibst bei mir, nachdem ihr Trost verschwindt.

Die Tränen des Chocolatiers

Janthe Schröder

Die Ladenglocke erklang und das Schild *Le Petit Marron*[1] klapperte an der Tür. „Maurice? Wo bist du?", rief Antoine.

Maurice saß zusammengesunken im hinteren Raum am Arbeitstisch. Antoine schüttelte den Kopf. „Das sieht hier aus! Überall Säcke. Dein Geschäft ist doch kein Kakao-Lager! Man kommt ja kaum noch durch!"

„Sie liebte es, hier zu sitzen", sagte Maurice leise.

„Ich weiß, ich weiß. Aber du musst wieder Schokolade machen. Sonst treibst du die Manufaktur in den Konkurs! Willst du etwa in der Zeitung lesen, dass Belgiens bester Chocolatier aufgegeben hat?" Antoine legte eine Hand auf die Schulter seines Schwagers. „Ronda hätte nicht gewollt, dass du den Laden so vernachlässigst."

„Ich vermisse sie."

„Sie fehlt mir doch auch. Aber bitte, mach etwas."

„Die letzte Schokolade, die ich gemacht habe, war für sie."

„Ja, eine schöne Grabbeigabe, aber dein Leben muss weitergehen."

„Ich habe kein Leben mehr."

„Dann lass wenigstens das *Le Petit Marron* für sie weiterleben."

„Ma Ron, Maurice und Ronda. Das ist vergangen."

„Bitte, tu es in Gedenken an meine Schwester."

„Wozu?"

Antoine rüttelte ihn an der Schulter und schluchzte. „Ach, wenn sie dich so sehen würde!" Er nahm den Rahmen mit Rondas Foto von der Wand, stellte ihn vor Maurice und ging.

Maurice fuhr mit dem Finger über das Bild und schloss die Augen.

„Mon cher![2] Antoine hat recht, du musst die Leute wieder glücklich machen mit deiner Schokolade", hörte er die Stimme seiner Frau.

Er schreckte hoch, blickte um sich, aber da war keine Ronda.

Spät in der Nacht machte sich Maurice an die Arbeit, zertrümmerte eine Kakaobohne nach der anderen, bis ihm der Schweiß den Nacken herunterlief. Er rührte mit gleichmäßigen Bewegungen die Schokolade auf dem Herd, bis sie fein genug war, dann strich er sie auf die Marmorplatte. Das Braun glänzte im Licht der Arbeitslampe. Er beugte sich über den Tisch. „Ach, Ronda. Ohne dich ist es nicht dasselbe." Ein Zittern durchfuhr ihn, das in ein Schluchzen überging. Tränen fielen auf die warme Schokolade und hinterließen kleine Krater. Er setzte sich auf einen Stuhl und schloss die Augen.

„Hmmm, ausgezeichnet!" Ronda leckte ihren Finger ab und tippte erneut in die Masse. „Daraus musst du eine neue Sorte kreieren. Die Menschen werden sie lieben!"

Als der Morgen dämmerte, erwachte Maurice. „Ronda hat gesagt, sie sei ausgezeichnet!", murmelte er. Mit einem Finger fuhr er über die geriffelte Oberfläche der erstarrten Masse. „Warum hat der Lastwagen ausgerechnet dich erfasst? Warum nicht mich?" Wieder liefen seine Tränen. Er wischte sich über das Gesicht. Dann brach er ein Stück von der Schokolade ab und probierte. „Ronda, du hast recht. Sie schmeckt wirklich ausgezeichnet. Ich werde sie *La Tristesse*[3] nennen."

Maurice überlegte lange. Schließlich rührte er eine Kakaomasse an, die den Salzanteil einer Träne hatte. Ein Prozent Salz, das war gewagt, doch zu seiner Überraschung verkaufte sich *La Tristesse* gut. Niemand fragte mehr nach seinen Pralinen und Kuchen, alle wollten nur diese eine Sorte kaufen. Seine Konkurrenz begann bald, die Schokolade nachzumachen. Aber die Leute kamen von nah und fern und kauften sie nur bei ihm, dem traurigen Chocolatier.

Ein Jahr nach Rondas Tod betrat eine Frau seinen Laden. „Monsieur Dubois, ich habe eine herzliche Bitte an Sie."

„Wie viel *La Tristesse* darf ich Ihnen einpacken?"

„Ich möchte nichts davon, merci[4]." Sie zog einen Beutel aus ihrer Tasche und schob ihn über den Tresen. „Würden Sie mir bitte hieraus eine Tafel Schokolade machen? Sie sollen einer der besten Chocolatiers von ganz Belgien sein, hat mein Mann gesagt."

„Was ist das?" Maurice öffnete den Beutel, roch und runzelte die Stirn. „Jasminblüten?"

„Ja."

„So etwas mache ich nicht. Ich stelle nur *La Tristesse* her."

„Schade. Ich hatte gehofft, Sie würden mir helfen."

„Nein, bedaure."

„Bitte, Monsieur Dubois!"

„Madame, ich sagte Ihnen doch bereits ..."

Sie hob ihre Hand. „Es ist für meinen Mann. Er liegt im Sterben."

„Oh, das tut mir leid." Maurice nahm den Beutel und schaute der Frau in die glänzenden Augen. Es war ihm, als blickte er in einen Spiegel. „Kommen Sie morgen Abend wieder, Madame!"

„Das werde ich Ihnen nie vergessen! Au revoir[5]!"

Maurice probierte bis spät in die Nacht hinein auf verschiedene Arten, die duftenden Blüten zu verwenden. Ganze Blätter oder zu Pulver zerrieben, als Teeaufguss und mit Gewürzen verfeinert. Doch erst in Kombination mit seiner gesalzenen Schokolade war er vom Geschmack überzeugt. Er ließ sich die braune Masse auf der Zunge zergehen, schmeckte das Liebliche vom Jasmin und die feinen Salzkristalle. Als er die Augen schloss, sah er Ronda lächeln. Er probierte noch ein Stück. „Was machen die Blüten mit mir?", flüsterte er. Es kam ihm vor, als hätte man eine Schürze aus Blei von seinem Herzen genommen.

Am nächsten Abend kam die Frau, um die Schokolade abzuholen.

„Madame, kosten Sie!"

„Danke, nein, sie ist für meinen Mann. Später vielleicht. Ich bin in Eile." Sie bezahlte ihn gut, dankte und ging.

Maurice blieb wie benommen zurück. Dann lief er hinaus, wollte sie aufhalten, aber da war sie schon verschwunden.

„Zut alors![6] Warum habe ich nicht nach ihrem Namen gefragt? Ob die Schokolade ihm schmecken wird?"

Er sog die frische Luft ein und fragte sich, wann er das letzte Mal sein Geschäft verlassen hatte.

Drei Monate später kam die Frau wieder in den Laden. „Guten Abend, Monsieur Dubois!"

Maurice schaute von seinem Notizbuch auf. „Madame, wie schön Sie zu sehen. Ich hoffe, Sie waren zufrieden mit der Schokolade." Er spürte, wie sein Puls schneller wurde.

„Ja, mein Mann war begeistert und hat Ihre Arbeit sehr gelobt."

„Das freut mich."

„Das letzte Stückchen habe ich ihm mit ins Grab gegeben. So konnte er die Schokolade bis zuletzt genießen. Er war auch Chocolatier, wissen Sie?"

„Oh, ein Kollege. Mein herzliches Beileid."

„Merci! Er wollte so gerne selbst noch die Jasminblüten-Schokolade kreieren, aber dann war der Krebs zu stark." Die Dame blickte sich um. „Ah, Sie haben die neue Kreation in Ihrem Laden aufgenommen. *Nouveau Départ* – Neuanfang. Origineller Name!"

„Die Schokolade mit Jasmin ist bezaubernd. Die Leute kaufen so viel davon, dass ich kaum mit der Produktion hinterherkomme. Keiner fragt mehr nach *La Tristesse*."

Die Frau lächelte. „Das glaube ich. Mein Mann hatte ein feines Gespür für besondere Geschmacksrichtungen." Sie reichte ihm die Hand. „Ich bin Vivien Marchand."

„Maurice Dubois!"

Vivien blickte sich im Laden um und zeigte auf die leere Verkaufsvitrine. „Was meinen Sie, ob Schokoladen-Tarte mit Jasmin schmeckt? Oder Pralinés mit einem Salzkristall und drei Blütenblättern auf der Spitze?"

„Sicher! Ich habe es aber noch nicht ausprobiert." Maurice wischte sich über seine glühenden Wangen.

„Suchen Sie eine Aushilfe? Ich könnte eine Weile bleiben, jetzt, wo ich allein bin. Gerne würde ich wieder mit Schokolade arbeiten."

„Wenn Sie wirklich möchten, warum nicht? Aber ich muss Sie

warnen, ich bin ein schwieriger Chef!"

Vivien lachte. „Das haben wohl alle Chocolatiers im Blut!"

Maurice ließ sich vom Lachen anstecken. Hörte er in seinem Kopf auch Ronda lachen? Ja, sie lachte und hielt ein Schild in der Hand:

Le Petit Marron – Ma Vie[7]

© *Janthe Schröder*

---

[1]*Le Petit Marron – Der kleine Braune/Die kleine Esskastanie*
[2]*Mon cher – Mein Lieber*
[3]*La Tristesse – Die Traurigkeit*
[4]*Merci – Danke*
[5]*Au revoir – Auf Wiedersehen*
[6]*Zut alors – Verflixt*
[7]*Ma Vie – Mein Leben*

Die große Beständigkeit

Christian Knieps

Das Herunterschlucken der zusammengekauten, klebrigen Masse war ein Akt der Notwendigkeit, der jedoch mit dem Wissen vonstattenging, dass die Energie, die in dem Schokoriegel gesteckt hatte, vom Körper wohlwollend aufgenommen werden und den Blutzuckerspiegel steigen und Energie freisetzen lassen würde, um die anstehenden Aufgaben der nächsten Stunden erledigen zu können. Wie es bei solchen Genüssen oft der Fall war, verlangte der Körper sofort Nachschub – er war biologisch so programmiert worden, dass es immer weitergehen könnte, solange weitere Nahrung verfügbar erschien. Doch da der Riegel nun aufgegessen war, zerknüllte ich das Papierchen, erfreute mich ein letztes Mal an dem karamelligen Geschmack auf der Zunge und warf die Verpackung in den Müll.

Das Kauen dieser klebrigen Masse, deren feste Struktur durch das Zermalmen der Backenzähne in eine Art Schokoladen-Karamell-Brei verwandelt wurde, angefeuchtet durch den eigenen Speichel, klebte ein bisschen an den Zähnen – der Karamell in der Mitte des Riegels war sicherlich einer der besten natürlichen Kleber, die ich kannte. Zudem war Karamell einer der leckersten Bestandteile eines Schokoriegels, und ich konnte an keinem neuen Schokoriegel im Regal vorbeigehen, ohne ihn zu probieren, wenn er Karamell in seinem Inneren trug. Diesen Riegel hier hatte ich schon sehr oft genossen, und die Vorfreude, die mein Gehirn ausgesandt hatte, wurde vollends bestätigt, dass dieser einer der allerbesten war.

Als die Schneidezähne den Riegel das erste Mal berührten und nur wenige Millisekunden später die Zunge die ersten Rezeptoren aktivierte, durchfuhr mich ein immenses Gefühl der Zufriedenheit, und die Vorfreude auf die Geschmacksexplosion im weiteren Verlauf des Kauens kulminierte in ihrem Höhepunkt. Der Blick, den ich auf den halb ausgepackten Schokoriegel heftete, erfüllte mich mit einem strahlenden Lächeln, als ich sah, wie feine Rillen auf der Oberfläche des Schokoriegels als eine Art individuelles Muster entlangzogen, und ich stellte mir in meinem Geist vor, dass das die sanften Hügel sind, an denen die Kühe weideten, die die Milch für diesen Riegel gaben. Aber auch die abgerundeten Kanten luden ein, eine Weile in der Fantasie zu verweilen, denn jedes kleine Bisschen des Riegels strömte Harmonie aus und schien meine innersten Gelüste mit sanfter Stimme rufen zu wollen.

Ich spielte mit der Packung des Schokoriegels, den ich soeben gekauft hatte, und wertschätzte die Beständigkeit des Designs, das scheinbar seit meinen Jugendtagen unverändert war – etwas Vertrautes in einer Welt der permanenten Änderung – las ein paar Wörter in die Zutatenliste hinein, ehe ich den Gedanken hatte, dass auch diese Rezeptur vielleicht schon seit Anbeginn der Menschheit … nein, so etwas war unmöglich, und dennoch war es mir, als ob mich dieser Riegel schon mein gesamtes Leben begleitete.

Ich wartete an der Kasse der Tankstelle, an der ich mein Auto vollgemacht hatte, und schaute mir den Menschen vor mir an, der gerade bezahlte. Ich untersuchte seine Kleidung, seine Haltung, und als mein Blick zur Seite fiel, heftete sich mein Blick auf das Regal mit den Schokoriegeln, und sofort startete mein Gehirn Botenstoffe, die mich beeinflussen wollten – und wie fast immer gewannen sie.

Als ich an der Reihe war, ging meine Hand wie ferngesteuert nach unten und griff in die bereitliegenden Köstlichkeiten, und indem ich mir einen Schokoladen-Karamell-Riegel nahm, hüpfte mein Belohnungszentrum im Gehirn bereits im Vorfeld des Genusses wie wild herum – Vorfreude war doch die schönste Freude.

Du bist

Annette Mücke

Du
bist mein Sehnen, meine Sucht.
bist meine Erfüllung und mein Glück.

Du
bist die Welt bei mir zu Gast.
bist die Ruhe und die Kraft.

Du
bist das ungezähmte Maß und Lust.
bist meine Freude und mein Frust.

Du
bist mein Seelentröster oder Quälgeist.
bist mal ganz Hitze, mal ganz Eis.

Du
bist Süße, wenn das Leben bitter.
bist Genuss, Geschmacksgewitter.

Du
bist Hoffnung im Gewirr.
bist Begleiterin im Leben mir.

Du
bist die Beste, Schokolade.
bist die Beste, keine Frage.

Komm-wir-holen-uns-jetzt-einen-Erdbeer-Schoko-Kuchen-Nachmittag

Iris Meier

Tante Klara liebt Erdbeer-Schoko-Torte. Ich auch. Seit ich nicht mehr arbeite, fahre ich dienstags stets in die Stadt, um bei meinem Lieblingskonditor diesen herb-süßen Traum zu ordern und meinen und Tante Klaras *Guilty Pleasures* auf ihrer heimeligen Terrasse zu frönen. Unser Ritual. Ein Naschmittag, nur wir zwei. So auch heute.

Zugegeben: Es wäre zu schön, weiterhin im Schatten der Bäume zu liegen oder im Schwimmbad ins Wasser zu springen. Denn die Sonne knallt schon am Vormittag so unerbittlich vom Himmel, als wolle sie nochmals alles geben, um am Abend für immer hinterm Horizont zu verschwinden.

Aber es hilft nichts. Rein in die weiße Leinenhose, passendes Top dazu. Ich klemme mir meine Tasche unter den Arm. Ein letzter sehnsüchtiger Blick in den Park, dann trolle ich mich zur nahe gelegenen Tramstation.

Der Asphalt steht kurz vor dem Siedepunkt und ich befürchte, mit meinen Schuhen kleben zu bleiben. Die Tram nähert sich auf quietschenden Schienen und endet keuchend in der Station.

Schweißgebadet steige ich ein und lasse mich auf dem ersten Sitz nieder. Sonnenstrahlen fallen ungebremst durch die Fenster. Die Luft steht. Wenn ich doch nur meinen Fächer eingepackt hätte! Die Tram zuckelt langsam weiter und wir dösen dem Zentrum entgegen. Beinahe hätte ich meinen Ausstieg verpasst.

Beim Betreten der Konditorei umfängt mich eine angenehme Kühle. Mein Blick gleitet über Kuchen und Törtchen, die in der Vitrine um Aufmerksamkeit buhlen. Die Verkäuferin mustert mich fragend.

„Was wünschen Sie?"

„Wie immer, eine Ihrer wunderbaren Erdbeer-Schoko-Torten", deute ich mit dem Finger auf einen mit Schlagsahne verzierten Früchtetraum. Der Preis ist unverschämt hoch, doch für diesen Augenschmaus könnte ich glatt einen Mord begehen ...

Erneut schlägt die Hitze mit voller Wucht zu. Sie lässt mich kaum atmen. Hermanns Gebrauchtwagen (nicht sein geliebter Alfa!) kommt mir in den Sinn, kaum fahrtüchtig, aber mit funktionierender Klimaanlage. Ich schicke ihm eine Nachricht und er verspricht, mich an der Tram-Endstation abzuholen. Die Torte und ich würden den Rest des Weges zu Tante Klara nicht überstehen, nicht bei dieser Bruthitze. Freudig quittiere ich seine Zusage mit Emojis jeglicher Art.

Die Tram dampft heran und ich steige ein. Eine üppig zurechtgemachte junge Frau mit überlangen Wimpern, vollbepackt mit Tüten verschiedenster Formen und Größen, stöckelt an mir vorbei, in ihrem Blick die freie Doppelsitzbank vor mir. Just, als sich eine ältere Dame anschickt, darauf Platz zu nehmen, segelt die Frau an ihr vorüber, stellt ihre Taschen auf dem einen Sitz ab und hievt sich selbst auf den zweiten.

Ich missbillige sie im Nacken. „Wie kann man nur so unhöflich sein!", schimpfe ich vor mich hin. Doch halt, was ist das? Meine Hände werden plötzlich klebrig und feucht. Mit Entsetzen bemerke ich, dass große und kleine Erdbeertropfen meine Hosen besprenkeln. Um Himmels willen! Ich ringe mit mir und der tropfenden Torte. Mit spitzen Fingern lege ich die durchweichte Schachtel neben mich auf den Sitzplatz am Gang. Zum Teufel mit den guten Manieren!

Neben mir baut sich ein dunkler Schatten auf. Ein bulliger Mann in Lederjacke, mit einem *die-Welt-gehört-mir-Lächeln* schickt sich an ...

Neeeiiin! – Zu spät. Mein Tramnachbar hockt bereits auf der Kuchenschachtel. Die Erdbeer-Schoko-Mousse ist angerichtet. Seine Augenbrauen schnellen nach oben.

„Was ist das denn?" und „Nicht zu fassen!" brüllen wir gleichzeitig.

Aus ist es mit der Gelassenheit! Er springt auf, fuchtelt wild mit den Armen. „Wegen Ihnen platzt gerade mein Date!" Wutschnaubend rennt er zur Tür. An seinem Hinterteil klebt ein Teil Schlagsahne. Ein kleines Mädchen neben mir quietscht vor Vergnügen. Ich verkneife mir mein teuflisches Grinsen, obwohl mir gar nicht nach Grinsen zumute ist, und wische den Sitz wieder sauber.

An der Endstation stürze ich mit gesenktem Kopf und zerquetschter Schachtel hinaus, Hermann entgegen, tausend Blicke in meinem Nacken.

Besorgt betrachtet er mich. „Wie siehst du denn aus?", zeigt er auf meine fleckenverzierte Hose.

„Oh, verdammt. Warum passiert mir das immer wieder? Da möchte ich etwas Gutes tun, und dann sowas!" Verzweifelt schiele ich zu Hermann.

„Mir scheint, heute ist ganz viel schiefgelaufen. Das tut mir leid. Aber komm, steig ein. Wir fahren erstmal zu mir."

Angekommen bugsiert mich mein Freund erstmal ins Bad. Wenig später höre ich ihn in der angrenzenden Küche hantieren. Ich mache mich so gut es geht schick und setze mich an den Küchentisch. Vor mir steht bereits eine dampfende Tasse mit Cappuccino. Zimt- und Schokoladenpulver *on top*. Erschöpft schalte ich mein Smartphone ein. Eine Nachricht von Tante Klara ploppt auf:

Hallo Liebes, du brauchst dich heute nicht um unseren Komm wir holen uns jetzt einen Kuchen-Nachmittag zu kümmern. Bin gestern mit Lily nach Fuerte geflogen. Hoffentlich kannst du den schönen Tag auch so genießen wie wir!

Kleine Geschenke versüßen den Abend

Doreen Pitzler

Ceylin O'Connor liebte Schokolade. Das schwarze Gold war das Schönste, was es gab, zumindest, wenn es nach ihm ginge. Er arbeitete im Schokoladenmuseum in Halle und machte Führungen oder verwandelte mit den Gästen Kakao in Schokolade.

Dann gab es da ja auch noch die Schokoladenwerkstatt. Dort war er mit am liebsten. Die Arbeit machte ihm Spaß und er wusste fast alles über Schokolade. Niemals würde er behaupten, er wisse alles, denn das wäre gelogen. Es gab immer etwas Neues dazuzulernen.

Summend machte er sich auf den Weg in das Schokoladenzimmer. Dort wollte er nach dem Rechten sehen, bevor er Feierabend machen konnte.

Aufmerksam sah er sich um und nickte dann zufrieden. Alles war an seinem Platz, so sollte es sein. Dann machte er sich auf den Weg zum Aufenthaltsraum.

Dort warteten schon seine Kolleginnen und Sonja und Gaby auf ihn. „Schau mal, Ceylin, deine Verehrerin war wieder da", sagte Sonja und deutete auf eine kleine Tüte mit einer zarten grünen Schleife. Ceylin verbat sich, die Augen zu verdrehen und seufzte stattdessen. Seit ein paar Wochen bekam er jeden Abend eine Tüte mit Pralinen. Es war immer nur eine und jedes Mal eine andere Sorte. Er wusste, dass in der Tüte eine Karte steckte, dort stand aber zu seinem Verdruss kein Name. Ihm war bewusst, dass die Mädels es nicht böse meinten. Sie hatten ihren Spaß mit der ganzen Sache, er selbst fühlte sich damit jedoch nicht wohl. Die Pralinen waren lecker und vielseitig. Sie waren eindeutig handgemacht, denn das schmeckte er.

„Sag schon, weißt du nicht, wer es ist? Die Frau traut sich scheinbar nicht, dir mal *Hallo* zu sagen", fügte Gaby hinzu. „Wir sehen sie aber auch nicht. Ich würde zu gerne wissen, wer sie ist." Nachdenklich trank sie den letzten Schluck von ihrem Kaffee.

„Nein, ich weiß es nicht. Die Pralinen sind aber echt gut." Damit schnappte er sich die Tüte und ließ sie in seiner Tasche verschwinden. Gelogen war es nicht, er wusste nicht, wer es war. Jedoch bezweifelte er, dass es sich um eine Frau handelte. Was ihm auch recht war, denn für Frauen empfand er nur Freundschaft.

„Dann lass uns doch mal kosten", lockte Sonja.

Sie war eine gemütliche ältere Dame, die genau wie er die Schokolade liebte. Sie war die gute Seele in ihrem Team, dennoch schüttelte Ceylin den Kopf. „Das gehört mir. Bis morgen, die Damen." Er zwinkerte ihnen zu und verschwand nach draußen. Dort holte er tief Luft und machte sich auf den Weg zur Straßenbahn. Da er in Halle wohnte, war dies der beste Weg. Vielleicht konnte er dann später noch eine Runde mit dem Rad fahren oder mit dem Auto zum Geiseltalsee.

Unterwegs grübelte er über die Pralinen nach. Er wüsste zu gerne, wer sich dahinter verbarg. Wie konnte er nur mit ihm in Kontakt treten? War es denn wirklich ein Er oder doch eine Sie? Ceylin seufzte ergeben und achtete dabei nicht auf seine Umgebung. An der Haltestelle standen noch einige andere Menschen, aber er nahm sie nicht wahr. In Gedanken versunken, zog er die kleine Tüte aus seiner Tasche und öffnete sie. Wie auch schon zuvor, war die Praline gut eingepackt, damit sie nicht beschädigt wurde. An der Seite steckte auch eine Karte.

Meine eigene Kreation. Lass es dir schmecken. Keine Schokolade kann süßer sein, als dein Lächeln.

In Zuneigung J.

Ein Buchstabe, das war neu. Bis jetzt waren es immer nur ein paar Wörter gewesen, aber genau wie die Pralinen, immer andere.

„Wer bist du nur?" Mit den Fingerspitzen fuhr er sanft über den Zettel. „Ich würde dich zu gerne sehen."

Auch wenn diese Geschenke nett waren, so wollte er doch gerne wissen, wer sich dahinter verbarg. Ob die Schokolade dann süß oder bitter schmeckte? Vielleicht, nun ja, vielleicht war der Verehrer auch nicht nach seinem Geschmack. Wieder seufzte er und nahm zu spät den Schatten wahr, der neben ihm auftauchte.

„Du wirkst nachdenklich. Ist alles in Ordnung?"

Die Frage überraschte Ceylin und er blinzelte mehrfach. Als er den Blick hob, stand ein Mann mit kurzen schwarzen Haaren und katzengrünen Augen vor ihm. Im ersten Moment verwirrt konnte Ceylin ihn nur anstarren. „Ähm ja. Ich war in Gedanken", stammelte er.

Der Fremde grinste wie eine Katze und lehnte sich neben ihn an die Wand der Haltestelle. „Ich hoffe nichts Schlimmes."

Wieso sprach so ein Mann ihn an? Er sah aus wie ein griechischer Gott. Ceylin zuckte mit den Schultern und schluckte, sein Mund war plötzlich viel zu trocken. „Nein, ganz und gar nicht." Er zögerte weiterzusprechen. Der andere würde ihn sicher auslachen.

„Gut. Ich bin Jourdain. Magst du meine Pralinen?"

Jetzt erstarrte Ceylin wirklich. J, dieser Mann war J also Jourdain und schickte ihm die Pralinen.

„Du?", krächzte er.

Lässig zuckte Jourdain die Schultern, rührte sich sonst aber nicht von der Stelle. „Ja, ich."

Sie sahen sich an und Ceylin nahm nichts außer Jourdain wahr. Die Menschen hatte er ausgeblendet. „Deine Pralinen sind unglaublich. Ich liebe dich, ähm ich meine sie – die Pralinen."

Was war nur mit ihm los, er benahm sich wie ein Esel. Ein dummer kleiner hormongesteuerte Teenager, aber dieser Mann, er sah aus wie aus einem Traum.

Ein Lächeln huschte über Jourdains Züge. „Das freut mich. Ich hatte nicht den Mut, dich anzusprechen, aber heute konnte ich nicht anders. Ich habe dich gesehen und möchte dich kennenlernen."

Die Straßenbahn fuhr ein, aber Ceylin ignorierte es. Es wurde laut um sie herum und er dachte schon, Jourdain würde einfach verschwinden. Vielleicht bildete er sich den Mann auch nur ein. Aber Jourdain blieb. Die Menschen eilten um sie herum und nahmen keine Notiz von ihnen. „Es mag Frühling sein, aber trinkst du eine Schokolade mit mir?" Die Frage überraschte Ceylin selbst, dennoch wollte er nicht, dass Jourdain einfach ging.

„Sehr gerne. Meine Schwester leitet ein kleines Café. Es ist nicht so gut wie an deinem Arbeitsplatz, aber es ist auch alles Handarbeit." Jourdain grinste ihn an und Ceylins Magen schlug Purzelbäume. „Die Pralinen mache ich übrigens selber."

Ceylin nickte wie betäubt. „Sie sind unglaublich. Man merkt, dass sie selbst gemacht sind." Dieser Mann war definitiv nicht bitter.

Eine sanfte Röte kroch über Jourdain Züge. „Danke."

Zusammen machten sie sich auf den Weg zu dem kleinen Café von Jourdains Schwester Jocelyn. Dieses war in der Tat klein, aber gemütlich eingerichtet. Es gab nur wenige Tische, dafür aber zwei Nischen. Weiche Farben harmonierten mit den dunklen Tischen. Hier gab es alles, was das Herz von Schokoladenfans begehrte.

„Hier war ich noch nie", sagte Ceylin. „Es ist schön." Er setzte sich und ließ den Blick schweifen.

„Darüber wird sich Jocelyn freuen. Ich hole dir die Schokolade." Damit ließ er Ceylin alleine. Dieser sah ihm nach und versuchte sich zu sammeln. Endlich wusste er, wer hinter den Pralinen steckte und er wollte ihn unbedingt kennenlernen. Eine Gemeinsamkeit hatten sie schon, sie liebten beide Schokolade. Blieb nur zu hoffen, dass er sich nicht den Magen verdarb, aber als Jourdain mit dem Kakao zurückkam, war dieser Gedanken vergessen. Das süße schwarze Gold verband eben auch.

Ein ganz besonderer Brief

Ulli Krebs

Ausgerechnet Briefe! Ein uncooleres Thema für den Deutschunterricht gibt es ja wohl kaum. Und das auch noch jetzt in dem Halbjahr, in dem meine Versetzung in die Zehnte ohnehin gefährdet ist. Fuck!

Herr Kerr scheint zu spüren, wie sehr mich dieser Unterrichtsstoff abtörnt. „Mensch Leon, die Begeisterung steht dir ja quasi ins Gesicht geschrieben. Dabei ist das Thema so vielseitig. Es geht hier nicht nur um Geschäftsbriefe, sondern eben auch um den Austausch von Erlebnissen, Gedanken und Gefühlen wie Liebe", meint er.

Einige aus unserer Klasse lachen.

Ich erröte und habe sofort das Gefühl, mich verteidigen zu müssen. „Aber das läuft doch heute alles über WhatsApp und Insta", entgegne ich. „Wer schreibt denn noch Briefe und verschickt die mit der Post? Das kostet ja auch."

Und ganz ehrlich: Auf die Briefe, die bei uns zu Hause ankommen, verzichte ich liebend gerne. Es sind Rechnungen und Mahnungen. Aber das muss hier niemand wissen. Wie gut, dass ich wenigstens mein Taschengeld für diesen Monat noch habe.

Unser Deutschlehrer lässt sich nicht beirren. Er erzählt etwas über historische Briefwechsel, die im Laufe der Zeit wohl Berühmtheit erlangt haben. Dann holt er aus seiner Tasche ein DIN A 4-Blatt hervor und beginnt vorzulesen.

> „Lieber Paul,
>
> ich finde es schade und traurig, dass du nichts mehr mit
> mir zu tun haben willst. Aber ich kann und muss deinen
> Entschluss akzeptieren. Wer möchte schon einen Vater
> haben, der sich gegen seine Familie entscheidet?"

Hey, das könnte meine Story sein. Als ich keine drei Monate alt war, hat sich mein Erzeuger von heute auf morgen aus dem Staub gemacht. Seitdem lebe ich mit Mama alleine.

Herr Kerr räuspert sich. Dann fährt er fort:

„Das muss verdammt weh tun. Und trotzdem konnte ich nicht anders. Ich musste diesen Schritt gehen, um mir treu bleiben zu können. Wahrscheinlich hätte ich schon viel früher zu meinen Gefühlen stehen sollen. Doch ich hatte einfach Angst davor und ich wollte weder deine Mutter noch dich verletzen. Ihr habt es nicht verdient."

Das hat Mama sicher damals auch nicht. Wie oft habe ich mich gefragt, ob sich meine Eltern damals meinetwegen getrennt haben. Ich war bestimmt eines von diesen nervigen Schreikindern. Mama streitet das ab. Sie meint, die Beziehung habe schon vor der Schwangerschaft gekriselt. Ganz ehrlich: Sicher bin ich mir da nicht. Auf den wenigen Fotos aus dieser Zeit sehen die beiden nämlich ganz schön verliebt aus. Ich schlucke bei dem Gedanken – und auch, als ich die nächsten Sätze von Herrn Kerr höre.

„Ich fand es bereits vor deiner Geburt toll, ein eigenes Kind zu haben und ich denke so gerne an unsere gemeinsame Zeit zurück. Da sind so viele Bilder in meinem Kopf. Du als kleiner Winzling auf meinem Arm, deine ersten Worte und Schritte, unsere Spielplatzbesuche, der erste Schultag, unsere gemeinsamen Ausflüge. Kannst du dich noch an unseren Besuch im Schokoladenmuseum erinnern? Du konntest damals im wahrsten Sinne des Wortes gar nicht genug in die Welt des Kakaos eintauchen. Beim Anblick des großen Bottiches mit der flüssigen Schokolade warst du hin und weg. Du hast alles probiert, was es zu naschen gab. Mir war das fast schon peinlich. Und du wolltest später unbedingt Konditor werden, hast du mir mit strahlenden Augen und schokoladenverschmiertem Mund erzählt."

Ich seufze innerlich. Mein Herz rast. All das sind Erlebnisse und Erfahrungen, die ich nie machen durfte. Dabei habe ich mir immer so sehr einen Vater gewünscht, der für mich da ist.

> *„Schön und spannend fand ich auch immer unsere gemeinsamen Urlaube. Ich hoffe, du wirst in deinem Leben noch viel von der Welt sehen. Reisen ist eine Bereicherung. Zum Glück sieht das deine Mutter genauso. Ich finde es übrigens klasse, dass sie vorgeschlagen hat, dass du den Sommer in den USA verbringst, um Land, Leute und vor allem natürlich die Sprache besser kennenzulernen. Ich denke, du wirst in vielerlei Hinsicht von der Reise profitieren. Ach ja, die US-Schokolade soll übrigens um einiges bitterer und saurer sein als unsere europäischen Tafeln. Sie enthält Buttersäure, hab ich mal gehört."*

Wow, verreisen würde ich in den Ferien natürlich auch mega gerne. Und es muss auch nicht unbedingt Amerika sein. Bei uns reicht das Geld nicht mal für einen einfachen Zelturlaub. Mama ist froh, wenn wir überhaupt über die Runden kommen. Nach der letzten Mieterhöhung ist das nicht immer ganz so einfach. Ich schiebe den Gedanken weg und konzentriere mich lieber wieder auf den Brief, den ich mir auch von meinem Vater wünschen würde. Aber so was von.

> *„Mittlerweile kämpfst du dich durch die Pubertät. Ich weiß, dass dieser Lebensabschnitt alles andere als leicht zu bewältigen ist. Wenn ich dir irgendwie helfen kann, lass es mich wissen. Ich bin jederzeit für dich da."*

Herr Kerr hält inne und lässt seinen Blick durch die Klasse wandern. Dann liest er schließlich weiter:

> *„Fühl dich gedrückt und grüß deine Mutter von mir. Dein Papa, der so froh ist, jetzt endlich als Frau leben zu können und der auch die letzte OP gut überstanden hat."*

Was für ein Brief! In der Klasse ist es für einen Moment totenstill. Doch dann entfährt es Daniel: „Echt krass der Schluss."

Es dauert nicht lange, bis sich eine lebhafte Diskussion entfacht. Über diesen Paul, seinen Vater, über Transsexualität. Die Meinungen gehen stark auseinander.

„Was meinst du zu dem Brief, Leon?", will Herr Kerr plötzlich von mir wissen. – Ich zögere, ehe ich stotternd antworte: „Okay, jetzt verstehe ich, warum es manchmal vielleicht wirklich besser ist, einen Brief zu schreiben als alles über WhatsApp oder Insta zu regeln. So ein Brief ist viel persönlicher. Vor allem, weil er so besonders ist. Dieser Paul sollte ihn auf jeden Fall aufheben."

Mein Deutschlehrer nickt mir zu.

„Zumindest dann, wenn er nicht mit KI geschrieben ist", schiebe ich nach. „Und ich glaube, dass diese Situation nicht leicht für diesen Paul ist. Vielleicht wird er wegen seines Vaters sogar gemobbt. Aber zum Glück haben er und seine Mutter seit der Trennung wenigstens keine finanziellen ...".

Der Schulgong erklingt und meine letzten Worte gehen in der allgemeinen Aufbruchsstimmung unter. Alle wollen möglichst schnell nach Hause. Herr Kerr nickt mir anerkennend zu.

Als auch ich meine Sachen zusammenpacke und die Jacke vom Kleiderhaken hole, überlege ich, ob ich meinem Vater einen Brief schreiben soll. Was habe ich zu verlieren? Während ich darüber nachdenke, wie ich an seine Adresse kommen könnte, entdecke ich den kleinen zusammengefalteten Zettel auf meinem Rucksack. *Für Leon* steht darauf. Dahinter sind drei kleine Herzchen gemalt. Irritiert schaue ich auf den Inhalt. *Bin echt richtig geflasht, wie berührt du eben warst. Richtig süß*, lese ich auf dem kleinen Briefchen. Und dass Mia jetzt in der Eisdiele auf mich wartet. Ob ich kommen will?

Nichts lieber als das. Mia ist echt das netteste Mädchen bei uns in der Stufe. Wie gut, dass ich mein Taschengeld noch habe. Hoffentlich reicht es für zwei Schokobecher mit Sahne. Schoko-Milchshakes sollten aber auf jeden Fall drin sein. Ich brauche jetzt dringend was Süßes. Und Schokolade soll ja bekanntlich nicht nur gesund sein, sondern auch die Nerven beruhigen.

Schokolade suchen

Gabriele Montigny

Schon wieder. Schon wieder ist die Schokolade weggeschlossen. Schokolade muss eingeteilt werden, sagt die Oma immer. Warum muss Schokolade eingeteilt werden? Ist das auch wieder so ein Großmutter-Gesetz wie Zähneputzen, am Morgen das Bett machen, die Stifte im Schulranzen anspitzen, immer brav alles auf dem Teller aufessen? Bei Schokolade galt das *Alles-Aufessen-Gesetz* jedenfalls nicht. Leider. Auch heute hat Marie nur ein winziges kleines Quadrat bekommen. Dann verschwand die Tafel, ohne weitere Erklärungen, wieder im Buffet.

Ein paar Tage später. Annie ist allein bei Großmutter zu Hause, im Wohnzimmer, vor dem Buffet. Und, sie traut ihren Augen nicht, der Schlüssel steckt. Einmal schauen, nur nachschauen, wo die Schokolade überhaupt liegt, das könnte sie ja mal. Schnell schiebt Annie den Stuhl vor das Buffet, krabbelt auf den Stuhl, leise, leise.

Plötzlich ein Geräusch an der Wohnungstür. Laut pocht ihr Herz. Aber es ist nur der Postbote, der die Briefe eingeworfen hat. Der Schlüssel lässt sich ganz einfach drehen. Klick, die Buffettür öffnet sich. Aber wo ist die Schokolade? Vergilbte Briefe, komische Papiere, ein Foto von Opa. – Da, eine Keksdose, vorsichtig hebt Annie den Deckel. Aber nein, die Tafel mit dem goldenen Papier ist nicht darin. Nur komische kleine Stäbchen, die Oma und Tante Emmy immer beim Halma-Spielen essen, Annie kriegt keine ab. *Für Kinder ist das nix,* sagt die Oma.

Die Stäbchen sind dunkel und duften wunderbar. So lecker wie die Tafeln. Ob es der Oma wohl auffällt, wenn sie nur ein kleines Stäbchen naschen würde? Vorsichtig schleckt Annie über die Schokoladenhülle. Hmm, lecker. Genauso köstlich wie die kleinen Schoko-Quadrate. Annie beißt genüsslich hinein – und hält sofort inne. Statt schokoladig süß, ist das Stäbchen innen glibberig wie Gummi und furchtbar scharf. Bah, igitt! Reflexartig spuckt Annie aus. Die eklige Masse landet auf dem Foto von Opa, oh je. Ob er Ingwer mochte?

Warnung

Hartmut Gelhaar

Sein Lebensweg sich zu versüßen
ist prinzipiell nur zu begrüßen.

Doch gilt auch hier, ganz allgemein,
manch Süßstoff wird zum Stolperstein.

Die Gnade der Schokolade

Hans Sutter

Im Gleichschritt mit dem Atemzug
erzählt in mir ein Festumzug
mit Trommelwirbel die Ballade
vom Liebesdienst der Schokolade,

das Lied von Güte und Gelingen
auf mystisch überhöhten Schwingen
im Hoch der Glücks-Olympiade
mit Siegespreis, die Schokolade.

Du strahlst, der Treue eingedenk,
charmant als himmlisches Geschenk
voll Stolz in der Erfolgsparade
als königliche Schokolade.

Mit Nüssen, Mandeln und Rosinen
und süßem Gruß der Honigbienen
führst du auf meinem Schicksalspfade
als smarte, fesche Schokolade,

verwandelst still jedweden Frust
in Leichtigkeit und Lebenslust,
zu Haus und auf der Promenade
als tolle Kumpel-Schokolade.

Verströmst als Stern der Süssigkeiten,
naturgewaltig wie Gezeiten,
wie Flüsterwellen am Gestade,
den Duft der zarten Schokolade.

Der ruft nach der Delikatesse,
der liebenswürdigen Mätresse,
und du, wie Phönix aus dem Bade,
erscheinst als edle Schokolade.

Als Höhepunkt am Tagesende
legst du im Schlaf die Spur zur Wende,
schenkst mir im Traum in reicher Gnade
den Gleichklang mit der Schokolade.

Das Stuhlmodell Nummer 16

Thedy Van Goy

Die Geschichte begann in einer kleinen Stadt im südlichen Holland. Piet gründete hier ein handwerkliches Möbelunternehmen. Anfangs war es nicht leicht, aus dem familiären Betrieb immer genügend Ertrag zu erzielen, damit der Kleinbetrieb überleben konnte. Eines Tages herrschte gerade wieder einmal etwas Flaute in der Werkstatt. Piet saß mit aufgestütztem Kopf an seiner alten Werkbank. Er sinnierte vor sich hin und in seinen Tagträumen entstand ein großes Möbelherstellungswerk mit 100 Facharbeitern. Alle waren mit der Herstellung eines hölzernen Klappstuhls beschäftigt. Den Prototyp dieser Sitzgelegenheit hat Piet in vielen Arbeitsstunden selbst entwickelt, wenn gerade wieder einmal Flaute herrschte und kein Kunde ihn um rasche Erledigung seines Auftrages drängte. Piet war überzeugt von seinem prächtigen Stück, der Stuhl war extrem stabil und musste eigentlich im Markt seine Abnehmer finden.

Da erzählte ein Freund dem Piet von seinen Erlebnissen in einer geschlossenen psychiatrischen Anstalt. Es könne da oft alles *drüber und drunter* gehen, wenn wieder einmal selbst Möbelstücke durch die Halle flogen und in der Folge an den Wänden zerbrachen.

Piet überlegte kurz und sagte zu sich selbst: „Nicht mit meinem Modell 16, das möchte ich einmal erleben – nein, mein Modell hält das aus!" Die Modell Nummer hat Piet vergeben, weil das in einer Groß-Serienproduktion so oder so üblich werden würde. Jetzt entschloss sich Piet, vorerst alle in der Nähe gelegenen Kliniken aufzusuchen.

Am Empfang der ersten Anstalt staunte man nicht schlecht, als Piet mit einem hölzernen Klappstuhl unangemeldet auftauchte und dabei behauptete, dass dieser Klappstuhl niemals zerbrechen würde, selbst wenn im Klinikum wieder einmal der Teufel los ist.

Wie die Sekretärin am Empfang das Ansinnen von Piet verstanden hatte, informierte sie den Chefarzt und dieser begrüßte nach wenigen Minuten den etwas nervösen Piet. „Das wäre ja beinahe ein kleines Wunder", meinte der Chef nun. „Lassen Sie mir den Stuhl ohne Verpflichtung für einen Monat hier und sollte bezüglich Ihrer Aussage, was die Stabilität des Stuhles betrifft, Ihre Prognose tatsächlich zutreffen, stellen wir die ganze Möblierung auf Ihr Modell um, koste es, was es wolle!"

So verlässt der Piet nach nur wenigen Minuten das Spital wieder und pfeift dabei fröhlich vor sich hin.

Schon nach einigen Monaten nahm die gute Laune des zukünftigen Großproduzenten immer mehr zu. Praktisch alle psychiatrischen Kliniken bestellten das Modell 16. Und weil sich dieser Erfolg rasch überall herumsprach, wo ein Bedarf an einer größeren Anzahl von Stühlen und später auch anderen Möbelstücken vorhanden war, wurde das Modell 16 zum eigentlichen Renner.

Über die Jahre wurden die Produktionshallen immer weiter ausgebaut und ein großes Sortiment an diversen Kleinmöbeln wurde inzwischen produziert. Längst wurde jährlich ein großer, farbiger Katalog an die gesamte Branche versendet und der Markt wurde für die inzwischen vorhandenen Herstellungskapazitäten zu klein. Man suchte und fand auch bald Lizenznehmer oder Großverteiler in Belgien, Schweden, Großbritannien, Luxemburg, Frankreich und als vorläufig letztes Land auch noch die Schweiz.

So sehr die Kadermitarbeiter den Piet dazu drängten, endlich auch den riesigen Deutschen Markt anzupeilen, Piet blieb hier hart, oder besser, schon eher stur. Vom Deutschen Markt wollte der erfolgreiche Unternehmer einfach nichts wissen! „Die Deutschen sollen mir zuerst mein Fahrrad zurückgeben, welches sie mir im zweiten Weltkrieg gestohlen haben. Bis dahin sind diese Menschen für mich *Personen non grata* – aus und basta!", sagte der langsam alternde Piet. Trotzdem wurde das Möbelwerk von Piet zu einem der Markt-Beherrscher in Europa. Schon bald stand eine wichtige Feier bevor.

In Holland sollte das dreißigjährige Jubiläum des Möbelhersteller PIET BV gehörig gefeiert werden. Natürlich wurden neben den Kunden und der Presse auch alle ausländischen Partner zu diesem feierlichen Anlass eingeladen, auch die kleine Schweiz. Wie bei allen anderen Lizenznehmern, stand nun für den Schweizer-Unternehmer Thedy ebenfalls die Frage offen: *Was bringe ich dem stolzen Piet für ein Gastgeschenk zu seinem/unseren großen Tag mit?*

Auch Thedy war mit seinem Unternehmen, der Möbel-Groß-handels AG sehr erfolgreich und viele Schweizer Möbelhäuser waren seine Stammkunden. So wollte es der Zufall, dass Thedy in seinem Freundeskreis einen Konditor kannte, dessen Hobby es war, aus Schokolade x-beliebige Kreationen zu schaffen, wie zum Beispiel kleine Häuser, Tiere, Weihnachtsmänner bis hin zu einer ganz ge-wöhnlichen Torte. Und weil die Schokolade ein Schweizer-Prestige-Objekt ist, hatte nun Thedy die verrückte Idee, dem lieben Piet einen Stuhl Modell 16 zu schenken. Allerdings diesmal perfekt nachgebaut aus Schokolade im Maßstab 1:3.

Der Konditor fand die Idee keineswegs verrückt, sondern eine gute Idee und auch eine große Herausforderung. Was selbst der Konditor im Voraus so nicht vermutet hätte, das entstandene Werk war eine perfekte Kopie und ein gelungenes Wunder-Werk aus Schokolade. Platznehmen sollte man auf diesem Schokoladen-kunstwerk natürlich nicht.

In freudiger Vorausahnung der feierlichen Übergabe des Schoko-ladenkunstwerkes und der gelungenen Super-Überraschung am Festanlass, packte Thedy sein Geschenk sorgfältig ein. Für den Flug nach Amsterdam nahm Thedy den Stuhl mit in die Kabine, er wollte nicht das geringste Risiko für einen zerbrochenen S-16 eingehen. So traf Thedy zusammen mit zahlreichen anderen Gästen mit seinem gut verpackten Geschenk in der Festhalle ein und erkundigte sich danach, wo er seine Gabe in einem möglichst kühleren Raum bis zur feierlichen Übergabe verstecken könne. Dort entfernte Thedy ganz vorsichtig die Umhüllung und stellte das Werk auf ein großes Plateau. Thedy war ebenfalls als Redner in der Liste der Gratulanten eingetragen. Sobald er aufgerufen werden sollte, plante er den Gang in das kleine Nebenzimmer, um das Werk zu behändigen und es in der Folge mitten durch die Halle, unter dem Applaus der Gäste, auf die Bühne zum staunenden Piet zu balancieren.

Nun, bis es endlich zum Tusch des Orchesters kam und Piet feierlich auf die Bühne trat, dauerte es noch gute zwei Stunden. Dann war es so weit und Piet trat unter dem Applaus der geladenen Gäste auf die Bühne und behändigte das Mikrophon. Mitten in seiner gelungenen, immer wieder einmal auch humorvollen Ansprache kam es bei einer jetzt sehr ernsten Passage seiner Rede, Piet ehrte gerade einen leider schon sehr früh verstorbenen Mitarbeiter, unvermittelt zu einer rauschenden Lachsalve im Raum. Der kleine, sechsjährig Enkel von Piet kam zu seinem Opa auf die Bühne und weinte bitterlich. Er hielt krampfhaft seinen Bauch und war über das ganze Gesicht bis runter zum Hals komplett mit Schokolade verschmiert. Da Luuk, auch Luukilein genannt aus dem kleinen Zimmer kam, in dem Thedy sein Geschenk versteckt hielt, waren jetzt Luuk und Thedy die einzigen zwei Teilnehmer im Saal, die wussten was hier geschehen ist! Es fiel Thedy später sehr schwer, dem staunenden Piet beizubringen dass die auf dem Tableau vorliegende Schoko-ladenruine, einmal das Modell 16 war!

Retter vor der Schokolade

Sophia Hintermeyer (12 Jahre)

An einem kalten und regnerischen Abend ging Felix in sein gemütliches und warmes, frisch gemachtes Bett. Er nahm seinen Teddy namens Mr. Smilens in seine Arme und es dauerte nicht lang, da drehte er sich um und schlief ganz fest ein.

Kurze Zeit später wachte er wieder auf. Das Prasseln der Tropfen war nicht mehr auf seinen Fensterscheiben zu hören und es war stockdunkel draußen. Felix setzte sich an seinen Bettrand und seine Beine baumelten hin und her. Sein roter Schlafanzug und seine weichen Pantoffeln hielten ihn schön warm. Plötzlich ereilte ihn ein leckerer, zuckriger Duft und er konnte nicht anders, als ihm zu folgen. Ganz leise tapste er die Treppe hinunter, um seine Eltern und seine Schwester Eva nicht aufzuwecken. Der Geruch brachte ihn bis nach draußen und er machte sich keine Gedanken, schloss die Haustür hinter sich und ging weiter die Straße entlang. Es roch immer stärker und es kam eine schokoladige Note zum Vorschein.

Nach einer Weile stand er vor einem großen Industriegebäude. Felix ging langsam in die Fabrik hinein und schaute sich gut um. Das Mondlicht erhellte den großen Raum ein wenig, aber immer noch nicht genug, um seine Füße beim Auftreten zu sehen. Er suchte die Ursache des Geruchs und ging immer weiter.

Auf einmal ging das Licht an. Eine dunkle und gruselige Stimme schallte durch den Raum und Felix versteckte sich in einem großen Haufen voller vieler kleiner Raspeln. Der Berg war beinahe so groß wie ein Heuhaufen und Felix grub sich immer weiter ins Innere des Hügels. Als er mittendrin ankam, konnte er nur schwer atmen. Immer wieder machte er seinen Mund auf und ungefähr beim zwölften Atemzug verschluckte er ein paar Raspeln und zu seiner Überraschung schmeckten sie sehr gut. Es war Schokolade! Seine Freude jedoch verschwand ziemlich schnell, denn der Boden wurde nach und nach wärmer und fing an sich zu bewegen. Felix hatte große Angst und ihm kullerten die Tränen über seine roten Backen. Er fing an zu schwitzen und plötzlich öffnete sich eine Luke unter ihm. Die Raspeln rutschten nach und nach in ein großes Becken voller warmer Schokolade. Wie zwei Flügel gingen die Klappen der Luke langsam auseinander. Hektisch versuchte Felix an einer Klappe wieder hoch zu klettern, aber er rutschte immer weiter nach unten. Er hing an seinen Händen über dem Becken und baumelte hin und her. Schließlich hatte er keinen Halt mehr, doch plötzlich nahm ihn jemand an der Hand und er wachte auf.

Nassgeschwitzt riss Felix seine Augen auf und seine große Schwester saß neben ihm am Bett. Seine Hand lag in ihrer und er fühlte sich auf einmal sicher und geborgen. Sie nahm ihn in den Arm und gab ihm seinen Teddy. Eva ging wieder zur Türe hinaus und Felix' letzte Worte waren *Ich hab' dich lieb* und er schlief direkt wieder ein.

Geteilte Gelüste

Anette Dodt

Man kann es sich eben nicht aussuchen. Wenn es nach mir gegangen wäre, hätte ich, abgesehen von dem Schokoladenproblem, bis in alle Ewigkeit im Tierheim bleiben können. Versorgung, Gesellschaft und Auslauf waren dort mehr als zufriedenstellend. Aber nach gängiger Meinung ist Familienanschluss besser für mich als ein Dasein als *Einsamer Wolf*. Also füge ich mich und passe mich den neuen Gegebenheiten an, so gut ich kann.

Ich hätte es auch weitaus schlechter treffen können. Das Haus ist geräumig. Mein neues Herrchen hat mir ein gemütliches Plätzchen im Wohnzimmer eingerichtet, an das ich mich bei Bedarf jederzeit zurückziehen kann. Im riesigen Garten kann ich mich aufhalten, wann immer ich will. Mein jetziger Halter ist zwar Gesundheitsfanatiker, aber das Futter ist trotzdem recht schmackhaft. Das Gassigehen erfolgt stets pünktlich und zuverlässig. Aufgrund meiner beachtlichen Größe und einschüchternden Ausstrahlung kommt es dabei so gut wie nie zu Auseinandersetzungen mit Artgenossen. Katzen und andere Nervensägen gibt es zwar wie überall reichlich, aber ich habe gelernt, mit meinem Jagdinstinkt gelassen umzugehen. Und hinsichtlich meiner Leidenschaft für süße braune Häppchen scheine ich mit meinem Umzug zu Herrchen Volker nun auch noch das ganz große Los gezogen zu haben.

Meine zugegebenermaßen ziemlich dramatische Vorvergangenheit bei der leicht zum Sadismus neigenden Bianca liegt längst hinter mir. Die Ängste, die ich auszustehen hatte, als sie mich schließlich an einem dieser Autobahnparkplätze aussetzte, sind fast vergessen.

Im Heim hatten sich die Pflegerinnen nicht recht erklären können, wieso sich ausgerechnet bei mir Heimweh-Symptome entwickeln konnten. Denn meine Narben und verheilten Brüche ließen eindeutig darauf schließen, dass mein Vorleben nicht besonders glücklich verlaufen sein musste. Sie hatten nicht ahnen können, dass bei Bianca immer reichlich Schokolade für mich abgefallen war. Die wunderbar anregende Köstlichkeit war ihr Hauptnahrungsmittel gewesen, und in dem Chaos, in dem sie lebte, war es für mich schon als Welpe kein Problem gewesen, mir im geeigneten Augenblick meinen Anteil zu sichern. Ich gebe es zu: Ich bin süchtig. Die Monate des kalten Entzugs im Tierheim haben nichts daran ändern können.

Das Schicksal hat es jedoch gut mit mir gemeint. Denn Volker, so heißt mein neues Herrchen, teilt seine Schokoladenvorliebe mit mir. Niemand, außer mir weiß davon. Man sieht es uns nicht an. Aber ich kenne seine Verstecke in der Garage hinter den Reifen und oben im Schlafzimmerschrank zwischen der Bettwäsche. Anfangs regte er sich noch übermäßig auf, wenn ich, sobald er seiner Sucht frönen wollte, auf den Punkt genau winselnd und mit flehenden Augen neben ihm auftauchte. Aber er ist klug und lernt schnell. Bald wusste er, dass ich nur Ruhe gäbe, sobald er mit mir teilen würde, und dass die Gefahr für ihn, wegen meiner unnachgiebigen Bettelei von der Familie entdeckt zu werden, nicht zu unterschätzen war.

Inzwischen ist es bei Volker und mir zum gut eingespielten Ritual geworden, dass ungefähr ein Zehntel seines Schatzes mir zusteht. Ich muss mir zwar noch manchmal den ein oder anderen Vortrag über die in der Schokolade enthaltenen schädlichen Stoffe anhören, aber solange ich mich mit der für Volker als ungefährlich eingeschätzten Dosis zufriedengebe, gibt es keine Diskussion mehr. Ich bin anpassungsfähig, und mein Herrchen ist es auch. Unser Geheimnis ist gut bei uns aufgehoben.

Schokovampir

Claudia Hebestreit

Eingekuschelt in eine flauschige Decke,
während ich zum zehnten Mal meine Nachrichten checke,
grüble ich über das Wieso und Warum,
finde keinen Grund, das Telefon bleibt stumm.

Zartbitter, eingepackt in silbernes Knisterpapier,
ich glaub', ich bin ein Herzschmerz-Schokovampir.
Schlage meine Zähne in die zartschmelzende Hülle,
lausche der traurigen und einsamen Stille.

Die erste Tafel verzehre ich in wütender Überhitzung,
die zweite ist wie eine Therapiesitzung.
Spendet Trost für einen flüchtigen Moment,
während sich die Liebe gegen mich stemmt.

Verlassen für eine hochgewachsene Blondine,
ich glaub', ich esse noch 'ne Schnapspraline.
Wieso nur eine? Ach was, ich esse sie alle,
während ich von Wolke sieben falle.

Vollmilch, Nougat, Rum-Traube-Nuss,
ich denke sehnsuchtsvoll an unseren letzten Kuss.
Doch langsam weicht der Schmerz einem anderen Gefühl,
vielleicht war es jetzt ein bisschen viel.

Jammern, Weinen und das ganze Herzensleid,
wie weggeblasen – jetzt ist da nur noch Übelkeit.
Keine Zeit, mich mit Verflossenen zu plagen,
denn es rebelliert in meinem Magen.

Kakaoaromen streiten mit Transfetten.
Kann mich bitte jemand retten?
Liebeskummer und Schokolade, ein trauriges Duett,
bevor ich explodiere, gehe ich lieber ins Bett.

Mein Herz war gebrochen und vernichtet,
der Schokovampir in mir hat's gerichtet.
Am nächsten Morgen fühle ich mich wie neu geboren,
hab' den Glauben an die Liebe noch nicht verloren.

Süß und toxisch

Anathea Westen

Ben schaute um die Ecke, als die Wohnungstür aufgeschlossen wurde. „Na. Süße, schon wieder zurück? Ich dachte, ihr bleibt bis Sonntag?" Der finstere Blick, der ihn traf, kam unerwartet. „Wie war euer Ausflug? Oder sollte ich besser nicht fragen?" Er folgte Anna, die wortlos ins Wohnzimmer stürmte.

Dort stellte sie etwas in das Regal, bevor sie kehrtmachte und weiter in Richtung Küche rauschte.

Ben starrte das neue Deko-Element ihres Wohnraums mit großen Augen an. Diese Art von Gegenstand war ihm durchaus vertraut, allerdings nicht im Zusammenhang mit Anna. Er schüttelte verwirrt den Kopf, bevor er sich von dem Anblick losriss und ihr folgte. Er sah sie kurz im Flur, als sie aus der Küche ins Bad wechselte, um gleich danach im Schlafzimmer zu verschwinden. Ein Blick in die Räume zeigte ihm, dass hier ebenfalls neue Dinge Einzug gehalten hatten. Im Schlafzimmer fand er Anna, die sich auf dem Bettrand niedergelassen hatte. „Bist du jetzt fertig?"

Sie hob ein letztes großes Glas. „Nein, eins habe ich noch für den Flur."

Behutsam setzte er sich neben sie. „Okay, und verrätst du mir jetzt bitte auch noch, weshalb du lauter Gläser mit Schokocreme in der Wohnung verteilst? Du magst das Zeug doch überhaupt nicht." Er zwinkerte ihr zu. „Und wahnsinnig hübsch sind die Dinger nun nicht unbedingt."

Ein leichtes Hochziehen der Mundwinkel zeigte ihm, dass er den richtigen Ton getroffen hatte. „Nein, wirklich nicht. Und ich hasse Schokolade."

Er stupste ihr mit dem Finger auf die Nasenspitze. „Ich weiß. Oder sind die etwa alle für mich? Willst du mich mästen?"

„Auf gar keinen Fall. Die darfst du nicht anrühren. Sie sind nicht zum Essen, sondern zum Erinnern da."

„Als Erinnerung an ein besonders verkorkstes Wochenende? Ich mag mir gar nicht vorstellen, was an einem Wellness-Wochenende mit der besten Freundin derart schief gehen kann, dass du danach Geld für Schokolade ausgibst."

Anna stand auf und begann, ihre Klamotten aus der Reisetasche zu zerren. „Von wegen Wellness! Und das mit der besten Freundin kannst du streichen."

Dazu sagte Ben lieber nichts, denn sie hatten schon einige Auseinandersetzungen zu diesem Thema gehabt. Er schaute Anna ruhig beim Auspacken zu, bis sie bereit war, mehr zu sagen.

Sie ließ sich wieder neben ihm auf das Bett fallen. „Ella hat kurzfristig umdisponiert. Ihr ist etwas viel Besseres eingefallen, das uns beiden so richtig viel Spaß machen würde. Willst du raten?"

„Lieber nicht."

Sie atmete tief durch. „Erst als wir im Hotel standen, ist sie mit der genialen Überraschung rausgerückt. Drei Tage Schokolade-Schlemmen pur."

Er hatte Ella so einiges zugetraut, aber die Unverfrorenheit, mit der sie sich wieder einmal über Annas Interessen hinweggesetzt hatte, schockierte ihn dann doch. „Aber sie weiß doch ..."

„Dass ich Schokolade nicht mag? Nein, das hat sie an diesem Wochenende zum allerersten Mal gehört!" Annas Augen funkelten. „Ich würde ja nur so ein Theater machen wegen der Kalorien. Weil ich mich ständig von anderen negativ beeinflussen lasse und zu feige bin, das Leben zu genießen."

Ben verkniff sich den Kommentar, dass es seiner Meinung nach ausschließlich Ella war, die einen schlechten Einfluss auf Anna ausübte, und hörte weiter zu.

„Am ersten Abend war es noch erträglich. Es gab nur jede Menge Schokolade auf dem Zimmer." Sie zog eine Grimasse. „Du wärst begeistert gewesen. Pralinen und ganze Tafeln in allen Geschmacksrichtungen zur freien Auswahl, aber die konnte ich ja einfach ignorieren. Das Frühstück war dann etwas ganz anderes. Es gab nichts, aber auch rein gar nichts Vernünftiges zu essen. Schoko-Croissants, Schoko-Brötchen und dazu Käse, ummantelt von dunkler Schokolade, Schoko-Salami und Honig mit Schokolade."

„Okay, da hätte sogar ich Sehnsucht nach einer herzhaft belegten Stulle bekommen."

„Ganz sicher." Anna nickte. „Danach fand ein Workshop statt für all die Leckermäuler, um zu lernen, wie man selbst Schokolade herstellt." Mit einem kleinen Lächeln in seine Richtung fügte sie hinzu: „Fand ich auch noch nicht so schlimm. Kann ja nützlich sein, wenn ich mal ein besonderes Geschenk für eine spezielle Person brauche, oder?"

„Ich wüsste diese Art von Opferbereitschaft durchaus zu schätzen."

Sie erwiderte sein Grinsen nur kurz, bevor sie seufzte und seine Hand nahm. „Aber das Grauen hörte einfach nicht auf. Zum Mittagessen gab es so furchtbare Dinge wie Frikadellen mit Zimt und Schoko, Schoko-Pfannkuchen, Polenta mit weißer Schoko, Kürbissuppe mit Schoko, Salate mit Schoko-Dressing." Sie holte tief Luft. „Ich hatte keine Ahnung, dass man so viele harmlose Gerichte mit diesem braunen, klebrigen Zeug verderben kann."

Ben strich ihr tröstend übers Haar, als sie sich an ihn lehnte.

„Rate, was für ein Workshop danach an der Reihe war."

„Ähm, noch mehr Schokolade?"

Sie nickte. „Pralinen. Lauter gruselige Schoko-Pralinen."

„Hast du an dem Tag überhaupt etwas gegessen?"

„Oh ja!" Sie setzte sich auf. „Nach diesem Kurs habe ich mich gleich aus dem Staub gemacht. Ein paar Straßen weiter gab es einen kleinen Dorfkrug. Ich sage dir, ich habe noch nie in meinem Leben so köstliche Bratkartoffeln gegessen. Die kannten sich übrigens schon aus mit Leuten, denen die Schoko aus dem Hals hängt und mit Heißhunger auf Herzhaftes bei ihnen aufkreuzen."

„Und als du ins Hotel zurückgekommen bist, hat Ella Theater gemacht?"

Anna zuckte mit den Schultern. „Sie hat es versucht, aber es stand schon das Abendprogramm an. Zwei Filme zum Thema Schokolade, echt unglaublich." Er bekam einen Knuff in die Seite, als er über ihre Grimasse lachen musste. „Das war nicht komisch. Ich habe mich dann mit der Ausrede verzogen, dass ich müde bin, aber du kennst ja Ella. Sie hat natürlich später vor der Zimmertür gestanden, aber ich habe nicht aufgemacht."

„Wofür du am nächsten Morgen büßen musstest."

„Oh ja. Sie hat diese ganze Zeit über mich hergezogen und mich vor diesen völlig fremden Leuten schlecht gemacht. Nur weil ich keine Schokolade mag! Ich kann doch nichts dafür, dass ich mir lieber fettige Chips und Gummibärchen reinziehe."

Ben zog sie an sich. „Du brauchst dich nicht dafür zu rechtfertigen, weil du einen anderen Geschmack hast als Ella. Oder all die anderen, die Schokolade lieben. Und im Grunde geht es ja auch nicht um den Süßkram, oder?"

„Nein, wenn ich nicht tue, was Ella will, dann bin ich keine gute Freundin."

Er gab ihr einen Kuss. „Was natürlich nicht stimmt. Sie ist nicht gut für dich, und wenn Schokolade dabei hilft, das einzusehen, dann ist das Zeug einfach nur magisch, findest du nicht?"

Anna verzog das Gesicht. „Vielleicht, aber ich mag sie trotzdem nicht."

„Verrätst du mir denn jetzt, wofür du all die Schokocreme verteilt hast?"

Wieder atmete Anna tief durch. „Ella schafft es immer wieder, mich um den Finger zu wickeln, selbst wenn sie sich wirklich heftige Dinge geleistet hat. Sie wird bald wieder anrufen und so tun, als wäre alles meine Schuld. Und sie ist die Großzügige, die mir meine Dummheit vergibt, damit wir wieder Freundinnen sein können." Sie griff nach dem großen Glas, das neben ihnen auf dem Bett lag. „Wenn sie das nächste Mal versucht, mir ihr Gift ins Ohr zu träufeln, hole ich die Schokocreme vor. Wetten, dass ich standhaft bleibe?"

In Herrschaftszeiten

– Frei nach einer Legende –

Nadine Messerschmidt

Franz eilte die Stufen hinab zur Zuckerbäckerei. Ausgerechnet heute hatte er seine Kochmütze vergessen. Just an jenem Tag, an welchem er das erste Mal in die Gemächer des Staatskanzlers gerufen worden war, musste er in halber Montur antreten, unvollständig gekleidet, unwürdig seiner Hoheit. Der Ankleidebub war gerade dabei gewesen, dem Herrn sanft die rote Schärpe über die Schulter zu legen, als der Küchenlehrling schüchtern in den Saal getreten war.

Metternich, in goldbesticktem Frack und die kurzen Locken minuziös zurechtgebürstet, runzelte leicht die Stirn ob des Fauxpas', sagte aber weiter nichts dazu. Stattdessen kam er direkt zum Punkt, dem erkrankten Küchenchef und dessen unmöglichen Vorschlag, den hohen Herren der heutigen Gesellschaft einen Gugelhupf zu servieren. Staubzucker hin oder her, dieses Dessert sei der Gelegenheit nicht angemessen und müsse nun von Franz, und sei er auch nur ein Lehrling der Zuckerbäckerei, ersetzt werden. Er würde sich schon etwas einfallen lassen, und nun solle er gehen. „Dass er mir aber keine Schand' macht, heut Abend!"

„Das wird ein Verweis!", raunte der Junge vor sich hin. „I wo, eine Suspendierung!" Panisch durchblätterte er das *Bewehrte Koch-Buch* und fand nichts, im *Wienerischen* noch weniger. Und das *Neue Saltzburgische*? Mit dem Zittern seiner Finger war es überhaupt unmöglich, ein vernünftiges Rezept zu finden, das diesen Ansprüchen gerecht wurde. Seine Hände wurden müde vom Suchen und er war der Verzweiflung nahe.

Gerade da tippte ihm jemand auf die Schultern, zog ihm etwas auf den Schopf. „Ja was machst'n du für ein kom'sches G'sicht heut?"

Seine Schwester hatte ihm seine Kochmütze gebracht. Nun stand sie mit in die Seiten gestemmten Händen und einem kecken Lächeln im Gesicht vor ihm, diesem Häufchen Elend. Ihre Augen wurden immer größer, als sie von der Aufgabe hörte, die ihrem Brüderchen aufgetragen worden war. „Mensch Jung'chen, mag sein du wirst heut' noch berühmt!".

Doch Franz war nicht zum Scherzen aufgelegt. „Ich muss es schaffen, in nur fünf Stunden eine neue Kreation zu erschaffen und dann auch noch eine Hundertschaft damit zu verköstigen."

„Tja, du musst sie damit ja nicht satt bekommen. Es geht ja nur ums Schnuckelige danach, um den Tag zu versüßen."

„Wenn ich doch nun aber nichts finden kann in den Büchern?"

„Dann holst du das Rezept halt aus deinem kleinen Köpfchen." Damit tippte sie Franz mit dem Zeigefinger gegen die Schläfe. „Mach doch was, was du auch gern magst!"

Endlich wich der Kummer aus Franzens Augen, sein Blick richtete sich inwärts, unbewusst strich er sich mit der Hand übers Kinn, begann die Schnurrbarthaare, die gerade erst dort zu wachsen begannen, rechts und links zusammen zu zwirbeln. „Ich mag Schokolade.", sagte er, mehr zu sich als zu ihr, und schlug die Kochbücher wieder auf.

Wenig später war die Entscheidung getroffen. Ein Schokoladenkuchen sollte es sein. Aber ein besonders süßer, bei dem Schokolade, Butter, Zucker und Mehl zu gleichen Teilen gemischt wurden. Und damit es nicht gar zu fest wurde, das Eiklar schaumig schlagen – wie Schnee, oder mehr noch, wie Seifenschaum. So müsste es gehen. Franz machte sich an die Arbeit, stellte die Waage mit den Gewichten ein und maß die Zutaten ab. „Fünfzehn Deka …", murmelte er. „Das Ganze zu vieren und dazu das Ei, so müsste es für die Form ganz richtig sein." Er ließ den Ofen anheizen und die Schokolade bringen. Als ganzes Stück würde er sie nicht schmelzen können. Er hob an, sie zu hobeln, doch schon nach kürzester Zeit gab er dieses Vorhaben wieder auf. So lange, wie das dauerte, würde er in Tagen nicht fertig werden mit der Menge, die er für die Gesellschaft brauchte. Mit einem Messer zerschnitt er das braune Süß also in winzige Stücke. Seine Hände wurden klebrig und rochen nun süßlich-bitter. Wenn der Ofen angeheizt war, wurde es in der Küche oft fast unerträglich heiß und die Schokolade schmolz ihm schon an den Fingern. Er gab sie in eine Schüssel und diese in den Ofen und machte sich daran, die Eier zu trennen.

Jeder einzelne seiner Schritte wurde von den Küchenhelfern aufs Genaueste beobachtet. Wenn diese Probe gelang, würden sie noch viel mehr davon machen müssen. Ihre Augen machten ihn nervös. Ohne weiteres war er an diesem Tag zum Küchenchef befördert worden und als solcher angesehen. Diese Ehre konnte ein Fluch werden, wenn er auch nur einen Fehler machte. Und schon machte er den Fehler – beim Trennen der Eier landete Gelb im Weiß, aber nur wenige Tropfen, und er beschloss, kein Aufhebens darum zu machen. Sechs Eiklar und ein wenig Gelb, er schlug alles zusammen mit einem Besen zu Schaum, doch das brauchte seine Zeit. Zu viel davon, denn aus dem Ofen begann es schon, leicht kohlig zu riechen.

„Die Schokolade", rief er. „Gebt einen Esslöffel Wasser dazu und rührt das gut durch. Das wird schon wieder."

Wer nun glaubte, Franz wäre zur Ruhe gekommen, möge damit recht behalten. Denn der junge Lehrling hielt sich längst für verloren, drum gab es keinen Grund mehr zur Panik. Auch, als er die geschmolzene Schokolade mit der Butter vermischte und sich Klumpen bildeten, zuckte er nur mit Schultern, holte ein Sieb hervor und ließ nur in die Rührschüssel tropfen, was durch die engen Maschen hindurchpasste. Dazu die sechs Eigelb, den Zucker und das Mehl, doch der Zucker wollte sich nicht recht lösen.

Als er die Masse probierte, knackte es unangenehm zwischen den Zähnen. „Das wird schon wieder", knirschte er erneut gebetsartig zwischen eben jenen Zähnen hervor. Und als das Mehl die Masse viel zu fest machte: „Der Eischnee wird's schon richten!" Zu seinem eigenen Erstaunen hatte er recht. Nachdem er den cremigen, weißen Eierschaum untergemischt hatte, war die Masse flüssig geworden und ließ sich problemlos in die Springform gießen. Diese kam in den

Ofen und nun hatte er Zeit, nach dem gewissen Etwas zu suchen. Er brauchte eine weitere Zutat, etwas Besonderes, etwas Ausgefallenes, Originelles. Beim Blick in die Speisekammer wurde ihm ganz anders zumute. So viel Eingemachtes – Obst aus aller Herren Länder. Aber er hatte sich unbedingt für eine Schokoladentorte entscheiden müssen. Es gab kein Zurück mehr, keine Zeit, etwas Neues zu kreieren. Fast nostalgisch nahm er ein Glas zäher Marillensauce in die Hand. *Was hätte man aus dir nicht alles zaubern können*, dachte er bei sich. „Ach, sei's drum, du kommst mit rauf!", entschied er dann festen Willens, nahm den fertigen Kuchen, löste ihn aus seiner Form und drehte ihn einmal auf den Kopf. Auf die ebene Seite strich er die Marille. Doch so sehr er sich bemühte, so konnte er sie nicht glatt- streichen. Immer wieder entstanden kleine Hügelchen, die sich nicht recht ausbügeln lassen wollten. Erneut zwirbelte sich Franz seinen Bart. „Also gut, dann eben anders!", rief er dann aus und schmolz noch etwas Schokolade über dem Feuer. Die unansehnlichen Unebenheiten überdeckte er mit derartig viel Schokoladenguss, dass nur noch eine glatte, glänzende Oberfläche verblieb.

Er nickte und setzte sich neben seine Schwester. „Dann hoffen wir mal, es schmeckt den Großen!", meinte diese.

Doch Franz Sacher seufzte nur. „Das wird schon!" Und es wurde.

Verloren

Herbert Glaser

„Peter, du bist doch ein großer Junge, oder?"

„Ja, ich bin schon acht!"

„Dann bist du doch alt genug, um mir beim Tante-Emma-Laden um die Ecke ein paar Dinge einzukaufen?"

„Ooch, eigentlich wollte ich im Hof mit den anderen Kindern Fußball spielen."

„Und wenn du dir dafür auch eine Tafel Schokolade kaufen darfst?"

„Hmm. Na gut, ich bin ja auch gleich wieder da."

„Schön, hier hast du eine Einkaufstasche und etwas Geld. Und den Zettel mit den Kleinigkeiten, die ich für heute Abend brauche. Den gibst du der freundlichen Frau Derner in dem Geschäft. Bist ein guter Junge!"

Zehn Minuten später.

„Das ging aber schnell. Sag mal, in der Tasche ist aber nicht viel drin. Waren die Sachen etwa ausverkauft? Warst du überhaupt einkaufen?"

„Ja schon … aber ich … ich wollte … der Zettel … den habe ich verloren."

„Verloren? Na, du bist mir vielleicht ein Träumer. Was ist denn dann in der Tasche?"

„Na, die Schokolade … daran habe ich mich erinnert."

Wahre Liebe

Diana Dua

Da ging ein Mann mit seinem Hund,
die Straß' entlang und war gesund.
Etwas später kam er wieder,
lief vorbei an Nachbars Flieder
da war's gescheh'n um ihn.
Der Grund: eine Frau aus Wien.

Erneut ging der Mann mit seinem Hund,
die Straß' entlang und ja aufgrund
von einer Herzensangelegenheit
ging er diesmal viele Blöcke weit.
Er kam zurück, sein Inneres warm.
Und ach – er trug Pralinen unterm Arm.

Der Herr Nachbar drauß' im Garten wusst' genau:
Dahinter steckt doch eine Frau!
Der Mann mit den Pralinen und dem Hund
blieb stehen, öffnete den Mund.
Eine Praline fiel da hinein, die aß er mit Genuss und Wonne.
Er strahlte über beide Ohren – glücklich wie die Sommersonne!

Mousse au Chocolat-Fieber

Astrid Miglar

Tief tauche ich den Finger in Schokoladenmousse, lecke ihn genüsslich ab. Ich weiß, es ist abartig. Das tut man nicht. Schon gar nicht während einer Galerieeröffnung. Aber nicht ich, die Inhaberin der neuen Galerie trägt Hauptschuld an meinem Verhalten. Hingen hier nicht Bilder herum, die Abbildungen von Schokolade in allerlei reizvollen Varianten zeigen, hätte mich dieser Anfall niemals überkommen. Mit geschlossenen Augen genieße ich den Geschmack. Bittersüß schmeichelt sich das Dessert über meine Geschmacksknospen hinweg und rutscht zu rasch meinen Gaumen hinunter. Der Augenblick vollendeter Zufriedenheit entgleitet mir. Ich kneife die Augen zusammen, sehe mich verstohlen um und frage mich, wie es kommen konnte, dass ich meiner Gier nachgab?

An einer Wand hängen Schokoladeherzen. Zart schmelzen sie aus ihrem Bilderrahmen und tropfen auf ein Pistazieneisgemälde, das sich direkt darunter befindet. In Bergwelten füllen Schokoladenwasserfälle tiefgründige Seen, die sich zu Füßen schneeweißer Gletscher ausbreiten. Rot geschminkte Lippen beißen sich durch Schokoladenstücke verziert mit Cranberrys, Veilchen und ganzen Haselnüssen. Zwei Schlammcatcherinnen wälzen sich in Schokoladenpudding. In ihren Haaren hängen Cocktailkirschen.

Ist es verwunderlich, dass mich wilde Lust überkam?

Mein Magen gab ein knurrendes Geräusch von sich. Behutsam zog ich mich aus der Reihe der Staunenden zurück, tigerte Schritt für Schritt zum Buffet und fiel beinahe in Ohnmacht. Wir hatten einander gefunden! Da stand sie: diese wundervolle Schüssel mit Mousse au Chocolat, und schon hatte sich mein Finger selbständig gemacht. Liebevoll betrachte ich nun die bis obenhin befüllte Schale und stelle fest: die Schokoladenmousse hat nur einen Makel. Das Loch nämlich, das ich gerade mit meinem Zeigefinger gestochen habe, wird sich nicht von selbst wieder schließen. Auffällig starrt mich diese Vertiefung an. Der von meinem Finger verursachte Krater wirkt wie eine Stichwunde, markiert unübersehbar und exakt in Schüsselmitte meinen illegalen Zugriff.

Immer noch konzentrieren sich die Anwesenden auf die Galeristin. Daneben strahlt die Künstlerin. Das Buffet wird noch eine Weile still daliegen. Ich greife nach einem Löffel und bemühe mich die Beschädigung kugelrund auszuformen.

Gelungen! Ich suche nach etwas, womit ich meinen Naschanfall vertuschen kann. Vielleicht eine Praline, die ich in Schüsselmitte positionieren kann. Oder eine Rosenblüte. Ich entscheide mich für eine Rosenblüte, zupfe sie von einer Schokoladentorte, auf deren Rand sie mit weiteren Blüten thront. Blutrot und appetitlich sieht die Rose aus. Unweigerlich geschieht das, was immer geschieht. Ich schnuppere an jeder Blüte, also auch an dieser. Es muss instinkthafte Triebsteuerung sein, denn natürlich ergibt das Schnuppern keinen Rosenduft, sondern es riecht, wie es riechen soll: nach Marzipan. Meine Zunge, diese Verräterin, leckt verstohlen über eines der süßen Blätter. Wie gut das schmeckt!

Aber, jetzt kann ich die Rose natürlich nicht mehr als Tarnung verwenden. Eine zweite Rose wird von der Torte entfernt und wie vorgesehen platziert. Hübsch sieht das aus. Doch was soll ich nun mit der angeleckten Rose machen?

Rasch tunke ich sie in die Schokoladenmasse. Nur ein bisschen. Nur am Rand der makellosen Oberfläche. Der Abdruck der Marzipanrosenblüte ergibt ein hübsches Muster. Wie eine Süchtige lecke ich die Mousse vom Marzipan, drücke die Rose auf die nächste freie Fläche. Lecke erneut Schokolade ab. Drücke. Lecke. Drücke.

Jetzt hat die Mousse in der Schüssel eine Spitzenverzierung aus Rosenblütenabdrücken erhalten, während ich mich einem Schokoladenzuckerschock nähere. Ein Räuspern unterbricht meine kreative Meisterleistung. Mist, erwischt! Jetzt heißt es meine Schändlichkeiten zu vertuschen. Ich reiße den Mund auf, verschlinge die Rose in einem Happs. Mit meiner Beherrschung ist es dahin. Ich greife nach einem Mousse-Löffel, der eher einer Suppenkelle gleicht und schaufle mir drei Milliarden Kalorien in den Mund. Es ist herrlich.

Das Räuspern intensiviert sich. Jemand tritt an meine Seite, will mir das Besteck entziehen, worauf ich mir die Schüssel schnappe und meinen gefährlichsten *Ich-verstehe-keinen-Spaß-ich-bin-hungrig-Blick* aufsetze. Dabei knurre ich. Wieder stopfe ich einen Löffel voll Genuss in meinen Mund. Er sieht mich vorwurfsvoll an und streckt seine Hände nach der Schüssel aus. Ich ziehe mich zurück. Wie ein hungriges Raubtier, dem man die Beute streitig machen will. Hektisch sehe ich mich um. Ein Versteck wäre jetzt perfekt. Ein Rückzugsort, an dem ich meinem Schlemmen ungehemmt nachgehen kann.

Der Kerl zischt: „Benehmen Sie sich gefälligst!"

Ich mag mich nicht benehmen. Ich benehme mich ohnehin immer. Meist bin ich friedlich. Heute hat mein gutes Benehmen Urlaub. Ich tendiere zu Übermut, greife erneut nach dem Schöpflöffel, fülle ihn und bewerfe den Unverschämten mit Mousse. Auf keinen Fall werde ich mich von ihm um mein wichtigstes Grundnahrungsmittel bringen lassen. „So nicht!", zische ich triumphierend und freue mich über den appetitlichen Anblick.

Sein Gesicht sieht zum Anbeißen aus. Ein Foto von ihm würde perfekt zwischen die Ausstellungsstücke passen. Er streckt die Zunge heraus und leckt. Ein „Mmmmhm!" entkommt ihm. Verblüfft sieht er mich an. Genuss hatte er offenbar nicht eingeplant. Nun will er mehr. Ist von der Droge in meiner Schüssel angetan. Er greift auch nach einem Löffel und taucht ihn tief in die Mousse.

Großzügig wie ich bin, gestatte ich ihm diese Kalorienbombe.

In diesem Augenblick ist die Rede der Galeristin zu Ende. Sie gibt das Buffet zur Erstürmung frei. Wir sehen einander an, begreifen, dass in wenigen Sekunden eine Horde Hungriger zu erwarten ist. Sie werden über uns herfallen, zumindest aber entsetzt sein, über die gekidnappte Schokoladenmousse-Schüssel. Als wäre es abgesprochen, nicken wir einander zu, bücken uns, heben das bodenlange Tischtuch hoch und verschwinden unter dem langen Buffettisch. Bevor wir gemeinsam über den Inhalt der Schale herfallen, stellen wir uns einander vor. Das gehört sich, finden wir. Erst dann stopfen wir uns ungeniert voll.

Stunden später, als das Catering-Team die Überreste des Buffets beseitigt, die ehemals weißen Tischtücher von den Tischen entfernt, werden wir gefunden. Mit verschmierten Schokoladegesichtern liegen wir neben einer völlig geleerten Schale und sehen träge dabei zu, wie die Tische über uns abgebaut werden. Wir weigern uns erfolgreich, uns auch nur einen Millimeter zu bewegen, fühlen wir uns doch wie zwei Bären, die sich Speck für den Winterschlaf angefressen haben.

Die Galeristin schüttelt den Kopf. Die Künstlerin grinst. Gemeinsam rollen sie uns unter ein Bild, aus dem Schokolade fließt. Es wirkt, als hätte uns tropfende Sauce niedergestreckt. Auf diese Weise werden wir zur Kunstinstallation und tauchen in allen Zeitungen auf. National. International.

Nachsatz: Konstantin und ich wurden von Galeristin und Künstlerin für kommende Ausstellungen gebucht. In Planung sind interessante Dessertveranstaltungen. Wir lassen uns überraschen.

Allein zu Haus

Diana Gaßner

„Ich gehe noch schnell etwas einkaufen." Mama schaut um die Ecke in Michis Zimmer. Mutters Kopf verschwindet und kurz darauf hört Michi das Klappen der Wohnungstür. Dann ist es still im Haus.

Michi kramt sein Matheheft aus dem Ranzen. Nur noch schnell die Hausaufgaben erledigen, das schafft er locker bis zum Beginn der Sendung mit der Maus. Aber puh! Das ist doch mehr als gedacht. Muss Frau Peters immer so viel aufgeben? Er wird sich beeilen müssen, um rechtzeitig fertig zu werden. *Was sich der Elefant wohl heute wieder ausdenkt, um die Maus zu beschäftigen,* fragt sich Michi?

Plötzlich hört Michi ein lautes, schepperndes Geräusch. So, als wenn etwas umgefallen ist. Ist da jemand im Wohnzimmer? Hat Mama noch etwas vergessen? „Mama, bist du das?"

Keine Antwort. Ist vielleicht die Terrassentür offen und ein Einbrecher hat sich in die Wohnung geschlichen? Michis Herz klopft so laut, dass er es in seinen Ohren hören kann. Am liebsten möchte er sich unter dem Tisch verkriechen, bis Mama zurück ist.

Michi nimmt seinen ganzen Mut zusammen und beschließt nachzusehen. Er schaut sich in seinem Zimmer nach etwas um, um sich im Notfall wehren zu können. Der Tennisschläger! Entschlossen schnappt er ihn und schleicht leise zur Tür, weiter den Flur entlang. Er wagt kaum zu atmen. Hoffentlich hört der Einbrecher sein lautes Herzklopfen nicht. Ganz fest packt er den Schläger, hebt ihn über den Kopf, bereit sofort zuzuschlagen. Vorsichtig lugt er um die Ecke. Michi holt nochmal Luft und traut sich noch einen Schritt weiter vor.

Kein Einbrecher – Gott sei Dank. Mamas Kaktus liegt auf dem Boden. Vor dem geöffneten Fenster tanzt die Gardine und hat den Blumentopf wohl heruntergerissen. Das war's. Auf diesen Schreck könnte er etwas Süßes gebrauchen. Vielleicht ist noch etwas von der leckeren Nuss-Schokolade da. Eigentlich ist Naschen vor dem Abendessen verboten, aber das ist eine Ausnahmesituation

Schon bei dem Gedanken an Schokolade läuft Michi das Wasser im Mund zusammen. Er läuft in die Küche und schaut in die Schokoladen-Dose. Leer. Ob Mama noch etwas im Wohnzimmerschrank versteckt hat? Vielleicht eines von diesen zartschmelzenden Ostereiern. Wieder hat Michi kein Glück. Auch im Schrank mit dem Essgeschirr ist kein einziger Schokoladenkrümel zu finden.

Michi schielt rüber zur Anrichte mit dem guten Sonntagsgeschirr. Vorsichtig lässt er seine Finger hinter die Suppenschüsseln mit dem prächtigen Löwenkopf gleiten. Aber auch hier hat er kein Glück. Michi seufzt. Vorsichtig zieht er seine Hand zurück. In dem Moment scheppert es erneut im Wohnzimmer. Michi zuckt kurz zusammen. Die Suppenschüsseln wackeln, kippen und fallen krachend auf den Parkettboden. Michi starrt entsetzt auf die Scherben. Die guten Schüsseln! Zwei Stück hat Mama von Oma zur Hochzeit geschenkt bekommen. Das gibt bestimmt Ärger. Eilig sammelt er die Scherben zusammen und legt sie ganz unten in den Mülleimer. Autsch! Jetzt hat er sich auch noch geschnitten! Ein dicker Blutstropfen quillt aus einer Schnittwunde an seinem rechten Daumen. Michi findet in seiner Hosentasche ein Papiertaschentuch und wickelt es um die Stelle. Da hört er auch schon, wie der Schlüssel im Schloss gedreht wird. Schnell flitzt er ins Bad, um sich unbemerkt ein Pflaster auf die Wunde zu kleben.

„Ich bin wieder da, Michi. Es hat doch etwas länger gedauert, weil ..." Dann hält die Mutter kurz inne. „Was ist denn hier passiert?" Bepackt mit zwei Einkaufstüten steht sie in der Tür.

„Der Wind hat die Gardine hochgeweht und dabei ist dein Kaktus runtergefallen.

Gemeinsam sammeln sie die Scherben auf und fegen die Erde zusammen. Dabei fällt ihr Blick auf das Pflaster an Michis Daumen.

„Ich wollte schon die Scherben aufräumen, aber dann habe ich mich geschnitten."

Mama wuschelt ihm kurz seine Haare. „Das war bestimmt ein schöner Schreck."

Schnell dreht er sich zur Seite, damit Mama seinen roten Kopf nicht bemerkt.

Währen Mama ihre Tüten auspackt, geht Michi zurück in sein Zimmer. Aber es fällt ihm schwer sich auf seine Rechenaufgaben zu konzentrieren. Er klappt sein Heft zu. Den Rest wird er morgen bei Tom abschreiben. Schweigend geht er ins Wohnzimmer und schaltet den Fernseher ein. Wie immer zu Beginn der Sendung, plinkert die Maus mit den Augen. Das findet Michi immer lustig, aber heute kann er sich nicht so recht darüber freuen.

Er schlurft in die Küche zu Mama. Sie packt gerade sein Lieblingseis aus. Vanille mit richtig großen Schokostückchen. Jetzt fühlt Michi sich noch schlechter. „Ich finde, nach dieser Aufregung gönnen wir uns heute etwas Besonderes. Magst du mir die schönen Löwen-Schüsseln holen ...?

schokosonett

Gerd Meyer-Anaya

denke ich an schokolade
denk ich auch an trude herr
ist jetzt noch der magen leer
geh ich auf die barrikade

und ich stürm den nächsten laden
kauf was es zu kaufen gibt
riegel tafeln sind beliebt
denn sie können mir nicht schaden

kaum halt ich sie in den händen
läuft das wasser mir im munde
man kanns drehen und auch wenden

das gebot in dieser stunde
heißt ich muss das alles spenden
denn sonst wuchern meine pfunde

Der große Schokoladenraub
von 1894

– Nach einer erfundenen Begebenheit –

Niklas von Rhein

Das nordrhein-westfälische Dörfchen Bad Konfito ist nicht nur für seine heilsamen Schwefelquellen und seine malerische Lage nahe dem Hohen Venn im deutsch-belgischen Grenzland bekannt, sondern auch für eine der ältesten Schokoladenfabriken des Bundesgebiets: die *Confiserie Chevalier*.

Gegründet wurde die Fabrik 1877 von der Chocolatiere Céline Chevalier, gebürtige Belgierin und jüngste Tochter des bekannten Abenteurerpaares Claude und Camille Chevalier. In den Jahren zuvor hatte die Familie Asien, Afrika und Südamerika bereist, wo Céline Chevalier die Gebräuche und vor allem die Geschmäcker fremder Kulturen kennenlernte. Entsprechend berühmt – und teils auch berüchtigt – ist die Gewürzschokolade der Confiserie Chevalier bis heute.

Es ist jedoch weniger jene Gewürzschokolade, die Bad Konfito und seine Schokoladenfabrik weit über das Bundesgebiet hinaus bekannt macht, sondern vielmehr das Ereignis aus dem Jahre 1894, das seinen Weg bis in die Zeitungen des fernen Paris fand: *der große Schokoladenraub*.

Heute ist sich die Geschichtsschreibung einig, dass die Ereignisse, die schließlich zu einem der spektakulärsten Raubzüge der Kaiserzeit führen sollten, im Jahre 1886 ihren Anfang nahmen, als der Großindustrielle Wilhelm Wagner Céline Chevalier der Körperverletzung anklagte. Chevalier, so der Vorwurf, habe ihn nicht ausreichend vor den gesundheitlichen Risiken extremer Schärfe gewarnt. Ein Vorwurf, der aus heutiger Sicht kaum zu halten ist, hatte Chevalier beim Gegenstand der Klage – der besonders würzigen Chili-Schokolade *Bittersüßes Feuer* – doch ausdrücklich auf jene Risiken hingewiesen und sogar den Verkauf an Minderjährige untersagt. Dennoch verlor sie den Rechtsstreit – auch damals schon stand der Vorwurf der Bestechung im Raum – und musste nicht nur eine Geldstrafe, sondern auch Schmerzensgeld an Wagner zahlen.

Der finanzielle Schaden durch Rechtsstreit und Urteil war so groß, dass Chevalier kaum ein Jahr später gezwungen war, die Fabrik zu verkaufen – an keinen anderen als Wagner selbst.

Der Besitzwechsel stieß bei den Bürgern von Bad Konfito auf wenig Liebe, war er doch mit einer Preissteigerung um fast das Zehnfache verbunden. Denn anders als Chevalier, die es als ihre Lebensaufgabe ansah, *den Menschen durch meine Schokolade den Geschmack nach fernen Ländern zu bringen, insbesondere denen, die es sich nicht leisten können, jene Länder selbst zu bereisen* [aus *Mit der Zunge um die Welt* von Céline Chevalier, 1902], war die Schokoladenherstellung unter Wagner ganz dem Gesetz des freien Marktes unterworfen.

Hatte sich noch 1885 jeder Einwohner Bad Konfitos regelmäßig eine Tafel, oder auch zwei, leisten können, war die Chevalier-Schokolade – Wagner behielt den Namen aufgrund von dessen Markenwirkung bei – schon 1889 für die meisten unerschwinglich geworden. Und so wandelte sich die Schokoladenfabrik innerhalb weniger Jahre von einer Art Lokalheiligtum zu einem Symbol für die Klassengesellschaft.

Der wirtschaftliche Erfolg indes schien Wagner rechtzugeben: Innerhalb des ersten Jahres verdreifachten sich die Gewinne der *Confiserie Chevalier, geführt W. Wagner* und auch danach stiegen sie stetig an. Und so wäre es wohl weitergegangen, wären da nicht die Ereignisse vom zweiten bis fünften Dezember 1894 gewesen.

Bis heute weckt die logistische Brillanz des Schokoladenraubes Bewunderung, obwohl – oder gerade, weil – viele Details im Dunklen bleiben. Unklar ist beispielsweise, wie die Diebe unentdeckt aufs

Werksgelände gelangen konnten. Es gilt lediglich als gesichert, dass das Eindringen am zweiten Dezember 1894 geschah, denn an diesem Tag kam es – rückblickend betrachtet – zu den ersten Unstimmigkeiten im Betrieb der Fabrik. Eine dieser Unstimmigkeiten waren Gewürzrückstände, die Wachhabende des von Wagner engagierten Sicherheitsunternehmens an diversen Stellen fanden. Vermutlich handelte es sich dabei um Köder, welche die Wachhunde von ihren Posten lockten. Doch das wurde den Wachhabenden erst sehr viel später klar, denn Gewürzrückstände an ungewöhnlichen Orten waren in der Confiserie Chevalier eben doch gar nicht so ungewöhnlich.

Der eigentliche Geniestreich war jedoch nicht das Eindringen in die Confiserie, sondern der Raub selbst. Denn die Diebe stahlen nicht einfach die Schokolade – sie stahlen die gesamte Fabrik. Mit gefälschten Mitteilungen, die von Maschinenschäden, Änderungen der Schichtpläne, neuen Lieferbescheiden, Sonderaufträgen und Pflichturlaub sprachen, sowie fingierten Inventar- und Bestelllisten, sorgten sie dafür, dass das Management jeglichen Überblick über die Ereignisse in der Fabrik verlor. Und so übernahmen die Diebe vom zweiten bis zum fünften Dezember die Kontrolle über die Schokoladenproduktion.

Die Arbeiter indes hatten keine Ahnung, dass das Management völlig ausgewechselt war, wobei den Dieben die hohe Spezialisierung der einzelnen Angestellten unter Wagners Führung der Fabrik zugutekam. Ja, im Grunde wurde Wagner ausgerechnet sein Wunsch nach maximaler Effizienz, der die Arbeiter in gedankenlose Maschinen verwandelt hatte, zum Verhängnis. Denn in den vier Tagen der Besetzung schmolzen die unfreiwilligen Helfer der Diebe nicht nur sämtliche bereits erzeugte Schokolade wieder ein, sondern verarbeiteten auch alle noch vorhandenen Zutaten zum fertigen Produkt. Und selbst, als am fünften Dezember mehrere Güterwaggons bis zum Rand gefüllt mit Schokoladen-Nikoläusen das Firmengelände verließen, wunderte das niemanden – man wurde schließlich nicht fürs Wundern bezahlt.

Der Diebstahl fiel erst auf, als am Morgen des sechsten Dezembers das alte Management wieder die Kontrolle übernahm, denn die Diebe hatten keine Tafel Schokolade, keine Unze Gewürz, keinen Milliliter Milch und kein Gramm Kakao in der Fabrik gelassen.

Für Wagner war der Diebstahl eine Katastrophe, denn für das lukrative Weihnachts-geschäft hatte er bereits eine Vielzahl von Verträgen geschlossen, die er nun nicht mehr erfüllen konnte. Die Klagen folgten auf dem Fuße, der Verlust des Weihnachtsgeschäfts tat sein Übriges und 1895 musste Wagner verkaufen – was Céline Chevalier prompt nutzte, um sich ihre Fabrik zurückzuholen.

Einige Historiker glauben, dass Chevalier selbst das Mastermind hinter dem Raubzug war – immerhin musste mindestens einer der Diebe über ein umfassendes Wissen zur Schokoladenherstellung verfügt haben. Manche gehen sogar so weit, zu sagen, die Angestellten der Fabrik hätten ihrer alten Arbeitgeberin gar nicht so unfreiwillig bei dem Raubzug geholfen, wie es den Anschein hatte. Doch Beweise für all diese Behauptungen gibt es nicht – der große Schokoladenraub von 1894 bleibt bis heute unaufgeklärt.

Auch der Verbleib der Schokolade konnte nie endgültig geklärt werden. Tatsache ist jedoch, dass am Nikolaustag von 1894 alle Kinder in Bad Konfito und weit darüber hinaus vor ihrer Haustür einen gewaltigen Nikolaus aus feinster Schokolade mit einem Hauch exotischer Gewürze vorfanden.

Verlockung

Ralf Becker

Ich werde nicht vergossen,
ich werde viel genossen,
denn ich habe viel zu geben
für ein genussvolles Leben.

Der Gaumen wird sich freuen,
der Mensch es nicht bereuen,
ich mache nämlich glücklich,
mich schenken ist auch schicklich.

Ob Riegel, Hase oder Weihnachtmann,
ein jeder mich so haben kann.
Meine Wandlungen sind noch vielerlei,
auch Pudding oder Soße ist dabei.

Als Zutat im Kuchen oder Eis
bekam manch Konditor mit mir 'nen Preis.
Kinder wollen mich abschmecken
und die Schüsseln gern auslecken.

Also greift nach mir bei jedem Einkauf.
Ich bin auch gut für den Kreislauf,
die Stimmung wird mit mir gehoben,
gib mich ab, so wird man dich loben.

Aber genieße mich in Maßen,
denn mit meinem Kaloriengehalt ist nicht zu spaßen,
nimmst du die rechte Menge,
gibt's bei der Verdauung kein Gedränge.

Lustvoll und sinnlich sollst du nach mir greifen,
in meinem Genusse aber nicht ausschweifen,
bin ich manchem wie eine Gottesgnade,
dabei bin ich doch bloß – Schokolade.

Unsere Lieblingssorte

Wolfgang Rödig

Eine Erinnerung
konkretisiert sich.
Die Tafel Schokolade
in Vaters letzter Jacke.

Schokoladige Versuchungen

Ulrike Müller

Im traditionsreichen *Marktcafé* herrschte Hochbetrieb. Suchend und hoffend zugleich sah sich Matilda nach einem Sitzplatz um. Sie hatte Glück. An einem der Zweiertische schlüpfte ein junges Pärchen in seine Mäntel und wandte sich zum Gehen.

Matilda steuerte geradewegs auf den freiwerdenden Bistrotisch zu. Erleichtert setzte sie sich auf einen der bequemen Rattan-Stühle und streckte ihre Beine aus. Die Pause tat ihr gut.

Matilda hatte sich vorgenommen, nur einen Milchkaffee zu trinken. Doch als sie sah, welch kunstvoll aufgetürmte Torten- und Kuchenstücke die Gäste am Nachbartisch serviert bekamen, schmolz ihr Vorsatz augenblicklich dahin, wie flüssig gewordene Schokolade.

Man soll die Feste feiern, wie sie fallen! Warum Matilda in diesem Augenblick der von ihrer Großmutter so oft zitierte Spruch einfiel, war ihr ein Rätsel. Denn zu feiern hatte sie derzeit gerade nichts.

Matilda schob den Gedanken rasch zur Seite. *Jetzt erst recht!*, dachte sie und bestellte sich einen extra großen Milchkaffee und ein Stück *Himmlische Schokoladentorte*, die sie schon oft in der Auslage bewundert hatte.

Bis die junge Kellnerin das Gewünschte brachte, hatte Matilda Zeit, sich weiter im Innern des Cafés umzusehen. Der Raum wirkte traditionell-gemütlich und war gleichzeitig modern möbliert. Matilda gefiel der Einrichtungsstil so gut, dass sie beschloss, ihn auch in ihrer neuen, kuscheligen kleinen Wohnung umzusetzen.

Auf den gläsernen Regalböden, die an der gegenüberliegenden Wand aufgereiht waren, präsentierten sich edle Pralinenpackungen und allerlei, in durchsichtige Folie verpackte Figuren und Tiere aus Schokolade und Marzipan. Ihr einladender Gesichtsausdruck sollte die Gäste, und natürlich auch Matilda, zum Kaufen verführen. *Wie viele Zutaten und Handgriffe es brauchte, um solche feinen Naschereien herzustellen*, dachte Matilda anerkennend. Gleichzeitig ärgerte sie sich über sich selbst, dass sie sich den schokoladigen Versuchungen aussetzte!

Ein paar Augenblicke später brachte die Kellnerin Matilda einen herrlich duftenden Milchkaffee und ein Tortenstück, das schon allein für das Auge ein Hochgenuss war: Erdbeerrote Marmelade trennte eine hauchdünne Schicht aus Mürbeteig vom locker aussehenden Biskuit. Dessen erste Lage lockte mit einer dicken, cremig wirkenden Schokoladenfüllung, während in der zweiten sich Erdbeeren und Kokosflocken genussversprechend aneinanderschmiegten. Die äußere Hülle zierten filigrane Marzipanblüten, gleich große frische Erdbeeren und dunkle Schokobohnen.

Bevor Matilda sich den ersten Bissen vom Tortenstück gönnte, wollte sie ihre Freundin Gabi an ihrem süßen Glück teilhaben lassen. Sie fotografierte mit ihrem Smartphone: im Vordergrund ein aufgetürmtes Tortenstück und ein Milchkaffee, der eine extragroße Schaumkrone trug. Dahinter zeigte sich auf dem Foto eine lachende Matilda, die nicht nur glücklich wirkte, sondern es in diesem Moment tatsächlich war!

„Ein Gedicht!", murmelte Matilda, die sich das erste Stückchen Torte auf der Zunge zergehen ließ und anfing, davon zu träumen, wie sie dem Konditormeister sein grandioses Schokotorten-Rezept entlocken könnte.

Nur noch letzte Krümel waren auf Matildas Kuchenteller. „Darauf kommt's jetzt auch nicht mehr an!", redete sie sich ein. Und bevor sie sich disziplinieren konnte, winkte sie die Kellnerin herbei und bestellte sich ein zweites Stück Torte.

Als Matilda wieder in ihrer Wohnung vor dem bodentiefen Spiegel stand, wurde ihr kalt und heiß zugleich. Wie hatte sie nur derart schlemmen können?! Warum hatte sie sich überhaupt ins *Marktcafé* gesetzt, wo sie doch wusste, wie schwer es war, den süßen Versuchungen nicht zu erliegen?! Zum Glück fielen die zwei Stücke

Schokotorte nicht weiter ins Gewicht. Bis zum nächsten Foto-shooting hatte Matilda genügend Zeit, die Kalorien abzutrainieren. Also nichts wie raus in die Natur, Fahrradhelm aufsetzen und losradeln!

Und während Matilda kräftig in die Pedale trat, sich den Herbst-wind um die Nase wehen ließ und dabei den Kilometerzähler fest im Auge behielt, lächelte sie siegessicher vor sich hin.

Nougatwonnen

Jan Stechpalm

Der Duft steigt auf ganz nougat-süßlich,
die Nase schnüffelt dran genüsslich,

der Gaumen lechzt nach dem Geschmacke,
eilig fließt Speichel in die Backe,

schon schmiegt es sich den Lippen an,
zergeht im Munde auch sodann,

drauf lässt die Zunge sanft sich streicheln,
das Zäpfchen zärtlich sich beträufeln,

bis das Aroma sich ergießt
und durch den ganzen Mundraum fließt.

Dem Augenblicke ganz ergeben,
genießt man so ein Stückchen Leben.

James Bond erliegt süßer Versuchung

Casino Royale Barkeeper packt aus

Petra Bitter

PROMI GAZETTE, 13.09.2024

Die Welt kennt ihn als den legendären Geheimagenten 007, der immer einen kühlen Kopf bewahrt. Doch hinter der maskulinen Fassade von James Bond verbirgt sich ein unerwartetes Geheimnis, das selbst die hartnäckigsten Spionageskandale in den Schatten stellt. Ein ehemaliger Barkeeper des exklusiven Casino Royale hat nun Enthüllungen gemacht. Zu einem Film, der offensichtlich auf nicht ganz so wahren Begebenheiten beruht, wie bislang von den Machern stolz propagiert wurde.

Bond liebt Schokolade mehr als Martinis

In einem exklusiven Interview mit unserem Magazin PROMI GAZETTE hat der Barkeeper, der anonym bleiben möchte, verraten: Bonds Vorliebe für Schokolade ist weitaus größer als seine Liebe zum Wodka Martini.

„Es begann mit einer ganz gewöhnlichen Bestellung", erzählt der Barkeeper. „Ich fragte ihn, ob er seinen Wodka Martini geschüttelt oder gerührt haben möchte, und er antwortete, *Sehe ich aus wie jemand, den das interessiert?* Das allein hat mich schon stutzig gemacht." Was dann folgte, konnte keiner ahnen ...

Sensation: Bond ist Schöpfer des Chocolate Mint Martini

Der Barkeeper enthüllt, dass Bond in jener denkwürdigen Szene am Roulettetisch tatsächlich die Rezeptur für einen Chocolate Mint

Martini preisgab. Die Szene wurde in der späteren Verfilmung geändert.

„Er sagte, *Einen Martini*. Dann stoppte er mich und gab genaue Anweisungen. *Einen Moment ... dazu zwei Maß Wodka, ein halbes Maß weißer Schokoladenlikör, ein halbes Maß Crème de Menthe weiß und ein halbes Maß trockener Wermut. Das Ganze noch mit einem Eiswürfel gründlich durchschütteln, bis es eiskalt ist. Und Schokoladenraspeln und ein großes Minzblatt dazu.* Das war die Geburtsstunde des Chocolate Mint Martini", erinnert sich der Barkeeper. „Auch seine Mitstreiter waren ganz fasziniert und bestellten sofort das Gleiche."

Später am Abend, in einem Moment unerwarteter Offenheit, gestand Bond dem Barkeeper, dass Schokolade seine wahre Leidenschaft sei. Die Enthüllungen werfen ein völlig neues Licht auf den berühmten Geheimagenten. Sie zeigen eine neue, eine menschliche Seite von James Bond – die die Filmindustrie eiskalt überschrieben hat.

Diese Nachricht schockt nicht nur die Fans von James Bond, sondern die gesamte Welt der Mixologen. Der Chocolate Mint Martini, dessen Ursprung bislang unklar war, entpuppt sich nun als eine Schöpfung von Bond selbst. Die Frage, ob dieser besondere Cocktail in den kommenden Bond-Filmen eine größere Rolle spielen wird, bleibt offen.

Operation Vollmilch

Thomas Heinen

Meine Laufbahn als schwerer Junge endete fast genauso schnell, wie sie begonnen hatte, nämlich bereits nach meiner ersten Straftat, gemeinschaftlich begangen mit meinem Klassenkamerad Alfred *Alfie* Brauer, sowie meinem Vetter Mathias *Matte* Lowis. Alles in allem muss man sagen, dass wir verdammtes Schwein gehabt hatten, da unsere Tat noch knapp innerhalb der Strafunmündigkeitsgrenze lag, woran sich unsere Väter im Übrigen später in keiner Weise gebunden fühlten.

Zuerst spielten wir die Abenteuer des Police-Inspectors Bolten aus New York City auf *unserem* Bahngelände nach. Dadurch hatten wir schon einen ersten Schritt in die Illegalität getan. Denn unsere Geheimtreffen fanden in einem verfallenen Lokschuppen statt, der nur von Eisenbahnern betreten werden durfte. Der Schuppen gehörte zu dem seit Jahren nicht mehr benutzten Teil des Bahnhofs, der vor sich hin moderte und verrottete. Er war nun Zufluchtsort für nagende und pickende Kleinlebewesen und nun auch noch für hoffnungsvolle Nachwuchskriminelle.

Wir hatten uns getroffen, um gemeinsam *Fachliteratur* durchzuarbeiten. Es war das Heft 287 der Krimireihe *Police-Inspector Bolten* mit dem Titel *Der Tote im Panzerschrank*. Uns interessierte nur, wie man einen Panzerschrank knackte.

Alfie meinte: „Wenn man die richtige Ausrüstung hat, kann das so schwer nicht sein!"

Matte regte sich gleich auf. „Was willste denn damit sagen? Dass du eine Ahnung hast vom Schweißen? Willste uns lernen, wie man die großen Tresore öffnet?"

„Ich kann dich nichts lernen, sondern allenfalls etwas lehren", parierte Alfi, „ob du es dann aber verstehst, möchte ich bezweifeln, dafür fehlt es dir an Geistesgaben!" Man merkte, dass Alfi einen zur Besserwisserei neigenden Deutschlehrer zum Vater hatte, wohingegen es sich bei dem Vater von Matte um einen klassenbewussten Industriearbeiter handelte.

Voller Verachtung drehte sich Matte, das Arbeiterkind, zu ihm hin und spie hervor: „Solange du nicht weißt, wie herum du einen Schneidbrenner halten musst, kriegst du nicht einmal eine Blechbüchse auf, du Klugscheißer, sondern verbrennst dir nur die Pfoten. Ich habe meinem Vater beim Schweißen genau zugesehen. Theoretisch kann ich praktisch alles schweißen!"

„Du kannst mir also den Unterschied zwischen Theorie und Praxis beim Schweißen erklären?", fragte Alfie, sich dumm stellend.

Ich ging dazwischen. „Wir lenken uns nur vom eigentlichen Kern ab, Männer. Der Tresor der Deutschen Bank ist noch eine Nummer zu groß. Wir sollten uns für den Anfang kleinere Ziele setzen." Ich sprach wie ein professioneller Motivator. Keiner von uns hatte eine Ahnung, wo er nach kleineren Zielen suchen sollte.

Auf einmal fing Matte zu grinsen an und wies aus unserem Versteck in Richtung Bahnsteig, den man von hier aus gut einsehen konnte. Da stand er! Wir waren begeistert von der Idee, uns den Schokoladenautomaten als Ziel unserer Aktion vorzunehmen. Denn der Gedanke an Schokolade versetzte uns drei fast in einen Rausch. Wir meinten den Kakao zu schmecken und zu riechen durch das Stahlblech des Automaten, der auffällig rot und gelb gestrichen war. Auf der Vorderseite war eine Schublade in der Größe einer 40-Gramm-Schokoladentafel eingelassen. An dem oberen Rand befand sich der Schlitz zum Einwurf der 50-Pfennig-Münze. Auf dem Blech oberhalb der Schublade stand lediglich *Feine Schokolade*. Das passende Geldstück wurde in den Geldschlitz geworfen und entriegelte die Schublade, worauf man sie aufziehen, das Täfelchen entnehmen und die Schublade schließen konnte. In die leere Schublade fiel von oben eine neue Tafel herab. Das Spiel konnte aufs Neue beginnen, solange Schokolade im Automaten war, und man noch passende Münzen hatte. Wir hingegen hatten selten Geld dabei, umkreisten aber immer wieder diesen Hort der Seligkeit wie Geier in der Wüste ihre Beute. Matte hatte schon eine Idee, wie der Automat zu knacken war – ohne Schneidbrenner. Und dann ... Wenn wir die Augen zumachten, umschlossen in unseren Träumen die Lippen den harten Klotz, den wir uns in den Mund geschoben hatten. Dann verlor der Klotz immer mehr an Struktur, wurde zu einem weichen, wundervoll süßen Klumpen, der die Geschmacksnerven aufs Äußerste reizte. Er fühlte sich samtig und betörend an. Wir mussten diesen Automaten knacken, koste es, was es wolle. Wir gaben dem Schokoladenraub den Namen *Operation Vollmilch!* Es musste jetzt nur noch ein Abend kommen, an dem es besonders dunkel war.

Ein paar Tage später war es soweit. Wir liehen uns bei den Nachbarn einen Leiterwagen ohne deren Wissen und schafften ihn nachmittags auf das Bahnhofsgelände, wo wir zu dieser Uhrzeit weniger auffielen, als wenn wir Kinder abends mit einem Leiterwagen unterwegs gewesen wären. Etwa 100 Meter vom Bahnsteig entfernt verbargen wir unseren *LKW*. Am Abend schlichen wir durchs Unterholz und Gestrüpp. Die Brennnesseln und Disteln fanden immer wieder den Kontakt mit unseren nackten Beinen, wo sie mehr und mehr brennende und zerkratzte Stellen hinterließen. Das Bahnhofsgebäude war nachmittags verwaist und offen gewesen. Der nächste Zug würde erst in einer Stunde vorüberfahren. Wir untersuchten den Automaten wie die Profis, während einer von uns Schmiere stand.

„Also dann, Matte. Zeig uns, was du kannst!", flüsterte Alfie. Matte machte ein paar alberne Dehnübungen. Der Automat war auf einem Brett mit vier Schrauben neben einer der Türen zum Bahnsteig festgeschraubt. Die Schraubenköpfe waren so verwittert, dass Matte sie mit seinem ganzen Werkzeug nicht packen konnte. „Hier muss der Schraubenschlüssel angesetzt werden. Dann kriegen wir sie runter. 100 Prozent!", flüsterte er vor sich hin, mehr um sich selber Mut zu machen.

Zehn Minuten später, in denen Matte gotteslästerlich geflucht und der Automat ein paar hässliche Wunden davongetragen hatte, sprang da nichts wie von selbst auf. Alfie holte aus dem Leiterwagen ein aufgewickeltes, zwei Meter langes Seil. „Was fällt euch hierzu ein?", fragte er großspurig.

Wir schlangen es zwischen Brett und Gerät und zogen an beiden Enden mit viel Kraft. Das Gerät bewegte sich zwar, aber es wollte nicht loslassen. Gefühlte drei Stunden später stürzten wir auf den Bahnsteig, während der Automat an uns vorbeiflog und auf das Gleisbett knallte. Ausgerechnet jetzt fuhr ein Zug an uns vorüber, enorme Druckluft entwickelnd. Die Konstruktion aus Automat und Brett wurde angehoben, und die Lokomotive fuhr über eine Ecke.

Als der Zug über den Automaten hinweg war, sahen wir den zerstörten Schokoladenbehälter. Der untere Deckel war abgetrennt worden, und Geld und Ware lagen verstreut zwischen dem Schotter.

Daran, was wir vom Tatort mitnahmen, konnte man sehen, dass wir noch keine Profis waren. Es war nämlich die Schokolade, stand sie doch für den Genuss sofort. Das Geld ließen wir liegen.

Mein Vater saß im Wohnzimmer um zwei Uhr nachts und wartete auf mich.

Die Geständnisse von mir, Alfie und Matte waren umfänglich und die Bestrafung nachhaltig. Ich war bis heute nie mehr in Gefahr Schwerverbrecher zu werden.

Zartbitter-Dingsbums

Charlotte Jelinek (12 Jahre)

Bestes Dingsbums auf der Welt,
Erlaubt ist alles, was gefällt,
Ob knusprig, nussig oder sahnig,
Eine Art gefällt Vielen gar nicht.

Kein Zucker, igitt, zu bitter, schon sauer,
Lassen sie liegen, auf der nächsten Mauer,
Zu dunkel, zu bäh, einfach grässlich,
Find ich sie überhaupt nicht hässlich.

Dunkel, wie Zedernholz,
Ess' ich sie gerne und mit Stolz,
Kein Schnickschnack, schlichtweg gut,
Schürt das zur Einfachheit den Mut.

Einzige Schokolade, die ich essen kann,
Früher war es die Hoffnung, die zerrann,
100 Prozent ein paar viele zu viel,
War Zucker immer das größte Ziel.

Doch dunkle Schokolade, bitterzart,
Kakao mit einem Hauch nichts gepaart,
Viel zu lecker, wenn man sie schätzt,
Wird sie schnell in den Magen versetzt.

Jetzt leb ich so lange ohne sie,
Möcht ich sie nun so sehr wie nie,
Ich will das Goldpapier rascheln hören,
Das Schoko-Gefühl in mir beschwören.

Bald werd' ich sie wieder schmecken,
Sie wird die Freude in mir wecken,
Denn Schokolade, lasst euch sagen,
Ist etwas, das sollte jeder mal wagen.

Wenn es nur um Hüften geht,
Bin ich es, die euch zur Schokolade rät,
Es muss nicht die ganze Tafel sein,
Ein kleines Stück kann auch hell schein'.

Wenn ihr so seid wie ich, Schicksal und so,
Werdet ihr mit zuckerarmer Schoki sicher froh,
Gewöhnung, heißt das Zauberwort,
Manches schmeckt eben nicht sofort.

Und wenn ihr sie gar nicht essen dürft,
Weil Gott auch ungünstige Würfel wirft,
Tut ihr mir leid,
Denn Schokolade befreit.

Schokoladenfee Eilin

R.S. Wiener

Meine wunderbare Gattin Eilin ist eine wahre Künstlerin, wenn es darum geht, für Geburtstage oder als kleines Mitbringsel leckere Plätzchen zu backen oder aus Schokolade köstliche Pralinen zu zaubern. Daher nenne ich sie gerne *meine kleine Schokoladenfee.*

Bevor sie jedoch mit dem Kreieren ihrer kulinarischen Genüsse beginnt, müssen vorher alle Zutaten bis auf das Gramm genau abgewogen werden und in exakt der gleichen Reihenfolge auf der Arbeitsplatte stehen, wie diese auch im entsprechenden Rezept aufgeführt sind. Da ist sie sehr penibel und schon die kleinste Abweichung käme einer Todsünde gleich.

Erst neulich hatte sie für eine Familienfeier Trüffel zubereitet und gab mir die Erlaubnis, ihr dabei zuzusehen. Allerdings mit der Auflage, ihr bei der Herstellung nicht hereinzureden und auch zwischendurch aus der Schüssel zu probieren war ebenfalls absolut tabu. Diesen Kompromiss war ich bereit einzugehen.

Zunächst gab sie geraspelte Zartbitterschokolade in eine Schüssel und fügte etwas Rum hinzu. Als ich jedoch sah, dass sie hierfür meinen hochwertigen Rum verwendete, bei dem die Flasche nicht unter fünfzig Euro zu bekommen ist, war es mit meinem Schweige-gelübde vorbei. „Warum verwendest du für derartige Spielereien keinen billigen Discounter-Fusel?", wollte ich wissen und in derselben Sekunde wurde mir bewusst, dass ich einen Fauxpas begangen hatte.

„Ganz einfach", erwiderte Eilin lächelnd, „weil dann die Trüffel auch nur wie die billigen Dinger aus dem Discounter schmecken! Und das willst du doch nicht, oder?"

Das Totschlagargument schlechthin. Natürlich wollte ich das nicht, dennoch blutete mein Herz. Das waren immerhin zwei bis drei Schlucke dieser köstlichen Spirituose, welche mir nun pur getrunken entgehen würden. Ich schloss vor meinem Mund einen imaginären Reißverschluss zu und gab Eilin so zu verstehen, dass ich von jetzt ab wirklich schweigen würde.

Während das Schokoladen-Rum-Gemisch langsam und unter ständigem Rühren im heißen Wasserbad vor sich hinschmolz, fügte Eilin nach und nach Butter, Puderzucker und eine fein gemahlene Mischung aus verschiedenen Nuss-Sorten hinzu. Mittlerweile hatte ich das Rühren übernommen und als schließlich eine homogene Masse entstanden war, welche Eilins kritischen Blicken standhielt, stellten wir diese für knapp 25 Minuten in den Kühlschrank.

In der Hoffnung, nicht gegen ihre Vorschrift, aus der Schüssel zu naschen, zu verstoßen, überbrückte ich die Wartezeit damit, den Rührlöffel genüsslich abzulecken. Es schmeckte bereits jetzt schon himmlisch lecker, was ich auch mit einem leicht zufriedenen Brummen kundtat. Dies wiederum brachte Eilin zum Schmunzeln, denn sie sah sich jetzt in ihrer Annahme bestätigt, mal wieder meinen Geschmack zu einhundert Prozent getroffen zu haben.

Nachdem die Masse abgekühlt und leicht fest geworden war, bat mich die beste aller Ehefrauen, mit ihr zusammen kleine Kugeln aus der Masse zu formen. Diese wälzten wir anschließend zur einen Hälfte in Puderzucker und zur anderen Hälfte in Kakaopulver, bis sie rundherum damit bedeckt waren.

Zu guter Letzt setzten wir sie noch in kleine dekorative Papier-tütchen, denn bekanntermaßen isst das Auge mit. Bis am Abend die Gäste kamen, stellten wir sie noch einmal in den Kühlschrank, damit sie an diesem warmen Sommertag ihre Form und Konsistenz behielten. Sie sahen sehr verführerisch aus und es fiel mir extrem schwer, nicht jetzt schon darüber herzufallen und das eine oder andere Kügelchen zum Kosten zu stibitzen. Aber das wäre Eilin mit ihren Adleraugen sofort aufgefallen und wie ich sie kannte, hatte sie diese auch vorher genau abgezählt. Also hielt ich mich vornehm zurück, um erst gar keinen Ärger mit meiner besseren Hälfte zu provozieren.

Ich würde lügen, wenn ich sage, dass die Rumtrüffel diesen Abend überlebt haben. Denn so schnell konnte man gar nicht zuschauen, wie sie von unseren Gästen vernascht wurden. Mit stolzgeschwellter Brust nahm Eilin die Komplimente aller Anwesenden entgegen. Die Trüffel waren ein voller Erfolg. Nahezu jeder fragte nach dem Rezept und meine Frau ließ sich nicht lange bitten und verteilte – in weiser Voraussicht vorbereitete – kleine Zettelchen, auf der die genauen Mengenangaben und Zubereitungshinweise standen.

„Schade, dass keine Trüffel mehr übriggeblieben sind", meinte ich bedauernd, nachdem alle Gäste gegangen und wir wieder allein waren.

Noch bevor ich zu Ende gesprochen hatte, zwinkerte mir Eilin verschmitzt zu und verschwand kurz in die Küche. Als sie zurückkam, hatte sie ein kleines Silbertablett in der Hand und auf diesem befanden sich tatsächlich noch zwei Trüffel. „Glaubst du wirklich, ich hätte nichts für uns aufgehoben?", fragte sie rhetorisch und fügte kurz darauf hinzu: „Dann kennst du mich wohl doch nicht so gut, wie ich dachte. Und das nach zehn gemeinsamen Ehejahren!" Kurz zog sie einen Schmollmund, bevor sie in schallendes Gelächter ausbrach, in welches ich im gleichen Moment mit einstimmte. Wir beiden haben schon einen sehr speziellen Humor.

Eilin und ich nahmen uns jeweils einen der beiden letzten Trüffel und bissen genüsslich hinein. Sie schmeckten sogar noch besser als vor wenigen Stunden. Ich zog Eilin spontan an mich heran und zärtlich fanden meine Lippen die ihrigen. Wir küssten uns lang und intensiv und wir konnten uns kaum voneinander lösen. Das war mit weitem Abstand der beste Kuss meines Lebens. Süß. Schokoladig. Und vor allem eins: unglaublich lecker.

Patrizia malt gerne

Wolfgang Rödig

Als Köchin ist sie keine Große.
Heut' kocht sie Schokoladensoße
nach dem Rezept von Tante Ruth.
Na, hoffentlich geht das mal gut!

Die Soße ist so gut wie fertig.
Sie kostet geistesgegenwärtig
und ist von ihrem Werk entzückt.
Es scheint tatsächlich ihr geglückt.

Glatt überwältigt vom Genusse
des süßen Räubers der Verdrusse,
lässt sie den Tränen freien Lauf.
Die Soße nimmt sie alle auf.

Dass bitter auch die Freudentränen,
sollt' d'rum man schon vor ihr erwähnen,
würd' lieber malen auch für sie
den Teufel an die Wand man nie.

Ein Abend nach meinem Geschmack

Jennifer Dilfer

Es war ein kühler Herbstabend. Ich saß gemütlich in meiner Ecke am Erkerfenster, umgeben von Kerzen, Kissen und meiner Kuscheldecke. Ich hatte mir für diesen Abend vorgenommen, mal wieder ein Buch zu lesen und dabei eine Tafel meiner Lieblingsschokolade zu genießen.

Ich öffnete die Schachtel und nahm ein Stück der glänzenden, dunkelbraunen Schokolade heraus. Als ich es zwischen meine Lippen schob, spürte ich sofort, wie sich das weiche, samtige Gefühl auf meiner Zunge ausbreitete. Der Geschmack von Kakaobohnen und Honig füllte meinen Mund und ich genoss jeden einzelnen Bissen.

Ich blätterte in meinem Buch und verlor mich in der Geschichte, während ich immer wieder kleine Stücke von der Schokolade nahm. Der warme, süße Geschmack und der Duft der Schokolade umhüllten mich und ich fühlte mich vollkommen entspannt und glücklich.

Als ich die Tafel schließlich aufgegessen hatte, fühlte ich mich vollkommen befriedigt und zufrieden. Ich schaltete die Stehlampe aus und kuschelte mich tiefer in meine Decke, um weiterzulesen und mich von der Geschichte und der Schokolade weitertragen zu lassen. Es war ein wirklich schöner Abend. Nur ich, das Buch und ein warmer, süßer Duft, der den Raum erfüllte. Das Kerzenlicht spiegelte sich im Fenster, aus welchem aus ich auf den Wald blicken konnte. Ich hatte überlegt noch einen kleinen Spaziergag durch den Wald zu machen. Ich liebe diese Momente alleine in der Dämmerung durch die Natur zu schlendern. Es beflügelt stets meinen Geist oder lässt mich bei mir selbst ankommen, tröstet mich manchmal. Ich fühle mich in diesen Momenten der Natur so verbunden. Es nieselte, aber Gegebenheiten wie diese halten mich nicht davon ab, in den Wald zu gehen. Also zog ich meinen Regenponcho über und schlüpfte in die Regenstiefel. Das Geräusch des auf die Blätter rieselnden Regens hatte etwas sehr Beruhigendes an sich. Es duftete nach feuchtem Holz, hier und da hörte ich einen Vogel. Ich ging eine Zeit lang, der Regen wurde stärker.

Als ich meine Haustür öffnete, kam mir der Duft von ausgepusteten Kerzen, der süßen Schokolade und dem Räucherstäbchen, das ich anzündete bevor ich mein Buch öffnete, entgegen. Ich zog meine nassen Sachen aus und beschloss noch ein bisschen länger in meinem Buch zu lesen. Also fläzte ich mich wieder auf meine Liege am Erkerfenster. Ich dachte an all die verschiedenen Sorten Schokolade, die ich kannte und die ich gerne aß. Es gab die cremige Milchschokolade, die süße weiße Schokolade und die dunkle Schokolade, die einen intensiven Geschmack hatte. Jede Sorte hatte ihren eigenen Charme und ich genoss sie alle.

Plötzlich hatte ich eine Idee. Meine Schwester hatte mir doch von ihrer letzten Reise eine Trinkschokolade aus einem Londoner Schokoladenhaus mitgebracht. Etwas Teures, welches ich mir für einen besonderen Anlass aufbewahrt hatte. Ich beschloss, dass heute so ein besonderer Anlass war, mich einfach Mal selbst zu verwöhnen. Ich stand auf und ging in die Küche, um mir meine Tasse heiße Schokolade zu machen. Beim Aufgießen duftete es ganz herrlich nach Schokolade, gepaart mit gerösteter Mandel, zudem vernahm ich einen Hauch Vanille, abgerundet von einer leichten Note Zimt.

Ich nahm die Tasse mit an mein Fenster und genoss sie in kleinen Schlucken, um mich von dem Aroma durch die Geschichte, die ich las begleiten zu lassen. Es war warm, die Stimmung war beruhigend, ja besinnlich. Langsam wurde ich schläfrig, meine Augenlider schwer. Ich pustete die Kerzen aus und rief nach meiner Katze. Noch immer schlugen die Regentropfen an mein Fenster. Während ich mir die Decke bis übers Kinn zog und mich hinlegte, kam Murra dazu, sprang auf meine Brust, stapfte vorsichtig zu meinem Kopfkissen, drückte ihre Tatzen abwechselnd rhythmisch ins Kissen und legte sich schließlich um meinen Kopf während sie beruhigend schnurrte.

Ich liebte es schon immer, mich nach anstrengenden oder trüben Tagen mit einem Stück Schokolade zu belohnen und meine Sinne von ihrem süßen Geschmack und ihrem duftenden Aroma erhellen zu lassen. Während ich einschlief, beschloss ich, dass Abende wie diese mich fortan durch die dunkle Jahreszeit begleiten sollen.

Statt Schokolade

Gabriele Guratzsch

Statt Schokolade –
habe ich für Sie
mal eben gerade
jetzt meine Poesie.

Hier etwas Lyrik
und liebe Worte,
sind fast wie Musik:
Eine Herztorte.

Statt Schokolade –
dieses Buch berührt:
Löst die Blockade,
welche man noch spürt.

Und dieses Buch stärkt,
zeigt lieb einen auf:
„Hast du es gemerkt?
Geh doch deinen Lauf!

Ärgere dich nicht
und bleib dir selbst treu!
Siehst du schon das Licht?
Kopf hoch, ohne Scheu!"

Statt Schokolade –
kommt hier mein Satz
mal eben gerade:
„Fein, Sie sind ein Schatz."

Schoko-Date

Michaela Uhlig

Da stand der junge Mann vor mir. Groß, blond, muskulös, die langen Haare am Nacken zusammengeknotet. Wir waren verabredet zum gemeinsamen Entwickeln einer Memorial Homepage, er war der junge Art Designer. Die Arbeit dauerte mehrere Wochen. Wir suchten Texte, Fotos, Musik und dabei sprachen wir viel über den Tod und das Leben. Dabei spürte ich eine eigentümliche Nähe zwischen uns, eine Anziehung zwischen einer viel älteren Frau und einem jungen Mann, die ich nicht verstand und der ich auch nicht traute.

Eines Tages saßen wir nach der Arbeit in der Küche. Wir hatten zusammen gegessen. Eine sonderbare Anspannung lag in der Luft.

„Willst du ein Stück Schokolade – zum Nachtisch?", fragte ich irritiert. Ich holte die Schweizer Schokolade aus dem Schrank und legte sie in die Mitte des Tisches.

Blitzschnell landeten unsere Hände gleichzeitig auf der Tafel. Wir lachten überdreht und ließen sie dort liegen. Ich spürte die klebrige Masse der Schokolade in meiner Hand. Und auch ein Prickeln. Langsam standen wir auf, gingen um den Tisch, aufeinander zu und fielen uns in die Arme. Ich spürte seinen Atmen. Ein angenehmer feiner Duft ging von ihm aus. Eine Weile verharrten wir in der intensiven Umarmung.

Als ich mich von ihm löste, entdeckte ich einen dicken Schokoladenfleck auf seinem T-Shirt. Ich prustete und gackerte los. Er zog sein T-Shirt einfach aus.

Eine Welle von Hitze und Erotik durchflutete mich. Ich hatte vergessen, dass es so sein konnte. Ich atmete tief ein, spürte ein Zittern in mir, trat einen Schritt zurück und ließ mich erneut sinken, fühlte das Band zwischen uns, wie leichte Wellen, die zum Ufer kommen und sich wieder zurückziehen. Mein ganzer Körper war voller Energie. Es war ein Sog wie in die Tiefe eines Brunnens. Ein Blick, ein Seufzen, dann zog mich ein Strom in eine Richtung, wo es kein Zurück mehr gab. Kein Denken, kein Wollen, nur ausschließlich dieser Moment. Wir entkleideten uns gegenseitig, glitten auf den Boden und lagen jetzt nebeneinander, hielten die Hände. Jede Zelle meines Körpers war durchflutet von erotischer Kraft. Es war ein Genuss mit Fülle, Begierde und Wärme. Die Zeit war endlos. Ich wusste – er zieht morgen in eine andere Stadt.

Eine Kalorienade in dreieinhalb Versen

Stefan Haberl

Wenn in Kakao ich wohlig bade,
und mein Auto mit Schoko lade.
Dann kann nur Samstag sein,
denn Schokolade finde ich fein.

Diese wunderbaren Düfte,
bereichern schnell die Hüfte.
Doch stopf' ich mir die Wampe voll,
denn Schokolade finde ich toll.

© Stefan Haberl

Wenn ich in Erdbeeren bade,
und 's Auto mit Marme lade.
Dann wird es Sonntag sein,
ja, Marmelade find' ich fein.

Diese zuckerigen Düfte,
bereichern fix die Hüfte.
Doch stopf' ich mir den Ranzen voll,
denn Marmelade find' ich toll.

© Stefan Haberl

Oliven find' ich nicht fade,
ich mach' draus Tapenade.
Dann kann nur Urlaub sein,
Tapenade find' ich fein.

Wenn Oliven ich schnell stampfe
und die Tapenade eilig mampfe.
Wird's im Bäuchlein ganz schön voll.
ich find' Tapenade toll.

© *Stefan Haberl*

P.S.:
Man wird es schnell ermessen,
der das schrieb ist verfressen.

Die Suche nach der richtigen Süße

Stuart Smith

Es war kurz nach der Fertigstellung der ersten Schokoladenfabrik in der Stadt, als ich begann, mich für die Herstellung der Süßigkeit zu interessieren. Dank meiner Arbeit in den höheren Kreisen eines Logistikunternehmens kam ich mit dem Besitzer der neuen Manufaktur bei einem Spaziergang im herbstlichen Blumengarten ins Gespräch und konnte privat für mich etwas Kakaopulver erwerben. Ich besaß kein Verlangen daran, aus dieser Freizeitbeschäftigung ein eigenes Unternehmen zu gründen. Es war ein rein privates Vergnügen. Seit jeher probierte ich gerne verschiedene Genussmittel aus. Nach Tabak, Kaffee, Rum und Whisky blieb ich bei der Schokolade hängen und richtete eine kleine Küche ein, in der ich meine eigenen Tafeln herstelle. Ich hatte dafür auch extra eine Gussform aus Blech anfertigen lassen. Nachdem das süße Gold mir selbst so oft den Tag erhellt hatte, wollte ich nun auch anderen eine Freude damit bereiten.

Jenseits des schmalen Fensters spuckte ein Schlot der nahen Textilfabrik dunklen Qualm in die Luft, sodass ich die Gardinen zuzog. So widmete ich mich gänzlich im Halbdunkel der Gasbeleuchtung der braunen Masse.

Als ich es am nächsten Tag meiner Schwester zum Probieren gab, verzog sie angewidert das Gesicht und meinte es wäre zu bitter. Ich erinnere mich noch daran, wie derweil außerhalb des Hauses Bäume für neue Mietskasernen gefällt wurden.

Beim nächsten Versuch fügte ich also etwas mehr Rohrzucker hinzu und gab dann meiner Köchin etwas davon. Bevor sie mir antworten konnte, rannte sie würgend zur Küche, um etwas Wasser zu trinken.

Eine schmale und beständige Rußschicht lag inzwischen auf all meinen Fenstern.

In dem Kaffeehaus, wo ich Stammkunde war, grübelte ich dann über die Rezeptur, während sich vor mir immer mehr Tassen stapelten. Ich sah nur von meinem Notizblock auf, als zwischen den Kutschen plötzlich eines der neuartigen Automobile lautstark vorbeiratterte.

Als ein zweiter Fabriksschlot neben dem ersten gebaut wurde, versuchte ich es mit neuen Süßungsmitteln. Ich kaufte teure Produkte wie Ahorn- oder Dattelsirup, um meine Schokolade zu verfeinern.

Ich verteilte meine Tafeln auf der Arbeit oder in den Zigarrensalons. Meiner Schwester drückte ich regelmäßig meine Kreationen in die Hand und am Ende war sie die Einzige, die überhaupt noch etwas akzeptierte. In der Regel probierte man meine Schokolade nur einmal und dann nie wieder.

Als der Schlot von dem neuen Stahlwerk begann, Rauch auszuspucken, fragte ich beim Schokoladenhersteller nach Kakaopulver von anderen Bohnenarten in der Hoffnung, dass dies mein Problem lösen würde.

Es dauerte bis zur Fertigstellung des neuen Bahnhofs und dessen Einweihung durch den Kronprinzen, bis das wertvolle Criollopulver ankam. Mit zitternden Händen packte ich es aus und begann umgehend mit der Arbeit.

Am nächsten Tag schob ich es meiner Schwester zu, die es mit spitzen Fingern aufhob und vorsichtig zwischen ihre Lippen schob. Sie kaute einige Male darauf herum, bevor sie ein Glas Wasser trank.

„Wie kann es sein, Brüderchen", begann sie, „dass du seit Monaten probierst und einfach nicht besser wirst? Ich glaube, du hast einfach kein Händchen für die Küche. Tut mir leid."

Draußen standen derweil die neuen Gebäude, grau und formlos. Selbst den alten Blumengarten hatte man weggerissen für die Massen hinzugezogener Arbeiter.

Da die Stadt inzwischen mehrere Industriezentren besaß, ging ich kaum mehr gerne aus. Die Luft war drückend und der Himmel ständig verdunkelt. Vom Fenster meines Wohnzimmers aus betrachtete ich die dunklen Schwaden und den weißen Dampf der Lokomotiven, die zum Bahnhof strebten. Es roch leicht nach Asche und Chemie.

Seufzend ging ich zu meiner privaten Küche und überlegte einfach alles wegzuwerfen. Doch da es teilwiese sehr exotische Zutaten waren, entschied ich mich gegen die Verschwendung und fertigte eine letzte Tafel an.

Während diese Schokolade kühlte und verhärtete, überlegte ich, wem ich sie geben sollte. Kaum jemand würde sie akzeptieren und meine Schwester hatte genug gelitten. Sollte ich mein unperfektes Werk in der Einsamkeit meiner Wohnung selber essen? Dieser Gedanke erschien mir unerträglich.

Da in der Nacht noch Arbeit auf mich wartete, entschied ich mich für eine letzte Stärkung. Ich nahm die Schokolade und ging zu dem Kaffeehaus. Das Gebimmel der neuen Straßenbahn tönte in meinen Ohren und leere Blechdosen verdreckten den Rand des Gehwegs. Etwas vergossenes Öl glänzte in der sterbenden Sonne.

In der Ruhe des Ladens genoss ich dann die warme Tasse und betrachtete gedankenlos das Treiben der Stadt.

Schließlich stellte sich jemand neben mich. „Entschuldigung, wir schließen gleich." Es war die Besitzerin des Kaffeehauses.

Trotz der Dämmerung konnte ich ihre roten Sommersprossen klar erkennen. „Noch einen Espresso vielleicht?", fragte ich zaghaft, aber erwartend, dass sie mich so oder so rauswerfen würde, um ihren Feierabend zu genießen.

Stattdessen deutete sie aber auf den Tisch. Sie trug ein Kleid mit grünen Ärmeln. „Darf ich das vielleicht probieren?"

Zu meiner Überraschung bemerkte ich meine neuste Schokoladentafel neben mir. Ich musste sie dort hingelegt haben, als ich irgendwann mein Notizbuch herausgekramt hatte.

„Gerne", antwortete ich, „aber kleine Vorwarnung. Es schmeckt nicht gut."

Begeistert brach sie ein Stück ab. Ihre blauen Augen schimmerten dabei. „Ich habe noch nie Schokolade probiert!"

Mit angehaltenem Atem sah ich, wie sie abbiss. Sie kaute und kaute mit geschlossenen Lidern. Ihre roten Lippen bewegten sich dabei anmutig. Schließlich sah sie zu mir hinab und strahlte. „Es schmeckt vorzüglich."

Draußen ging zum ersten Mal die elektrische Straßenbeleuchtung an und strahlte trotz der Rußschicht durch die Fenster zu uns hinein. Kurz darauf bekam ich meinen Espresso, sie setzte sich zu mir und wir verbrachten den Abend zusammen mit meiner Schokolade.

Rezeptur

Hartmut Gelhaar

Durch den Kakao wird oft gezogen,
was halbgar und nicht ausgewogen.

Doch steckt in alldem auch viel Nutzen,
wenn wir es klug als Chance nutzen.

Geschmolzene Herzen

Ulrike Schmidt

Es war ein wunderschöner Spätherbsttag, ich aber fühlte mich einsam und ungeliebt in einer mir immer unverständlicher werdenden Welt. Nachdenklich ging ich die drei ausgetretenen Stufen zum Café hoch, es war mein letzter Urlaubstag an der Nordsee. Mir war nach Torte, diese süße Köstlichkeit passte immer, spendete mir Trost. Eine kleine Glocke oberhalb der Tür kündigte beim Öffnen mein Kommen an. Die Gemütlichkeit im Inneren zog mich jedes Jahr aufs Neue magisch in ihren Bann. Es duftete so herrlich nach all den Schokoladen-Köstlichkeiten, die geschützt hinter einer Glasscheibe wie Ausstellungsstücke aufgereiht standen, aber doch verzehrt werden wollten.

Drei Wochen Urlaub, sind geschätzte drei Kilo mehr auf meinen Hüften, vermutete ich und mein schlechtes Gewissen schlug Alarm. Trotzdem hatte ich den Besuch ein letztes Mal gewagt. Ich begann nach einem freien Tisch Ausschau zu halten und mein Blick blieb an zwei blauen Augen hängen, die das Blau des Meeres bei Sonnenschein widerspiegelten. *Mein Alter, also nicht mehr ganz jung, aber besser in Form,* ging es mir durch den Kopf. Nun war ich fast zornig auf all diese unschuldigen Köstlichkeiten, die ich im Laufe meines Urlaubs in mich hinein geschaufelt hatte.

Er war aufgestanden, nickte mir höflich zu und bot mir Platz an seinem Tisch an. Ich sagte erfreut zu, da ich bemerkt hatte, dass der kleine Raum bis auf den letzten Stuhl besetzt war. Dass die Bedienung irritiert ihre Augenbrauen hochzog nahm ich kurz wahr.

„Ich möchte mich gerne für Ihre freundliche Geste bedanken, es ist wie immer sehr gut besucht hier", begann ich unser Gespräch.

„Noch nie in all den vielen Jahren, in denen ich hier meinen Tee trinke, habe ich einer Frau einen Platz an meinen Tisch angeboten", war seine Antwort, als wäre damit alles geklärt.

„Das kann ich nur bestätigen", warf die freundliche Bedienung ein. Sie hatte sich unserem Tisch fast lautlos genähert, um meine Wünsche entgegenzunehmen, und einen Teil unserer Unterhaltung mitbekommen.

Unser Gespräch verlief kurzweilig, ich hatte mein Gegenüber zu einem Stück Torte überreden können, wir genossen beide ein Schokoladen-Stück mit einem Herz als Verzierung. Der Nachmittag verflog nur so, er gehörte uns, für ein paar Stunden fielen wir aus der Zeit. Gemeinsam verließen wir das Café und er begleitete mich zu meiner Pension. Wir tauschten unsere Telefonnummern und Adressen aus und versprachen beim Abschied, Kontakt zu halten.

Wir schrieben den 24. Dezember. Noch bevor ich zu meiner Tochter aufbrach, um den Heiligen Abend mit meiner kleinen Familie zu feiern, wollte ich einen Kaffee trinken. Eine immer wiederkehrende zeitlose ewige Stille umgab mich wie ein Vakuum. Ich zündete eine Kerze an und träumte mich in unser kleines Café, sah mich ihm gegenüber, wir aßen Schokoladentorte mit einem riesigen Herzen aus Schokolade.

Die Klingel riss mich aus den Träumen, fort von meiner Traumtorte. Schöner als in meinen Gedanken stand er vor mir, auf einem Arm ein Kuchenpaket an der anderen Hand ein kleiner Reisekoffer. „Ich bin in einem Rutsch von der Nordsee bis hierher durchgefahren und nun habe ich Kaffeedurst", gestand er mir. Ich stellte ein Kaffeegedeck zu meiner einsamen Tasse und packte das mitgebrachte Päckchen aus. Zwei Stücke Torte, also das, was sie wohl einmal waren, kam zum Vorschein. Die zwei total ineinander verschmolzenen Tortenstücke lagen auf einem kleinen Tablett. Wie durch Zauberhand waren die Herzen heil geblieben, an der flüssig gewordenen Glasur klebte ein schmaler goldener Ring: „Jetzt, von diesem Nachmittag an, möchte ich nicht mehr weiter einsam durch das Leben gehen", sagte er.

Er wollte den Wind, der oft über die Nordsee fegte, gemeinsam mit mir spüren und den nächsten Frühling mit all seiner Blütenpracht mit mir verbringen. Viel später als geplant fuhren wir zu meiner Tochter, nicht ohne vorher gemeinsam die Torte vernascht zu haben. Und die Liebe begann mit all ihrer Aufgeregtheit, um uns vor der Einsamkeit und Kälte da draußen zu schützen ...

Ein Hoch auf die Bitterkeit

Susanne Sperber

In zarter Hülle, süß und fein,
liegt Schokolade verführerisch allein.
Ein Stückchen „Glück", das auf der Zunge zergeht,
uns in den süßen Bann der Genüsse zieht.

Sie schenkt uns Freude und Lachen dazu,
wenn wir sie naschen, ohne Rast und Ruh'.
Doch Vorsicht, denn im Schokoladentraum,
verstecken sich Kalorien, wie ein dunkler Raum.

Die Waage mahnt, der Spiegel spricht,
die Hüften wachsen, die Kleider nicht.
Dunkel und herb, Zartbitter zum Glück,
rettet uns vor zu viel Zucker – ein Stück.

Denn das Mehr an Kakao in der Bitterkeit
lässt uns nicht mehr werden so breit.
So legen wir zu, viel weniger Pfund'
und wir werden nicht mehr dicklich und rund.

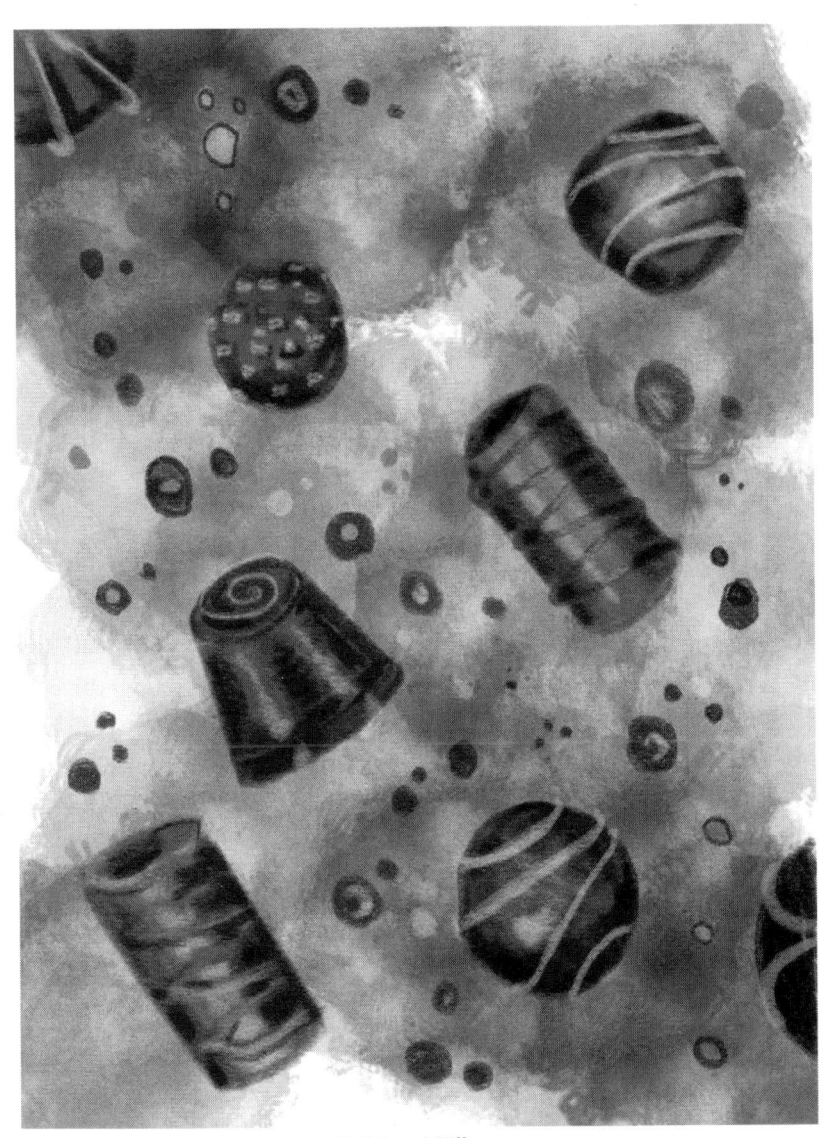

© Dörte Müller

Schokolade für die Seele

Ingrid Klute

„Haste die Taschenlampe?"

Nick greift in die Innentasche seiner abgetragenen Jeansjacke und zieht die kleine Lampe hervor. „Klaro, Kumpel! Auf Nick kannste dich verlassen!"

Die beiden Männer sind vor knapp dreißig Minuten losgefahren. Es ist inzwischen dunkel. Auf der Nebenstrecke in die Kleinstadt sind nur wenige Fahrzeuge unterwegs. Genau so hat es Mirko geplant. Der Coup heute Abend muss gelingen!

„Was is' das denn für'n Geschäft, wo wir einsteigen?" Nick hat sich einfach auf den anderen verlassen und weiß nur, dass sie mal wieder etwas für die Haushaltskasse brauchen.

Seit ein paar Monaten teilen sich die beiden ein Zimmer mit Kochgelegenheit und einem winzigen Bad.

Nick jobbt stundenweise auf dem Bauhof, Mirko ist schon länger arbeitslos. Er bremst ab. „Mist, hier ist 'ne Umleitung ... Was für'n Geschäft willst wissen? Stell dir vor: 'n Café – kleine Klitsche, aber schon seit 'zig Jahren 'ne Goldgrube, immer voll mit Kundschaft! Weißte, so alte Omis, die den ganzen Tag nur Kaffee trinken und sich Schokolade reinziehen." Er lacht vor sich hin. „Der Laden ist berühmt für Edel-Schoko hoch drei ..."

Nach weiteren zehn Minuten kommt ein Ortsschild in Sicht. Nick erschrickt. „Petershausen? Haste gar nicht gesagt, Mensch ..."

„Wieso?" Mirko hält an einer Ampel. „Warste schon mal hier?"

„Naja, also ... früher mal, als ... als Knirps ... is' egal ...". Seit zehn Jahren ist er nicht mehr hier gewesen – seit Omas Beerdigung.

Während der uralte Opel nach der Kurve auf dem Kopfsteinpflaster weiterhoppelt, starrt Nick aus dem Fenster. Da! Die Bücherei, in der er mehrmals mit Oma war. *Bücher sind Schokolade für die Seele*, hat sie gesagt. Wie lange hat er keines mehr gelesen ... Überhaupt Oma ... Einmal im Monat war er immer einen Tag lang bei ihr hier in Petershausen. Seine Eltern hatten den Kontakt zu ihr sonst völlig abgebrochen – warum, hatte er nie verstanden. Er sieht es noch vor sich: sich selbst als kleinen, zierlichen Kerl mit schwarzen Locken, seine Hand in der weichen, warmen Hand der Großmutter. *Lydia Meyer zu Gräfe* stand auf dem verschnörkelten Klingelschild an der großen schmiedeeisernen Haustür, und ...

„Hier parken wir. Da fallen wir nich' so auf." Mirko stellt den Motor ab.

Nick ist so sehr in seine Erinnerungen versunken gewesen, dass er nicht mehr auf die Straßen geachtet hat. Der Opel steht unter einer riesigen Kastanie. Da ist ja ... die Kirche! Manchmal, wenn er an einem Sonntag hier war, hat Oma ihn mitgenommen in den Gottesdienst. Oma liebte die alten Lieder und tiefsinnigen Worte und hatte fast immer eine Antwort auf seine kindlichen Fragen. Und das, was Oma liebte, wurde auch ihm etwas Kostbares. Aber das scheint eine Ewigkeit her zu sein ... Nick fühlt auf einmal eine tiefe Traurigkeit.

„Es läuft wie immer", Mirko öffnet schon die Autotür. „Wir knacken die Hintertür von dem Café, und du ko...".

Auf einmal bohrt sich in Nicks Gedanken ein fürchterlicher Verdacht. „*Das* Café da ... das da hinter der Kirche???" Seine Stimme klingt gepresst.

„Was is' denn los, Alter?" Mirko haut ihm auf den Oberschenkel. „Doch kein Muffensausen, oder? Wir müssen uns jetzt mal beeilen." Er steigt aus. „Los, Nick!"

Café Lohmann ... Nein, nein, nein! Nur das nicht!!! Während Nick aussteigt und zögernd seinem Kumpel folgt, ist auf einmal alles wieder wie damals. Fast jedes Mal, wenn er Oma besuchte, gingen sie auch ins Café Lohmann. *Ganz edel und fein, und auch teuer, glaub' ich*, hat er seiner Mutter damals erzählt. Später erzählte er nichts mehr von seinen Besuchen in Petershausen; er konnte die abfälligen Worte über Oma nicht mehr ertragen.

Wir sehr er die Cafébesuche liebte! Es störte die alte Dame nicht, wenn seine Hose schon schmuddelig aussah und seine Schuhe grau und abgetragen waren. Wie eine Königin betrat sie mit ihm an der Hand das Café, wurde als Stammgast immer in dieselbe Sitzecke am Fenster geführt, mit dem winzigen runden Tischchen und den zwei Stühlen, die mit dunkelblauem Samt bezogen waren. Die freundliche Bedienung behandelte auch ihn wie einen kleinen König, fragte nach seinen Wünschen, stellte ihm interessierte Fragen. Und dann die Schokolade ... Hmmmm!!! Noch jetzt spürt er den süßen intensiven Geschmack auf der Zunge. Jedes Mal trank er zwei Tassen davon. Und immer musste ein Schokoladenkuchen dazu, mit Nüssen oder Ananas oder Kirschen, mit Mokkabohnen obendrauf oder Mandel-blättchen. Nick liebte Schokolade über alles!

„So, da isses ..." Mirkos Stimme reißt ihn aus den Gedanken, die wie ein Film in seinem Kopf abgespult sind. „Du weißt ja, was d..."

„Mir ist schlecht, ich kann jetzt nicht!" Nick ist stehengeblieben und hält sich den Magen.

„Spinnst du???" Der andere starrt ihn fassungslos an. „Reiß dich zusammen, hörst du?! Denk an die Kohle!"

Nick versucht es widerwillig, folgt dem Kumpel durch die schnell geöffnete Hintertür des Cafés. Aber an der Glastür nach drinnen bleibt er wie angewurzelt stehen.

Mirko macht sich schon an der Kasse hinter dem langen Tresen zu schaffen. „Los, räum das große Schokoladenregal da vorne aus, kannst auch was futtern ..." Er geht in die Hocke, man hört knirschende Geräusche.

Nick starrt wie hypnotisiert in die Sitzecke, sieht Oma dort auf einem der blauen Stühle sitzen. Sie streicht über ihren grünseidenen Rock, fährt mit der Hand durch die grauen Locken. So klar, als wäre es heute, hört er ihre freundliche Stimme. *Du bist ein prima Junge! Du kannst das*, wenn er Schwierigkeiten im Deutschunterricht hatte oder über die ständige Hausarbeit stöhnte, die die Eltern ihm so oft aufbrummten. Und wenn er etwas verbockt hatte: *Es ist nie zu spät, Nick! Du kannst immer wieder zurück.*

Ja, Oma!!! Auf einmal weiß er es ganz klar ... Nichts wie weg hier, bevor Mirko fertig ist! Nick dreht sich auf dem Absatz um und schleicht lautlos zur Hintertür zurück.

Draußen schlüpft er hinter die dicke Eiche. Plötzlich hört er Stimmen von der Vorderseite des Hauses.

„Da stimmt doch was nicht im Café ... Los, du sicherst die Hintertür!" Zwei Polizisten!!!

Nick hält den Atem an, als einer der Uniformierten zur Hintertür schleicht, seine Pistole im Anschlag. „Die Tür ist aufgebrochen, na also! Ruf mal den Chef an ... *Peter Lohmann!* Ich geh' rein, du wartest am Eingang, ok?"

Als der Polizist im Haus verschwunden ist, dreht Nick sich um und klettert vorsichtig und leise über den Zaun. Durch den Garten, dann in den großen Park und weiter ... Er kennt sich aus wie in seiner Westentasche. Zum Glück ist es eine mondhelle Nacht. Er braucht nicht lange, bis er das Grab findet. Ein kleines Holzkreuz mit Omas Namen und Todestag.

Nick zieht sie aus der Tasche, die kleine Tafel Schokolade, in Silberpapier eingepackt, mit einem roten Herzen in der Mitte. Es ist das Einzige, was er in den wenigen Minuten im Café eingesteckt hat. Direkt neben dem Schokoladen-Regal hing auch das Plakat ... Im letzten Augenblick hat er es noch wahrgenommen:

Auszubildende(r) gesucht!

Nick legt die Schokolade behutsam auf das Grab. Er schluckt, atmet tief ein und aus, lächelt dann befreit. *Danke Oma, für die Schokolade und ... für alles!*

Ein schokoladischer Exkurs über das Teilen!

Joshua Clausnitzer

Du bist so süß!

Du bist so süß, so knackig,
ich glaub', ich knack' dich!
Gebrochen, bescherst du Glück,
viel mehr, als nur ein Stück!

Du bist so süß, so zart,
Dich nicht aufessen, besonders hart...
Verputzt, bist du eine Wucht,
aromatisch, in des Gaumens Bucht!

Aufzählung

Schokolade.
Marmelade.
Eskapade.
(Nicht) Malade.
Barrikade.
Ohne Made.
Gaumen Lade.
Nicht sehr fade.
Schokobade.

Große Stücke

Jetzt halte ich dich in meinen Händen,
ohne Probleme in den vier Wänden.

Auf dich gebe ich große Stücke,
ich mag dich in großen Stücken,
du weißt stets zu entzücken,
werde dich nicht herausrücken!

Dich teilen,
kommt nur für mich in Frage.
Kleine Stücke ergeben das große Ganze?!
Falsch!
Große Stücke ergeben das Große Ganze!

Jetzt halte ich dich nicht mehr in meinen Händen,
aufgegessen, in den eigenen vier Wänden!

Das Porträt der Schokolade als junge Bohne

Julie Kramer

Die Steinwalze rollte Theo schwer entgegen. 50 Stunden muss er diese Tortur des Melangierens über sich ergehen lassen. Er dachte zurück an seine Heimat am Maracaibo-See, an die nächtlichen Gewitter, die das Leben bestimmten, die Bauern, die mit Booten über die Lagunen kamen und sein Gedeihen lobten. Es wurde gemunkelt, auf anderen Plantagen würde Gift versprüht. Der bloße Gedanke daran ließ ihn erschauern. Wie sollten die Bohnen dort ihre geheime Magie behalten? Bereits seit Jahrtausenden gab eine Generation diese Fähigkeit an die nächste weiter: Sie konnten heilen, erweckten in Ritualen die Spiritualität von Menschen, aphrodisierten und verführten. Doch so glücklich Theo auch war, träumte er davon, eines Tages in die weite Welt zu reisen und seine Bestimmung zu finden. Der Tag der Ernte war bittersüß. Theo war stolz, seine Reife erreicht zu haben, aufgeregt, wohin seine Reise ihn bringen würde und wehmütig, seinen Baum zu verlassen. Würde er die Sonne je wiedersehen? Nach dem Fermentieren auf den Bananenblättern rief Theo lachend: „Irland, wir kommen vorgeglüht!" Irritiert schauten ihn die anderen Bohnen an und er bemerkte, dass die Ernte ihn von seinen Freunden getrennt hatte.

Die Schiffsreise erwies sich als langwierig und nicht einmal ansatzweise so romantisch, wie erwartet. Er lag in einem Container und konnte nichts sehen – wochenlang. Nur der Klang von Klaviermusik beruhigte ihn, der von der Besatzungskabine zu ihm durchdrang. Er vermisste sein Zuhause und fühlte sich allein, obwohl er von anderen Bohnen umgeben war. Sie verstanden ihn nicht und auch er konnte sich mit ihrem Gerede nicht identifizieren. „Die spucken dich aus, nennen dich bitter", blökte Raúl.

„Edelbitter", murmelte Theo.

„Wie?", fragte José.

„Es heißt Edelbitter", wiederholte er und sie lachten ihn aus: „Die alkalisieren dich mit Lauge, bis nichts mehr von dir übrig ist."

Theo wurde bange.

„Dafür erfreuen sich die Kinder an dir", wandte Maria ein und zog ihn beiseite. „Mach dir nichts aus denen, sie wollen dir nur Angst machen."

Diese Nacht blieb er dicht bei Maria liegen und lauschte den Klavierklängen.

Wieder rollte die Walze auf ihn zu; Raúl und José hatten Unrecht gehabt. Er hatte es in eine Bean-to-Bar-Manufaktur geschafft und sah sich bereits auf einer goldenen Etagere. Eines Tages wird ein Gentleman um die schönste Schachtel bitten und Theo würde in Seidenpapier gebettet. Diese Gedanken halfen ihm, die Fertigung durchzustehen. Nun war er eine Schokolade, eine der feinsten, pur und ohne Zusätze. Er wird sein volles Profil entfalten können, von der bitteren, über die saure bis hin zur süßen Note. Manch einer wird sogar die Bananen Venezuelas schmecken.

Eine Hand nahm ihn und wickelte ihn in eine goldene Folie, die sie mit einer Schleife festband.

„Wunderschön", kommentierte eine Stimme.

Es war schrecklich unbequem, und Theo konnte es nicht abwarten, von dieser Bekleidung befreit zu werden, aber es war das erste Kompliment seit der Ernte.

Als er aus der Transportkiste genommen wurde, traute er seinen Augen kaum. Keine Confiserie, kein Feinkostgeschäft. Stattdessen landete er auf einem Aufsteller mitten im Supermarkt. Er versuchte, sich selbst zu motivieren, doch je mehr Menschen an ihm vorbeiliefen, desto hoffnungsloser wurde er. Wie naiv seine Träume gewesen waren. Er wollte sich all dem verschließen und träumte von seinem Baum in der Sonne Venezuelas. Selbst die Schifffahrt mit den Klavierklängen und Marias beruhigenden Worten wirkten wie eine gute alte Zeit. Nun war alles vorbei, es gab keinen Weg vom Supermarkt ins Feinkostgeschäft. Jemand würde ihn *den Schlund runterwerfen*, wie Raúl gesagt hatte.

Ein fester Griff riss ihn aus seinen Gedanken und für einen kurzen Moment flackerte Hoffnung auf, die mit dem Aufprall im Einkaufswagen wieder zerplatzte. Der Mann hatte sich nicht einmal die Zeit genommen, auf sein Etikett zu schauen: 100 Prozent Kakao – ein Qualitätsmerkmal.

„Urgh, die ist so trocken, dass sie staubt", erklang die Stimme einer Frau und eine Hand platzierte ihn im nächstgelegenen Regal – mitten zwischen den Energydrinks!

Er war fassungslos. Hier würde ihn niemand sehen, ihn erkennen. Sein Traum war weiter weg als je zuvor und gleichzeitig so deutlich wie noch nie: Er wollte einen Menschen inspirieren.

So träumte er Tag ein Tag aus, während sein Mindesthaltbarkeitsdatum immer näher rückte. Wäre es besser gewesen, als Kakaobutter mit Zucker zu einem Billigprodukt verrührt zu werden? Nein, lieber ganz oder gar nicht!

Dann geschah es. Sie war schöner als alle Menschen, die er je gesehen hatte. Aus ihrem roten Kleid ragte ein langer schlanker Hals. Der Gedanke, diesen Hals hinunter zu gleiten, erregte ihn und weckte ihn aus seinen kindlichen Träumen. Ihre Finger hielten die Dosen. Wenn diese Finger ihn nur für einen Moment streichen könnten.

„Hmm, viel Zucker drin", murmelte sie.

Mein Reden, dachte Theo. *Wenn sie wüsste, welch wachmachenden Effekt Kakaobohnen haben. Ich bin es, den sie sucht. Ich bin ihr perfekter Begleiter.*

Sie wollte sich gerade abwenden, dann sah sie ihn. „Oh, da hat wohl jemand nicht aufgeräumt. Ich bringe dich zurück." Er spürte diesen Moment wie in Zeitlupe. Nur noch eine Hülle zwischen ihren kühlen Handflächen und seiner Glasur. „Porcelana. Die Bohne der Anu?", kommentierte sie die Beschriftung auf seiner Verpackung.

Woher kannte sie die Anu?

Als ob sie ihn gehört hätte, antwortete sie, „ich komponiere gerade Musik zu einem Film über die Ureinwohner Venezuelas. Du wirst mir helfen."

Und wie er ihr helfen würde! Die Kasse, der Transport, alles ging vorbei wie in einem Rausch; er gehörte ihr. Sie setzte ihn auf ihr Klavier, wie auf einen Altar. Dann berührte sie ihn und löste die Schleife, die ihn bekleidet hielt. Es knisterte, als die Folie sich wie eine Knospe öffnete. Sein Duft strömte ihr entgegen. Hier war er: Entblößt und stolz, dass ihr Blick auf ihm ruhte. Ihre Finger strichen über seine Glasur. Sie hob ihn an ihre warmen Lippen. Er spürte ihren Atem, spürte wie sie erneut seinen Duft einsog. Ganz intuitiv verstand sie es, ihm seine Aromen zu entlocken. Es fühlte sich in jeder Hinsicht richtig an; er war bereit, für sie zu schmelzen. Sie öffnete ihren Mund und schloss die Augen. Die Liebe seiner Kindheit, der Schmerz seiner Reise, die Hoffnung und Enttäuschung – alles zerschmolz zu einer wunderbaren Trance, als er ihre Zunge berührte. Sie wurden eins miteinander. Er konnte spüren, wie sich das Feuer in ihr entfachte. Er spürte die Klaviertöne, die seine Träume begleitet hatten. Sie war ebenfalls in Trance, legte ihre Finger auf die Tastatur und spielte seine Geschichte, seine Sehnsüchte. Sie spielte, bis es still wurde. Ihre Finger schwebten bebend über der Tastatur: Es war perfekt.

Sie öffnete die Augen. Das Klavier hatte alles aufgezeichnet. Tränen standen ihr in den Augen. Es war, als hätte sie, die monatelang immer wieder ihre Entwürfe verworfen hatte, der Entstehung dieses Stückes zusehen können. Es war aus ihr herausgeflossen, mühelos. Es sollte ihr Meisterwerk werden, doch bisher wusste sie nur den Titel: El Chocolate. Jeder Künstler träumt davon, für Theo ging er in Erfüllung: Er wird ewig leben.

Keiner kommt daran vorbei

Alexander Zar

Genf ist die Hauptstadt der Luxusschokolade. Die unwiderstehlichen Süßigkeiten einer dieser Schokoladenfabriken haben die Welt erobert. Aus den Archivdokumenten ist ersichtlich, dass insbesondere Winston Churchill, John F. Kennedy, Grace Kelly, Colette, General de Gaulle und Dwight Eisenhower zur Kundschaft von Du Rhône gehörten. Zudem finden sich im Labor auch Bänder mit dem Bildnis des Königs von Spanien, wobei es bei dieser Person nicht mehr besonders gut um die Reputation bestellt ist. Guter Geschmack macht eben nicht vor dem Charakter halt.

Bereits in frühen Jahren, als das politische Bewusstsein zu erwachen begann, faszinierten mich die Persönlichkeiten von Winston Churchill und John F. Kennedy.

Der ehemalige britische Premier gewann Wahlen mit dem Slogan *Blut, Schweiß und Tränen.* Daraus sog ich die Lehre, dass man in der Politik nicht alles einfach verschleiern sollte; wenn man den Leuten reinen Wein einschenkt, kann man Wahlen auch mit unpopulären Slogans gewinnen; die Maßnahmen, die man ins Auge fasst, müssen einleuchtend und weiterführend sein.

Leider gehen aber viele Politiker davon aus, dass Wahlvorgaben Wohlergehen um jeden Preis versprechen müssen, obschon die Bevölkerung diesen Schalmeien nicht glaubt und sich dem Satz verschreibt *Die, da oben, machen sowieso nur das, was sie wollen.*

Schokolade hingegen macht keinen Halt vor Stand, Ansehen und Hintergrund. Ein Star greift zur Tafel Schokolade oder zur Praline, genauso wie das kleine Nachbarsmädchen, das noch in einer behüteten Familie geborgen aufwächst und den Ernst des Lebens – gottlob – noch nicht kennenlernen musste. Die Heißliebe dazu macht auch vor keinen Grenzen Halt. Sie ist weder an Alter, Geschlecht, Rasse oder Nationalität gebunden. Insofern erfüllt sie alle Voraussetzungen der Menschenrechtskonvention. Nie liegt man falsch, wenn man etwas Schokoladiges als Geschenk mitbringt. Jemand ist vielleicht etwas düpiert, weil man sich gerade auf Diät gesetzt hat. Bei einem ausgezeichneten Produkt geht es aber dann wie mit den Vorsätzen fürs neue Jahr: Sie werden bald einmal über Bord geworfen. Schließlich will man sich nicht vor dem Glück stehen, und Schokolade macht bekanntlich glücklich. Das kann gar wissenschaftlich belegt werden. Im Rohstoff finden sich verschiedene Stoffe, unter anderem Tryptophan. Aus diesem bildet der Körper stimmungsaufhellendes Serotonin, das gemeinhin als Glückshormon bezeichnet wird. Daneben stößt man auch auf Theobromin, in dem Phenylethylamin ist, das auch freigesetzt wird, wenn eine neue Liebe sich explosionsartig ausbreitet.

Diese Analyse aus der Wissenschaft kann zwar dem Erlebnis etwas den Schneid nehmen, aber viele versuchen, sich nicht nur auf den Geschmack und die Reaktionen des Körpers zu verlassen, sondern wollen tiefer eindringen, was hinter einem Erlebnis steckt. Mit einer wissenschaftlichen Auseinandersetzung wird aber die Emotion stranguliert. Schließlich lässt sich die Liebe auch nicht einfach so erklären und nur als chemische Reaktionen im Gehirn definieren. Der

© Dörte Schmidt

Mensch hat eben mehrere Seiten, die Ver-bindung Geist und Materie ist an und für sich bereits widersprüchlich, doch haben wir damit zu leben, und das Leben kann auch mehr als nur schön sein und macht alles aus. Ein Tag spielt sich harzig ab; endlich ist Feierabend. Dann ist man versucht, wieder Boden unter den Füßen zu finden. Ein Glas Rotwein und ein Stück Schokolade lassen dann schnell alle Unbill vergessen, und die Gesamtbilanz für diese vierundzwanzig Stunden fällt dann doch tröstlich aus. So geschah es mit mir, als ich wieder einmal die Rhonestadt besuchte.

Die Verhandlungen verliefen zäh, doch ein Besuch in der Chocolaterie ließ alles wie mit Zauberhand weggleiten. Erinnerungen aus der Kindheit kommen gerne in solchen Momenten hoch. Ein Geruch, der lange nicht mehr die Nase gekitzelt hat, weckt Ereignisse wach, an die man seit Urzeiten nicht mehr gedacht hat.

Der Mensch, so denke ich in solchen Augenblicken, ist ein unberechenbares Wesen, und nicht jede Planung läuft dann auch so ab, wie ich es mir vorgenommen habe. Andrerseits gestehe ich mir aber auch Zustände zu, die jedes Loslassen erlauben. Der Ernst des Lebens wird in der Jugend gepredigt. Eine Balance zu halten hat mehr Gewicht, haben mir Erfahrungen gezeigt, und dazu gehört auch, sich den Vergnügungen zu widmen, wie eben einem Stück Schokolade, das Ferne – woher das Produkt stammt – und Nähe, wie es sozusagen vor dem Auge gefertigt wird, vereint. Darin verbindet sich auch der Traum der rassenlosen Gesellschaft, wo jeder gleichwertig ist, welchem Stand, welcher Religion oder welcher Rasse er angehört; ebenso verstummt die Genderdiskussion, wenn sich alle ein Stück aus dem Paradies – ein Stück Schokolade – gönnen. Dann hören schnell alle Diskussionen auf, und der Mensch ist nur noch auf diesen wunderbaren Augenblick fokussiert. Selbst in Gedichten und Liedern kommt die Hochschätzung für dieses Genussmittel zum Ausdruck. Ich kenne niemanden, der behauptet, Schokolade nicht zu mögen; natürlich weichen die Vorlieben ab; manche schwören auf die dunkle Schokolade, andere mögen's lieber weiß. *De gustibus non est disputandum* – über Geschmack lässt sich eben nicht streiten, aber gefühlvoll reden, in welcher Konditorei man besonders heraus-ragende Pralinen erworben hat. Solche Empfehlungen machen dann die Runde, und manch einer hat sich auf den Geschmack des anderen, den er schließlich gut kennt, verlassen und wurde auch nicht enttäuscht.

„Eine Randerscheinung rückt in den Mittelpunkt", bemerke ich, als ich mit einer guten alten Bekannten eine Tasse Schokolade trinke.

„Solche Momenten hellen den Tag auf und verleihen ihm Gewicht, auch wenn ansonsten trübes Wetter herrscht", entgegnet sie.

„Es sind eben doch die Kleinigkeiten, die über Glück und Unglück bestimmen", fahre ich fort.

„Der große Wurf gelingt wohl nur sehr selten, und Bescheidenheit kann auch nicht schaden"», fügt sie an und lächelt, die Schokolade in der Hand.

Zum Glück!

Hartmut Gelhaar

Schon der Kakaogeschmack erklärt,
warum sein Trinken trinkenswert.

Bezüglich Schokoladeneis
bedarf es keinerlei Beweis.

Auch Pralinés verschiedener Sorte
bedürfen keiner Lobesworte.

Kurz und gut, das süße Braune
macht den Menschen gute Laune.

Daher vermehren aller Orten
sich die Schokoladensorten.

P.S.
Wer mehr als sehr zufrieden ist,
ist höchstwahrscheinlich ein Dentist.

Schokoladenmontagmorgen

Susanne Richter

Nutze den Tag. *Carpe diem.* Man sagt es so dahin, bläst es schwülstig auf mit einem *Lebe jeden Tag, als wäre es dein letzter* (was man so herrlich zynisch betonen kann) oder denkt daran, wenn man sich für oder gegen das fünfte Bier an diesem Abend entscheidet.

Ich stehe an diesem Morgen mit der typischen Montagmorgenstimmung auf, wohlwissend, dass dies ein langer Tag mit Besprechungen und Jahresabschlussdiskussionen sein wird. Die Nacht war kurz. Ein Geräusch, als würde jemand beständig den Schlüssel im Schloss herumdrehen, hatte mich gegen 4:30 Uhr morgens aus dem Schlaf gerissen. Vielleicht versuchte jemand, volltrunken seine Wohnung zu betreten oder war sehr bemüht, sein eigenes (oder ein fremdes) Fahrradschloss aufzubekommen. Ein verschlafener Blick auf die diesige Straße, wofür ich mich gefährlich weit im Nachthemd aus dem Fenster beugte, konnte hier keinen Aufschluss geben. Keine Aufklärung von Verbrechen heute für mich.

Der Gang ins Badezimmer ist wankend. Ich bin noch müde und maule die Katze an, die energisch zurückmault. Ich hätte nie gedacht, dass so ein kleines Wesen so vehement sein Recht auf die Erfüllung seiner Grundbedürfnisse einfordern kann. Ein bisschen verstehe ich sie, immerhin werde ich selbst ziemlich unangenehm, wenn sich der Hunger meldet.

Heute will ich mir also richtig was gönnen. Das, was eben in eine Frühstückszeitspanne von dreißig Minuten reinpasst. Ich möchte mit einer kulinarischen Belohnung in den Tag starten, mit einer süßen Verheißung auf Feierabend inklusive tanzendem Insulinspiegel.

Meine Süßigkeiten habe ich in meinem Wohnzimmertisch aus Massivholz verstaut, in dessen Fach ich meine Lebensretter horte, wenn mich Liebeskummer, Schlafmangel oder einfach PMS an dem Sinn des Lebens zweifeln lassen. Ich wusste, dass dort seit der letzten Sortierung der Weihnachtsschokolade, also so um die Osterfeiertage herum, diese eine Schokoladenkugel auf mich wartete. Eine perfekte Vollendung aus *fast schon zu groß, um noch als Praline durchzugehen* und Zartbitterschokolade, die aufgrund des verringerten Zuckergehalts Vernunft suggeriert. Jedes Mal, wenn ich die Klappe des Tisches öffnete, sah sie mich an und versprach mir Seelentrost, *irgendwann*, wenn ich ihn ganz *ganz dringend* brauchte.

Aber ich schreibe hier über einen Montagmorgen und typischerweise ist die Schokoladenkugel verschwunden. Frustriert rufe ich das Schicksal an, wer sich wohl meine mühsam zusammengehaltenen Vorräte geschnappt haben könnte. Da der Mann just in diesem Moment in der Nähe ist, kann es natürlich keinen anderen Schuldigen geben, es sei denn, die Katzen haben gelernt, wie man schweres Eichenholz aufstemmt, um an Leckereien zu kommen. Ich bezweifle aber, dass die beiden heimlich trainiert haben, um meine Vorräte zu plündern. Der Mann muss dafür nicht trainieren, der kriegt die Klappe mit einer Geschwindigkeit auf und den Inhalt leer, die ich nur mit der Vernichtung eines 500-Milliliter-Eisbechers überbieten kann.

Einen rhetorischen Fragesatz als Anklage zu verstehen, erfordert schon ein hohes Maß an Subtext-Empfänglichkeit. Aber ich habe einen intelligenten Mann. Er versteht sofort, dass der Fels bereits den Berg heruntergerollt und entscheidet, sich lieber kurz zerquetschen zu lassen, als eine sinnlose Flucht anzutreten.

„Ich kann mich nicht daran erinnern, aber vermutlich habe ich die dann gegessen."

„Das finde ich jetzt aber nicht okay." Hilflos schütte ich meinen Vorrat auf der Couch aus und halte mühsam die Katze davon ab, sich eine andere Süßigkeit zu schnappen, die natürlich kein adäquater Ersatz für diesen formvollendeten Traum aus Zartbitterschokolade ist, nach dem ich suche.

„*Nimm dir ruhig das, was du möchtest* – sind das nicht immer deine Worte?"

Ich verfluche innerlich meine gelegentlichen Anfälle von Altruismus und sage: „Es isst sonst niemand Bitterschokolade und deswegen gehe ich ja nicht davon aus, dass ausgerechnet dieses eine Stück verschwinden könnte!"

Er schweigt. Wie ich bereits sagte, ich habe einen intelligenten Mann.

„Ich habe mir die extra aufgehoben!" Ich lamentiere. Lege all meine Wut auf die Ungerechtigkeit dieser Welt in diesen Satz. Vielleicht habe ich mir hier auch ein wenig von den Jüngsten abgeschaut, mit denen ich tagtäglich arbeite. Bei denen klappt das zuhause ja schließlich auch.

„Ich kann mich zwar nicht mehr daran erinnern, dass ich das gegessen habe, aber ich nehme jetzt einfach mal die Schuld auf mich", versucht es der Mann nun doch.

Ich vermute, er möchte damit verhindern, dass ich meinen Zorn am Mobiliar oder den Haustieren auslasse. Denen habe ich bereits vor fünf Minuten mitgeteilt, dass ich ihre Art und Weise der Kommunikation als *nervtötendes Gekreische* empfinde, was sie tunlichst einstellen sollten, sofern sie nicht als leckeres Pfannengericht auf Instagram enden wollen. Dafür würde ich sogar meine Abneigung, Tiere zu essen, aufgeben. So viel zu meinem Altruismus. Dieser stirbt mit meinem schwindenden Schokoladenvorrat.

Montagmorgen und Schokoladendiebstahl ist eine toxische Kombination. Doch aus den größten Krisen gehen zumeist auch die stärksten Erkenntnisse hervor. So auch bei mir, die ich dann mit einem schnöden Ersatz meines vermissten Schokoladenkleinods am Frühstückstisch sitze und sage: „Ich hätte einfach dieses bescheuerte Stück Schokolade essen sollen, als ich es gekauft habe. Ich habe aber auf den perfekten Tag, die perfekte Gelegenheit gewartet. Den perfekten Schokoladenmontagmorgen. Der ist nun hin. Und meine Schokolade auch."

Der Mann stochert in seinem Müsli herum und nickt beflissen.

„Eigentlich ist das die perfekte Parabel auf das Leben!", sage ich dann. „Man wartet ewig auf den richtigen Zeitpunkt und dann hat jemand anderes ..." Der Mann versucht ein schuldbewusstes Gesicht zu schauspielern und ich muss lachen. „...die verdammte Schokolade einfach aufgegessen."

„Das heißt, du wirst jetzt immer sofort die Schokolade essen, nachdem du sie gekauft hast?", fragt er.

„Fast!", rufe ich mit erhobenem Zeigefinger, dass er und die Katzen zusammenzucken. Ganz schön laut, für einen Montag. „Ich kaufe eines dieser lächerlich großen XXL-Packungen und esse Schokolade jeden verdammten Tag!"

Pudelmütze bei „Sechs"

Sabine Rickmann

Diese verflixten Handschuhe, viel zu groß sind sie für meine Kinderhände. Ich versuche, trotz der wild baumelnden Wollfinger, das Besteck zu ergreifen. Das Messer rutscht mir immer wieder aus der Hand. Endlich habe ich es fest im Griff und die Gabel in der anderen Faust. Ich beuge mich über den Tisch, halte das Päckchen, das in der Mitte liegt, mit der Forke fest und fange an, die Schnur zu zerschneiden.

Ich habe meine Mutter heute früh heimlich dabei beobachtet, wie sie eine Tafel Schokolade in mehrere Lagen Zeitungspaper eingepackt und eine Paketschnur so oft über Kreuz drum herumgewickelt hat, bis nur noch ein Rest für einen dicken Knoten übrig war. Die Sorte konnte ich nicht erkennen. Vollmilch? Vollmilch-Nuss mit ganzen Haselnüssen oder sogar eine Mokkaschokolade, die ich besonders gerne esse? Hoffentlich hat sie nicht die schwarze Zartbitterschokolade eingepackt, die schon seit Wochen im Schrank liegt, weil sie keiner aus unserer Familie mag.

Plötzlich schreit Clemens „Sechs"! und zeigt auf seinen Würfel, hüpft aufgeregt auf und ab und streckt mir fordernd die Hände entgegen. Den Würfel greift sich jetzt das nächste Kind am Tisch. Ich höre das hektische Klappern des Würfels im alten Lederbecher. Clemens Stimme überschlägt sich. „Los, her mit den Sachen!"

Ich ziehe die Handschuhe aus, knote den Schal von meinem Hals und schiebe Messer und Gabel auf dem weißen Tischtuch zu seinem Platz. Meine Mutter hat zur Feier meines achten Geburtstages gestern dieses große Tuch oben aus dem Schrank geholt, gebügelt und aufgelegt. Ich habe ihr dabei geholfen.

Ich bin enttäuscht, viel zu wenig Zeit hatte ich mit dem Messer. Das Ziel ist noch so weit: die Tafel Schokolade im Kern der Zeitungsbögen. Jetzt sind alle meine Geburtstagsgäste aufgeregt aufgesprungen und feuern Clemens an. Nur Tine, die Tochter der Nachbarn von oben, ist sitzen geblieben. Sie ist schon zwölf und lässt sich nicht vom Wedeln und Zappeln der würfelnden Kinder anstecken. Tine hat schon so viel Taschengeld, dass sie sich Schokolade kaufen kann, wann immer sie will. Mein Taschengeld reicht nur knapp für das neue *Fix-und-Foxi-Heft*. Schokolade gibt es nur zu den Feiertagen in Form von Ostereiern, Marienkäfern und Weihnachtsmännern. Manchmal bringen abendliche Gäste unserer Eltern meiner Schwester und mir welche mit. Wir teilen gerecht, Stück um Stück.

So giere ich nach der Tafel, die nun darauf wartet, von Sechser-würfelkindern freigelegt, zerschnitten und verschlungen zu werden. Da zieht mir plötzlich jemand an den Haaren. Clemens hat mir mit langem Arm die Pudelmütze vom Kopf gerissen, ohne die er nicht anfangen darf, den Bindfaden zu bearbeiten. Ich bin einige Haare ärmer und funkle ihn böse an. „Aua!"

Kaum hat er es geschafft, einen Faden durchzuschneiden, ruft Angelika „Sechs!" und fordert laut schreiend die Utensilien von Clemens. „Ich bin dran!"

Weitere Kinder würfeln eine Sechs. Christine kommt noch nicht einmal dazu, sich den Schal umzubinden, da muss sie ihn schon an Klaus weiterreichen. Der kann sich lange Zeit lassen, an dem in-zwischen ziemlich zerzausten Päckchen zu arbeiten, und kann einige Schichten Zeitungspapier entfernen. Der Würfel kann gar nicht schnell genug weitergereicht werden. Wir wollen alle nur eins: Schokolade.

Endlich bin ich wieder dran, die anderen haben gute Vorarbeit geleistet. Ich muss nur noch die silberne Folie beiseiteschieben. Einen Moment lang ist es ganz still. Vor uns zeigt sich glänzend die hell-braune Oberseite der Mokkaschokolade mit den leicht eingedrückten Sollbruchstellen der Riegel und Einzelstückchen, von denen jedes einen Stempel trägt. Aus der Stille entsteht ein Raunen am Tisch. Mein Herz rast. Werde ich es schaffen, ein Stück abzuschneiden und mir rechtzeitig vor dem nächsten Schrei *Sechs* in den Mund zu schieben? Die Zeit bleibt stehen. Wie in Zeitlupe sehe ich meine eigenen in Wollhandschuhen steckenden Hände Messer und Gabel zur Schokolade führen und die Gabel in die verführerische Oberseite einstechen. Das Messer sorgt dafür, dass ein großes Stück von der Tafel abplatzt und gerade, als ich die Gabel zum Mund führe, läuft die Zeit weiter, das Schokoladenstück fällt auf die weiße Tischdecke.

Meike neben mir schreit „Sechs". Diesmal gebe ich ihr die Pudelmütze als erstes Teil der Verkleidung, es hängt schon ein Haarbüschel von mir darin.

Schnell, schnell, her mit dem Würfel, ich will wieder die Chance auf einen Sechser bekommen! Aber es sind andere Kinder, die sich winterlich verkleiden und mit dem Besteck der Schokoladentafel zu Leibe rücken. Ich sehe meine Chance, noch ein Stück zu ergattern, schwinden. Bisher hat es allerdings noch kein Kind gewagt, das Stück, das mir auf die Tischdecke gefallen war, aufzunehmen. Aus Angst, als Gast einen Schokoladenfleck auf der wertvollen Aussteuerdecke mit dem Spitzenbesatz zu hinterlassen?

Endlich habe ich wieder Würfelglück und inzwischen Übung, mit den Handschuhen das Besteck zu greifen. Ich nehme das verlorene Stück flach auf die Gabel und balanciere damit vorsichtig zum Mund. Jetzt bloß nicht zittern! Schnell schnappe ich zu, obwohl mir der Wollpüschel der Pudelmütze vor meinem Mund hängt.

Jetzt fällt alle Anspannung von mir ab. Ich beiße genüsslich zu, lasse die zerkauten Stücke langsam im Mund zerschmelzen und genieße, wie sich der Schokoladenschmelz in meinem Mund breit macht, jeden Winkel ausfüllt.

Der Lärm um mich herum verebbt. Die Tafel ist verputzt. Ich schlucke den letzten weichen Rest meiner Beute herunter und genieße den Nachgeschmack von Mokka, Sahne, Süße und Kakao. Auf dem Tisch liegen die Fetzen dieser Schlacht. Alle haben diesmal etwas abbekommen.

Meine Mutter ruft uns zum nächsten Spiel, damit sie den Tisch abräumen und für das Abendbrot vorbereiten kann. Was für ein schöner achter Geburtstag!

Alle Nuancen

Miriam Peter

Zuckersüß und bitterzart,
wie feinste Schokolade,
sind all die Momente,
die das Leben schreibt.

Alle Nuancen zusammen vereint
ergeben die Tiefe –
nicht nur das Bittere
und nicht nur das Süße.

Zartes Elfchen mit
bitterer Note

Tanja Schwibinger

Zartbitter
die Praline
schmilzt im Mund
dann auf den Hüften
Diät

Schokoladenverhängnis

Janny Prillwitz

Tanja stand vor dem Süßwarenladen und bestaunte die Auslage. Da lagen Trüffel in weißer und brauner Schokolade mit Füllungen von Champagner-Mark bis zu Zimt-Nugat-Creme. Es gab Werkzeug aus Schokolade und sogar eine Lokomotive. Das Beste, die Schokoladentafeln in Silberfolie mit braunem Papier. Sie schloss die Augen und atmete tief ein. Es roch nach Kakao, Vanille, Karamell und gerösteten Nüssen. Sie zuckte zusammen, als ihr jemand auf die Schulter tippte.

„Warum schaust du so verzückt auf die Schokolade?" Hinter ihr stand Lisa, ihre Mitbewohnerin in der Wohngemeinschaft und beste Freundin.

„Hast du mich erschreckt. Siehst du die Schokolade in dem braunen Papier? Meine Mutter hat mir mal so eine geschenkt. Die ist im Munde zergangen und hat so ein warmes, vertrautes Gefühl hinterlassen."

Lisa zuckte die Schultern. „Kauf dir doch eine."

„Ich hab kein Geld und die kostet fünfzehn Euro." Tanja wandte sich vom Schaufenster ab.

„Das ist ein stolzer Preis."

„Genau. Leonard bekommt noch Geld von mir und ich brauche noch Bücher fürs Studium."

„Ich würde dir helfen, nur leider bin ich selbst gerade knapp bei Kasse."

Tanja hakte sich bei Lena ein. „Ich gebe einen Kaffee aus."

„Ich denke, du hast kein Geld?"

„Aber einen Job", erwiderte Tanja stolz. „Ich kann im Hotel gegenüber vom Bahnhof anfangen. Die suchten jemanden, der am Wochenende in der Frühstücksschicht hilft. Die Schicht fängt um sechs Uhr an und geht bis Mittag."

„Was wird dann aus unseren durchtanzten Nächten?" Lisa klang enttäuscht.

„Das schaffe ich schon. Dann gehe ich statt ins Bett zur Arbeit."

Lisa hatte Zweifel. „Du räumst doch bei uns auch nie deinen Kram in die Spülmaschine. Da willst du für fremde Leute den Tisch abräumen?"

„Das ist was ganz anderes." Mit einer Handbewegung wischte sie die Zweifel davon und wechselte das Thema.

Sie blieben immer wieder vor den Schaufenstern stehen und sprachen über die Auslagen, bis sie ihr Lieblingscafé erreicht hatten.

Von ihrem ersten Lohn bezahlte Tanja ihre Schulden und kaufte die Bücher. Sie betrat das Süßwarengeschäft und war sofort gefangen von dem Duft im Laden. Die Verkäuferin nahm eine Waffel und tauchte sie in den kleinen Schokoladenbrunnen neben dem Verkaufstresen. Sie reichte sie Tanja. Die schloss die Augen und genoss den Schmelz der warmen Schokolade.

Voller Vorfreude schloss sie die Tür zur Wohnung auf. Aus Bens Zimmer war laute Musik zu hören, Lisa hatte das Bad besetzt und von Leonhard keine Spur. Tanja warf ihre Tasche aufs Bett und ging in die Küche. Sie gab Cappuccino-Pulver in eine Tasse und goss es mit heißem Wasser auf. Mit der Tasse setzte sie sich an den Küchentisch und legte die Schokolade vor sich ab. Sie strich noch einmal liebevoll mit den Fingern über das Papier. Ohne es zu beschädigen, öffnete sie es. Die Silberfolie darunter behandelte sie ebenso vorsichtig. Sie strich sie glatt. Da lag die Tafel Schokolade in ihrer ganzen Schönheit vor ihr. Sie glänzte dunkel und es roch nach Kakao und Milch und ein wenig nach Karamell.

„Tanja, kannst du mir helfen? Mein Ohrring ist unters Bett gefallen."

Tanja warf einen wehmütigen Blick auf die Schokolade. „Bis gleich", flüstert sie.

Die Mädchen rückten das Bett von der Wand und Lena hatte ihren Ohrring zurück. Tanja ging in die Küche und wollte sich von niemandem mehr stören lassen. Sie hatte schon den süßen Geschmack der Schokolade im Mund. Wie erstarrt blieb sie mit dem Rücken zum Schrank stehen.

Ben saß am Tisch und steckte sich gerade das letzte Stück Schokolade in den Mund. Die Silberfolie lag achtlos zerknüllt mitten auf dem Tisch. „War total lecker. Vielleicht nicht süß genug", nuschelte er mit vollem Mund.

„Das war meine", flüsterte Tanja. Der Schreck hatte ihr die Sprache verschlagen.

„Hab dich nicht so. Ist doch nur Schokolade. Ich habe noch eine Tafel weiße vom Discounter. Die kannst du haben", sagte Ben gönnerhaft.

Tanja konnte später nicht sagen, wie das Küchenmesser in ihre Hand kam.

Magisches Elixier

Christa Blenk

Schon wieder Freitag. Der in die Jahre gekommene Komponist sitzt am Spinett und rauft sich die paar Haare, die er noch hat. Es will ihm einfach nichts Gescheites einfallen. Seine Kantate für die Hauptmesse am Sonntag ist noch nicht fertig. Dabei wäre dieser unmusikalischen Pfarrgemeinde eine Wiederholung nicht einmal aufgefallen. Aber der Pfarrer bestand Woche für Woche auf einer Neukreation.

Grundsätzlich versteht der Komponist ihn ja, aber mühsam ist es schon. Er tröstet sich dann damit, nicht für die falsch singenden Bauern, sondern für die Ewigkeit zu komponieren.

Heute tut er sich besonders schwer. Dunkle Wolken überschatten seine Schaffenskraft und er ist nicht richtig bei der Sache. Es ist seine Tochter. Sie bringt ihn zur Verzweiflung. Das Kind ist ja so unvorhersehbar. Er weiß gar nicht, wo sie das herhat. Viel zu unternehmungslustig für eine Frau und frech ist sie auch noch. Ständig liegt sie ihm mit Coffee in den Ohren, will nur noch dieses bittere Getränk schlürfen. Geradezu süchtig ist sie danach. Sie geht ihm ja so entsetzlich auf die Nerven. Ihm schmeckt dieses neumodische Gebräu gar nicht mal und teuer und schwer zu bekommen ist es obendrein. Er bedauert, dass Gott seine beiden Söhne schon als Kleinkinder zu sich gerufen hat. Manchmal malt er es sich andersherum aus. Die Söhne wären sicher musikalisch geworden, so wie er, oder wenigstens nicht so anstrengend wie dieses Mädchen. Aber sofort schämt er sich für diesen Gedanken und manchmal macht Katharina ihm ja auch Freude.

Gerade als er unlustig ein paar banale und farblose Tonfolgen notieren will, fliegt greinend die Türe auf und die 18-jährige Katharina stürmt in sein Komponierzimmer. Sakrileg! Es ist ein ungeschriebenes Gesetz in diesem Haushalt, dass ihn am Freitag, ab dem Mittagessen, niemand stören darf. Die Welt hat stehen zu bleiben. Erst wenn er selber die Türe öffnet, dürfen die unterschiedlichen Aktivitäten im Hause wieder aufgenommen werden. Seine Frau bringt ihm dann ein warmes Bier. Nun steht dieses unbändige Mädchen mit roten Backen vor ihm. Sie hat so viel Wind mitgebracht, dass er die noch jungfräulichen Notenbögen festhalten muss. Ihm graut vor ihrem Anliegen, denn das würde kommen, wie das Amen in der Kirche. Dabei hatte er erst vor kurzem Coffee gekauft. Jetzt müsste sie doch eigentlich Ruhe geben.

Sie ignoriert seinen Protest und reicht ihm keck ein kleines, dunkles, undefinierbares Stück. „Probieren Sie, Herr Papa."

„Was fällt dir ein, Tochter. Geh sofort weg, schnell, ich muss mich konzentrieren und fange bloß nicht an zu reden."

„Probieren!", befiehlt sie erneut und hält ihm diese seltsame Substanz noch ein wenig näher unter die Nase.

Er bemerkt, dass ihre Finger, die das dunkle Rechteck halten, verklebt und schmutzig aussehen und seufzt. Nicht nur vorlaut und ungezügelt ist dieses Kind, sondern auch noch unsauber. So wird sie nie einen Mann finden, obwohl sie ein hübsches Gesicht und glänzende, braune Haare hat, die ihr allerdings immer unzüchtig ins Gesicht fallen. Er weiß aber auch, dass sie nicht eher Ruhe geben wird, bevor er nicht seine Meinung zu dieser mittlerweile leicht geschmolzenen Materie abgegeben hat. Also nimmt er ihr das Stück aus der Hand und führt es vorsichtig, ja ängstlich zum Mund. Na ja, vergiften wird sie ihn schon nicht gleich, denkt er und beschließt, sie demnächst auf jeden Fall zu bestrafen. Da würde ihm schon noch was einfallen. Vielleicht eine Woche Zimmerarrest. Allerdings müsste er dann natürlich das Fenster zunageln, denn sie würde glatt aus diesem springen. Oder noch besser, keinen Coffee, einen Monat lang!

Während er sich die dunkle, weiche Masse vorsichtig in den Mund schiebt, redet seine Tochter munter weiter. „Ich weiß jetzt, was ich machen will, Herr Papa. Ich werde einen kleinen Handel aufbauen, mit Produkten aus Kakao. Wie mundet es Euch? Ihr dürft nicht kauen, einfach auf der Zunge zergehen lassen."

Der Komponist tut, wie sie ihm rät und spürt postwendend, wie seine Sinne explodieren. „Mehr", sagt er nur und hält seine Hand auf.

Sie holt triumphierend ein Rippchen aus ihrer Schürzentasche und reicht es ihm.

Er schließt die Augen und lässt die geheimnisvolle Masse im Mund zergehen. Seine Trägheit verfliegt im Nu. Noten, Tonfolgen, Kontrapunkte, Variationen tanzen vor seinen Augen, sortieren sich und plötzlich kann er es gar nicht erwarten, zurück ans Spinett zu kommen. So viele Melodien sind ihm schon lange nicht mehr eingefallen. Er wird gleich für die nächsten drei oder vier Wochen im Voraus komponieren können. Sobald er fertig ist, muss sie ihm unbedingt erzählen, was es mit diesem Zeug auf sich hat.

„Geh jetzt, Kind, hurtig." Mit diesen Worten und einer eindeutigen Handbewegung scheucht er sie zur Tür, tänzelt zurück zu seinem Spinett und fängt beflügelt an zu schreiben und zu spielen. Die Musen Terpsichore und Melpomene leisten ihm Gesellschaft und er arbeitet drei Stunden ohne Unterbrechung.

Draußen vor der Tür stehen seine Frau und seine Tochter und hören andächtig zu.

„Was hast du mit ihm gemacht, Kind, so schön hat er schon lange nicht mehr gespielt, so voller Energie, wie früher!"

„Nehmt, liebste Mutter", mit diesen Worten hält Katharina auch der Mutter ein Stück hin. Sie will sich zuerst dieses schmierige, dunkle Quadrat aus der schmutzigen Schürze nicht in den Mund stecken, aber Katharina gibt keine Ruhe, schiebt es ihr zwischen die Zähne und hält ihr den Mund zu. „Langsam auf dem Gaumen zergehen lassen, die Augen zumachen und an etwas Schönes denken, Frau Mama."

„Was ist das?"

„Schokolade! Ich habe sie von einem Mann bekommen. Er ist Mediziner und fliegender Händler. Andreas beliefert die Apotheken, denn die Schokolade ist auch ein stimulierendes Stärkungsmittel. Du hast ja gesehen, wie schnell und schön Vater nach dem Genuss komponiert hat. Andreas fährt immer nach Bremen und kauft von den Händlern aus Übersee. Ich habe ihn vor drei Monaten zum ersten Mal in der Apotheke getroffen, als ich für Vater ein Hustenelixier kaufen sollte. Er hat mir etwas zum Probieren gegeben. Kakao, die Rohmasse, ist sehr teuer und ich hatte ja nur Geld für den Hustensaft. Dann erwähnte der Apotheker, dass mein Herr Papa ein bekannter Komponist sei. Daraufhin bot Andreas mir an, mit Noten zu bezahlen. Ich gab ich ihm ein paar Notenblätter aus der großen Kiste. Das wird Vater gar nicht merken. Gestern hat mir Andreas zwei ganze Tafeln gegeben. In Frankreich stellen sie Pralinés damit her. Dazu mischen sie Nüsse, getrocknete Trauben und Mandeln zur Kakaomasse. Andreas sorgt für den Rohstoff, den ich dann zu Köstlichkeiten verarbeite, wie Ihr sie noch nie gegessen habt, liebste Mutter."

„Und wie soll das gehen, Tochter?"

„Der Apotheker überlässt uns eine Ecke in seinem Laden. Er will nur zehn Prozent vom Erlös. Ich verkaufe dort an meinem Stand die fertigen Produkte. Andreas kümmert sich um die Schokoladen-Medizin. In unserer großen Küche bereiten wir alles vor, die Pralinen und die Tinkturen."

„Ja, aber, Katharina ..."

„Andreas wird heute seine Aufwartung hier machen. Ich werde ihn heiraten und dank der Schokolade werden wir viele, gesunde Kinder bekommen."

Sodann schwingt die Türe auf und ein verjüngter Komponist ruft gut gelaunt nach seinem warmen Bier.

Mein süßer Trost

Kathrin Samar

So zart und süß

Schmilzt göttlich auf meiner Zunge

Erfüllst meinen Körper mit Glücksgefühlen

Ob hell, ob dunkel oder weiß

Mit Kokos, Nüssen oder gar Pfeffer

So lieblich schmeckst du

Tröstest mein Herz, wenn es vor Kummer weint

Von Kindheit an, linderst du meinen Schmerz

Auch heute, wie jedes Mal zuvor

Nach großen oder kleinen Niederlagen

Oder auch schweren Schicksalsschlägen

Durchflutest mich mit Endorphinen

Und schenkst mir neuen Mut

Du wunderbare süße Versuchung

Dein Name ist Schokolade.

Ich will keine Schokolade ...

Sylvia Anders

Henrike war voller Energie, schweißgebadet und lebendig tanzte sie in ihrem rosa Chiffonkleid über die Bühne und sang ihr Lieblingslied:
> „Ich will keine Schokolade,
> ich will lieber einen Mann."

Das Publikum fiel begeistert in den Refrain mit ein. Henrike fühlte sich von einer Welle der Begeisterung getragen. Sie hatte die Choreografie einstudiert, eine Art langsamen, lasziven Twist. Gelächter, Bravorufe und tosender Applaus begleitete ihre Performance. Sogar einige einzelne rote Rosen flogen ihr zu. Besonderen Beifall fand der Retro-, Feinripp-, Herrenschlüpfer, der neben ihr landete. Henrike genoss ihren Auftritt in vollen Zügen. Was für ein Finale!

Seit Jahren trat Henrike in der Seniorenanlage bei verschiedenen Veranstaltungen als Sängerin auf und verdiente sich damit etwas zu ihrer kläglichen Rente dazu. Heute gab sie ihre Abschiedsvorstellung. Langsam steuerte das Programm auf das Ende zu. Dann war der letzte Ton gesungen, der Beifall verklungen.

Anna Kruse, die Heimleiterin, bedankte sich bei Henrike für ihre unzähligen Auftritte, die so viel Freude und Lachen in das Leben der Bewohner gebracht hatte. Als Henrike mit Tränen in den Augen den wunderschönen Wildblumenstrauß entgegennahm, gab es noch einmal tosenden Applaus. Dankbar presste Henrike den rosa und blau leuchtenden Strauß an ihre Brust.

Mit einem Glas Wein setzten Anna und Henrike sich zusammen in die gemütliche Kaminecke des Gemeinschaftsraumes, ließen gemeinsam noch einmal die Höhepunkte der vielen Jahre Revue passieren: der geplatzte Reißverschluss, das Mikrofon, dass mitten im Lied seinen Geist aufgab, der Stromausfall und das Gekreische und

Gekicher einiger Damen, als zu fröhliche Männer die Dunkelheit für unschickliche Berührungen nutzten ... Beim Abschied umarmten sie sich mit Tränen in den Augen. Wortlos. Anna Kruse wusste Bescheid.

Mit langsamen Schritten begab sich Henrike in eines der Gästezimmer. Zum ersten Mal übernachtete sie nach der Vorstellung in der Wohnanlage. Ihre Wohnung hatte sie gekündigt und bereits geräumt. Im Badezimmer entfernte Henrike sorgfältig ihre dicke Make-Up-Schicht und den Eyeliner. Dann nahm sie ihre blonde Hochfrisur-Perücke ab und warf sie in den Mülleimer. Die roten High Heels und das rosa Chiffonkleid legte sie sorgsam gefaltet auf den Sessel vor dem Fernseher. Vielleicht freute sich noch eine der Mitarbeiterinnen darüber.

Das Taxi für den nächsten Morgen war schon bestellt. Der Krebs war schon sehr weit fortgeschritten. Um acht Uhr würde sie in die Klinik aufbrechen.

„Ich will keine Schokolade,
ich will lieber einen Mann.
Ich will einen, den ich küssen
und um den Finger wickeln kann."

Noch einmal sang sie leise ihr Lied, tanzte mit einem Lächeln durch das Zimmer. Im Spiegel der Fensterscheibe sah sie die Tränen über ihr Gesicht laufen.

Der Goldene Käfig

Ragna Schmidt

Es ist das Regal, das ich seit Jahren ignoriert habe. Im Supermarkt. Ich habe einen Bogen darum gemacht. Nicht hingesehen. So lang, so oft, bis es irgendwann nicht mehr zu existieren schien.

Das ändert sich heute. Jetzt. Ich verstaue den Einkaufszettel mit zitternden Fingern in der Jackentasche. Ich weiß ja, was draufsteht: *Das erste Mal wieder Schokolade kaufen.* Meine Hausaufgabe. Ich biege in den Regalgang ein und meine Brust krampft sich zusammen. Gewohnheitsmäßig will ich den Blick auf den Boden heften. Mich nicht in Versuchung bringen lassen. Es ist ja ohnehin tabu. Seit Jahren. Aber ich reiße mich los. Lasse die Augen über die Regalreihen links und rechts von mir gleiten. Gelbe Verpackungen, lila Verpackungen. Quadratisch und rechteckig. Riegel und Pralinen. Voll-Nuss, Milchcreme, Zartbitter. Ich nehme eine blau-weiße Tafel aus dem Regal, mein Herz klopft. Auf der Vorderseite ergießen sich altertümliche, gekippte Milchkübel in die darunter abgebildete Schokolade.

Wenn Sie sich Zucker weiterhin verbieten, wird Essen immer ein Thema bleiben, hallt Frau Bornheims Stimme in mir nach. Will ich das? Natürlich nicht. Ich will endlich anderen Themen Platz geben in meinem Leben. Themen, die mich bereichern und voranbringen.

Aber geht das hier nicht ein bisschen zu weit? Schokolade, mit echtem Zucker? *Auf molekularer Ebene macht es keinen Unterschied, ob man Honig oder raffinierten Zucker isst*, erinnert Frau Bornheims Stimme mich sanft. *Das ist alles nur in Ihrem Kopf.* Und in meinem Bauch, wenn ich das wirklich tue. In meinem Körper. Es wird seine Tentakelarme in mir ausbreiten und mich besetzen wie ein Dämon. Ich muss die Kontrolle behalten. Ich lege die Schokoladentafel zurück.

Eine andere Kundin schiebt ihren Einkaufswagen an mir vorbei. Hat sie mich schief angesehen? Hat sie bemerkt, wie dick die Luft hier im Gang ist? Sie wirft eine Packung Kekse in ihren Wagen, achtlos, und verschwindet um die Ecke.

Das werde ich nie hinbekommen. Eine Packung Kekse in den Wagen werfen, ohne groß darüber nachzudenken, einfach so? Sie zuhause haben, sogar? Gut, es hat mit der Marmelade geklappt. Mit dem Müsli. Ich bin ja nicht von 0 auf 100 gesprungen, sondern hab kleine Schritte gemacht. Joghurt mit winzigen Keksen ging auch. Bislang gab es keinen Essanfall. Bislang war alles ganz überraschend in Ordnung.

Ich nehme die Milchkübel-Schokolade wieder aus dem Regal. Alles in mir sehnt sich nach ihrem seidigen Geschmack. Sehnt sich danach, endlich wieder essen zu dürfen wie andere Menschen auch. Ich lege die Tafel in den Wagen, gehe bezahlen und nach Hause.

Ich bin angenehm satt, das Mittagessen war in Ordnung. Jetzt ist der große Moment gekommen. Nächsten Montag in der Sitzung kann ich den anderen davon berichten. Ich öffne vorsichtig die Verpackung und breche ein Stück ab. Hinten in meinem Kopf geht eine Alarmsirene los. Schokomüsli, Fruchtjoghurt – damit kann ich leben, wenn es sein muss, aber pure Schokolade? Ich werde ausrasten, ganz bestimmt. Ich werde nie wieder aufhören können. Mit einem Bissen wird es mich in die dunkelsten Kapitel meines Lebens zurückkatapultieren.

Das Schokoladenstück, das ich abgebrochen habe, schmilzt zwischen meinen Fingern. Ich lege es hin. Meine Fingerspitzen sind nun mit einer hauchdünnen Schicht Vollmilchschokolade überzogen. Prompt sehe ich vor meinem inneren Auge, wie ich alles in mich hineinstopfe. Den Kiefer ausrenke wie eine Würgeschlange, die ihre Beute in einem Happen verschluckt. Vielleicht muss man das, womit man nicht umgehen kann, vermeiden. Machen Alkoholiker doch auch. Vielleicht ist heute nicht der Tag. Sicher sollte ich das, was ich in der Therapie bis hierhin gelernt habe, erstmal festigen.

Ich schiebe die geöffnete Packung von mir weg, und die Kerze, die ich für den großen Moment angezündet hatte, flackert. Da echot wieder Frau Bornheims Stimme durch meinen Kopf. Letzten Montag verglich sie die Krankheit mit einem goldenen Käfig. Einem Käfig, in dem ich sicher bin. In dem ich keine großen Sprünge machen kann, aber auch keine Risiken eingehe. Dort ist alles unter Kontrolle.

Diese Kontrolle kann ich nicht abgeben, oder? *Fallen Sie nicht darauf herein*, sagte Frau Bornheim. *Nicht Sie haben Angst, die Kontrolle zu verlieren.*

Ich ziehe die Schokolade wieder zu mir heran. Das abgebrochene Stück trägt jetzt meine Fingerabdrücke auf den flachen Seiten. Ich lege es mir in die Handfläche. Halte es mir unter die Nase und schnuppere. Oh, so gut. Ein Hauch von Süße. Ich atme den Duft ein. Zarte Kakaonoten. Süße Milchcreme. Ich fasse das Stück wieder mit den Fingerspitzen und beiße hinein. Meine Zähne gleiten mühelos durch die weichen Schokoladenschichten. Ich ziehe es in meinen Mund, schmecke, sauge, schlucke. Die Schokolade verteilt sich in meinem Mund. Oh, es ist besser, als ich es mir ausgemalt habe. Tausendmal besser. Ich mache die Augen zu. Es ist so gut. Es ist alles, wonach meine Seele sich in den letzten Jahren gesehnt hat. Ich lecke mir über die Lippen und esse auch den Rest des Stücks.

Die Tür zu meinem Käfig steht jetzt weit auf. Um mich herum glänzt es golden, es blendet mich fast. Wenn ich ehrlich bin, dann hat es mich auch geblendet. Viel zu lang viel zu viel Raum eingenommen. Und so viel Gutes verdrängt. Mein halbes Leben war ich in diesem Käfig gefangen, bis fast nichts mehr von mir übrig war. *Nicht Sie haben Angst, die Kontrolle zu verlieren*, wiederholt Frau Bornheims Stimme in meinem Kopf. *Ihre Ess-Störung hat Angst, die Kontrolle zu verlieren.*

Vor der Käfig-Tür weht ein eisiger Wind. Ich kann nicht genau erkennen, was vor mir liegt. Egal. Ich klettere über die Tür nach draußen.

Kurz notiert

Hartmut Gelhaar

Verzehrst du Schokolade länger,
werden deine Kleider enger!

Sein oder nicht sein?

Hartmut Gelhaar

Wenn der Himmel, Land und Meere
nur aus Schokolade wäre,
gebe es uns alle nicht.
Und auch niemals dies Gedicht.

Für den Weltraum ist dies schade.
Ihm fehlt die Kugel Schokolade.

P.S.
Ein Astrologe mutmaßt dreist,
dass sie im Sternbild Waage kreist!

Katharina hat's satt

Cleo A. Wiertz

Gott sei Dank, abgeschwirrt! Sie nimmt Tee und Schoko-Kekse mit rauf. Ausnahmsweise hat sie den Nachmittag für sich – das kommt nicht oft vor, seit Harro im Ruhestand ist. Katharina arbeitet zuhause. Ihr Büro liegt neben Harros Zimmer ... *Scheiße!* – Oder: *Wieder blockiert – ich wechsle den Server!!* Manchmal stampft er mit dem Fuß auf. Katharina findet das kindisch. *Ihr* Mann! Beruflich hat ihn nie etwas aus der Fassung bringen können. Aber vor der Kiste benimmt er sich wie ein Vierjähriger ... Eigentlich ist er gar nicht schlecht in Informatik, aber er hat keine Geduld.

Katharina seufzt, nimmt einen Schluck Tee und schiebt sich einen Schoko-Keks rein. Seit sie mit Harro zusammen lebt, kommt sie nicht oft zur ruhigen Lektüre. Schwierig, sich zu konzentrieren, wenn nebenan jemand mit der Technik hadert ... Auch seine positiven Stimmungen sind ihrer Arbeit nicht immer zuträglich. Wenn ihn etwas begeistert, will er das auch teilen. *Komm mal!*, ruft er, *Guido hat mir Fotos geschickt!* – Oder er liest ihr die Schlagzeilen aus der Zeitung vor, wenn sie sich gerade mit einem Aufsatz herumplagt. Manchmal könnte sie ihn an die Wand klatschen.

Schlimmer ist es, wenn er etwas nicht findet. Er ist ein ordnungsbewusster Mensch, bloß kommt ihm immer wieder eine neue Idee, wo dieses oder jenes abzulegen wäre ... Harro kann sein Versteckspiel psychoanalytisch erklären. Katharina würde es lieber alltagspraktisch ändern. Nach Harros Meinung weiß Katharina auch nicht zu würdigen, wie viel Mühe er sich mit dem Beschriften gibt. Genau genommen *beschriftet* er nicht, sondern malt kleine Zeichnungen auf den Karton. Katharina behauptet, seine Turbine sehe aus wie ein Hamsterrad. Harro sagt, er habe keine Lust, Aufschriften zu lesen. Sie sagt (ziemlich laut), *sie* habe keine Lust auf Ratespiele. Dann setzt er sein verzweifeltes Gesicht auf, und sie kriegt ein schlechtes Gewissen ... Ihr zuliebe lässt er sich dazu herab, die Kartons zusätzlich zu beschriften – in klitzekleiner Schreibschrift, die sich zwischen dem Fettgedruckten durchschlängelt.

Männer sind zeitraubend, hatte eine Freundin ihr zur Hochzeit geschrieben. Katharina hatte es nicht geglaubt – oder doch allenfalls an den lustvollen Teil der Ehe gedacht. Stundenlange Suchaktionen hatte sie nicht vorgesehen. Sie war auch nicht darauf gefasst gewesen, dass gemeinsames Einkaufen den Zeit- und Nervenaufwand verdoppelt. Sie wundert sich immer noch, wie lange man darüber grübeln kann, ob *Schoko-Kekse* oder *Schoko-Kekse nach Großmutterart* vorzuziehen seien. Sie lesen die kleingedruckte Liste der Inhaltsstoffe. Eine Sorte enthält mehr Fett, die andere mehr Zucker. Katharina sieht sich außerstande, daraus eine Vermutung über das zu erwartende Geschmackserlebnis abzuleiten. Ausnahmsweise einverständlich beschließen sie, beide Sorten zu kaufen und zu vergleichen. Harro reißt noch im Geschäft die Packung auf und beißt in einen Keks, während er dem Zeitschriftenstand zustrebt.

Ach ja. Nichts tut Harro lieber, als in Zeitschriften zu blättern. Katharina spottet manchmal, er müsse wohl das ganze Heft gelesen haben, bevor er sich entschließen könne, es zu kaufen. Harro bildet sich gern erst einen allgemeinen Eindruck. Katharina wäre es lieber, wenn die Kaufentscheidung rascher fiele ... Aber es geht ihm gar nicht ums Kaufen. Er liebt einfach das Schmökern! Modellbau, Vorgeschichte, Astronomie – alles interessiert ihn. Katharina liest gern in der Horizontalen, Harro bevorzugt die Senkrechte – am liebsten in einem engen Laden, wo er den anderen Kunden im Wege stehen kann ...

Sie will aber nicht ungerecht sein. Zu Harros guten Seiten gehört, dass er ein begeisterter Koch ist. Zwar ist auch *sie* eine gute Köchin, aber aus praktischen Gründen spielt sie das lieber herunter. Im Alltag, so haben sie es seit langem vereinbart, ist *er* es, der sich um die Mahlzeiten kümmert. Eine Sorge weniger für sie!

Katharina beißt in den nächsten Schoko-Keks. Krümel rieseln ihr in den Blusenausschnitt. Kein Unterschied zwischen dem Einfach-Keks und der Großmutter-Version ... *Beide nicht schlecht*, denkt sie, aber *ich muss aufpassen, sonst passe ich nicht mehr in meine Klamotten ...*

Auch so ein Thema. Harro geht wahnsinnig gern Klamotten kaufen – Katharina dummerweise nicht. Second-Hand-Läden gehen noch, da hängen Blusen bei Blusen, Hosen bei Hosen, nach Größen geordnet. Aber Kaufhäuser ... Jede Marke hat ihre eigene Abteilung. Sie hasst das. Sie will keine Markenjeans, sondern eine Hose – mit geringstmöglichem Aufwand.

Armer Harro! Er würde so gerne mit ihr von einer Boutique zur anderen schlendern, den Verkäuferinnen seine Vorstellungen von einem *kleinen Schwarzen* erläutern oder Katharina eine ganze Serie von Sexy-Pullovern anprobieren lassen ... Katharina hat hübsche Brüste, und nach Harros Meinung sollte sie die zeigen. Dass der Mensch auch Alltagskleidung braucht, schlicht und im Winter genügend warm, kommt ihm nicht ein. Jede Einkaufstour endet entweder mit einem Krach (wenn Katharina die Nerven durchgehen) oder – falls sie ihren langmütigen Tag hat – mit der Anschaffung eines halbtransparenten Oberteils, das sich in Cannes hervorragend machen würde. Nur gehen sie eben nicht zu den Filmfestspielen, sondern wandern ...

Was Katharina besonders nervt, ist Harros Aufschieberitis. Beim Frühstück besprechen sie gewöhnlich die Pläne für den Tag. *Ich werd' gleich als erstes den Dingsbums anrufen*, sagt er und meint beispielsweise den Fliesenleger, *und dann den Schalter im Bad reparieren.* Toll, denkt Katharina.

Vier Stunden später findet sie Harro in die Zeitung vertieft. *Hast du den Dingsbums angerufen? – Ach, schon zwölf ... Ich mach's dann gleich nach 14 Uh.* Er wendet sich wieder seiner Zeitung zu. *Denkst du an den Schalter?*, fragt Katharina. – *Jaaa doch, Katharina.* Den Blick fest auf *Lokales* gerichtet. Katharina macht Mittagessen.

Danach ein neuer Versuch: *Denkst du dran, den Dingsbums anzurufen? – Jaaaa, Katharina!!*

Abends sehen sie sich wieder. *Hast du den Dingsbums angerufen? –*

Ich wusste doch, dass ich was vergessen hatte, sagt er. Katharina atmet hörbar aus und zieht sich ins Bad zurück. Das Deckenlicht geht an, die Lampe beim Spiegel nicht ...

Katharina seufzt. Der Keksteller ist leer. Glücklicherweise hat sie nicht häufig Fressanfälle. Schokoladiges hat sie schon immer geliebt, aber sie achtet auch auf ihre Linie. Ach, wenn da nicht der Alltagsfrust wäre, nein, der spezielle Harro-Frust! Katharina steht auf und klopft sich auf den Bauch. Puh, wie genudelt! Jetzt eine Runde drehen, sagt sie sich und setzt sich auf ihren Heimtrainer. Kampf dem Speck! Ein Blick in den Kühlschrank hat ihr schon verraten, dass es *Mousse au Chocolat* als Nachspeise geben wird. Da will sie lieber ein bisschen vorarbeiten ...

Als Harro heimkommt, steigt sie grade aus der Dusche. *Es gibt Crevetten!*, ruft er von unten. Er wird Mayonnaise dazu machen – darin ist er Spitze. Apropos Spitze ... Katharina fischt die letzte durchsichtige Neuerwerbung aus dem Schrank. Weiße Hose dazu, hohe Absätze. Als sie runterkommt, ist der Tisch gedeckt. *Wow!*, sagt Harro und schenkt ihr ein. *Cincin.*

Ein Storch zum Verlieben

Irmgard Göthert-Scheibler

Was war denn das? Aufgeregt krabbelte Hanna über das Bett und zum Nachttisch des Vaters. Sie war die jüngste von drei Geschwistern und auch die neugierigste. Und ab und zu schlich sie auf ihrer Entdeckungsreise durchs Haus auch in das Elternschlafzimmer. Da lag doch tatsächlich in einer Schüssel mit allerlei Krimskrams ein kleiner Storch. Sie nahm ihn vorsichtig in ihre Hände und untersuchte ihn sorgfältig. Er war ungefähr zehn Zentimeter groß und federleicht. Vielleicht war seine Haut aus Pappmaché? Er fühlte sich jedenfalls so ähnlich an wie die Laterne, die Hanna letzten Herbst mit ihrer Mutter gebastelt hatte. Eins von den zarten Beinen hing schon schlaff am Körper herunter. Und auch sein Körper war gar nicht mehr strahlend und storchenweiß, sondern grau und abgegriffen. Er war wohl schon alt. Seine Flügel aber konnte man auf und ab bewegen – das war lustig. Unter dem linken Flügel fand Hanna ein Loch. Wozu denn das? Was versteckte sich dort? Sie schnupperte in das Loch hinein und nahm einen seltsam süßen Geruch wahr. Nie zuvor hatte sie etwas ähnliches gerochen. Was hatte der Storch wohl früher unter dem Flügel in seinem Bauch getragen? Die Frage ließ Hanna keine Ruhe. Bei jeder Gelegenheit nahm sie den kleinen Storch aus der Schüssel, schnupperte und schnupperte und dachte sich in ihrer Fantasie die tollsten Geschichten aus. Das Märchen vom Storch kannte Hanna. Vielleicht dufteten so die kleinen Babys, die er brachte?

Eines Tages überraschte der Vater Hanna, als sie wieder einmal den besonderen Duft aus dem Loch unter dem Flügel genoss. „Dieser kleine Storch hatte damals Schokolade für deine Geschwister im Bauch", erklärte ihr der Vater. Hanna schaute ihn fragend an. „Als Überraschung für deine Geschwister, nachdem du geboren warst.

Sozusagen ein Extra-Mitbringsel, um das Glück zu feiern. Wir haben uns alle so sehr gefreut, dass der Storch dich in unsere Familie gebracht hatte!"

Hannas Augen leuchteten. Sie umarmte ihren Vater und gab ihm einen dicken Kuss. Aber das Wort Schokolade hörte sie zum ersten Mal in ihrem Leben. Hanna war in der Nachkriegszeit geboren und kannte Süßigkeiten nur aus Erzählungen. Schokolade. Schokolade. Schokolade. Das Wort zerging schon beim Sprechen auf der Zunge. Das musste etwas ganz Besonderes sein, eine paradiesische Süßigkeit. Hanna würde drei Zuckerbrote dafür eintauschen, um einmal ein Stück Schokolade aus dem Bauch des Storches probieren zu dürfen.

Als ihre Mutter sie ins Bett brachte, bat sie die Mutter, sich doch noch einmal bei dem Storch ein Baby zu wünschen, ein Geschwisterchen für Hanna. Die Mutter schaute Hanna überrascht an und nahm sie nur lachend in den Arm.

Auch in den nächsten Wochen schlich Hanna immer wieder ins Elternschlafzimmer, nahm den Storch in die Hand und inspizierte das Loch unter dem Flügel. Obwohl sie immer vorsichtig war, hatte der Storch durch die vielen Untersuchungen schon ein paar Federn gelassen. Zwar hatte die Mutter an diesem Abend nicht reagiert auf Hannas Geschwisterwunsch, aber man konnte ja nie wissen. Das mit den Babys war ja sowieso eines dieser besonderen Wunder.

Und dann erlebte Hanna ein besonderes Wunder. Eines Nachmittags, als sie wieder einmal den Flügel hob, traute sie ihren Augen nicht. Da lag doch tatsächlich ein kleines braunes Stück im Bauch des Storches. Hanna roch vorsichtig daran und erkannte sofort den bekannten wunderbaren Duft. „Schokolade", jubelte sie. Sie pulte das weiche und etwas klebrige Stückchen aus dem Bauch heraus und steckte es sich sofort in den Mund. Vorsichtig knabberte sie ein wenig daran herum, ließ den bittersüßen Geschmack über die Zunge gleiten. Aber dann spuckte sie den braunen Matsch im hohen Bogen aufs Bett. „Igitt!" Das war nicht der Geschmack, von dem sie geträumt hatte. Tränen liefen über ihre Wangen. Sie zerquetschte den Storch in einer Hand und warf ihn zu Boden.

Das süße Krokodil

Christian Engelken

Es war einmal ein Krokodil,
Das lag im Schatten, dort war's kühl.
Bei Hitze wär's wie Eis zerflossen,
Und so war dieses ausgeschlossen.

Mit einmal kam ein kleines Kind
Und biss ihm – wie die Kinder sind –
Den Kopf ab. Das war für das Croc
Bestimmt ein ziemlich schwerer Schock!

Doch reglos nahm den Biss das Croco –
Denn dies Reptil war ganz aus Schoko!
Es lag als Schokoladentier
Bei Meyerdierks auf dem Klavier.

Sommertage, staubig wie Kakaopulver

Xaver Egert

Thore gähnte und ließ seinen Kugelschreiber klacken. Es war schwül, es war heiß. Thore war müde. Vorne redete die Dozentin; es schien sie nicht zu stören, dass die eine Hälfte nicht zuhörte und die andere Hälfte wahlweise entweder einen Last-Minute-Sommerurlaub buchte, sich eine Bar für den Nachmittag raussuchte oder über die viel zu schlecht formatieren PowerPoint-Folien der Dozentin lachte. Na ja, die gute Frau bekam ihr Geld schließlich so oder so.

Ein weiteres Mal versuchte er, seine Aufmerksamkeit zu bündeln. Bisher waren seine Versuche, sich zu konzentrieren eher erfolglos gewesen. Worüber ging es gerade? Sie erzählte gerade, wie sie einmal auf einer Tagung gewesen war, auf der ein Schokoladenhersteller eine pseudowissenschaftliche Studie präsentiert hatte, laut der Schokolade glücklicher macht, rein biopsychologisch gesehen. Die Dozentin lachte bei der Erinnerung daran. Thore fragte sich, ob er sie vorher schon jemals lachend gesehen hatte. Klar, Schokolade enthält Wirkstoffe, die theoretisch glücklich machen. Wenn sie es durch die Blut-Hirn-Schranke schaffen würden.

Neben ihm ertönte laut der Startsound von Clash-of-Clans, bevor Thores Sitznachbar rot anlief und sein Handy schnell stummstellte, während die Dozentin ihm kurz einen irritierten Blick zuwarf.

Schokolade hätte Thore jetzt auch gerne. Sie würde ihm bei den Temperaturen nur schlichtweg zwischen den Fingern zerlaufen ... Seine Gedanken wanderten. Es war schon faszinierend, wenn er jetzt so darüber nachdachte, hatte Schokolade ihn schon sein ganzes Leben begleitet. Eine Konstante, wie das verdammte Pi im Matheunterricht. Egal was sich in seinem Leben verändert hatte und egal, wie er sich verändert hatte, Schokolade war aus keiner Lebensphase wegzudenken. Ob es wohl so eine Art Wahrsager gab, der die gesamte Persönlichkeit einer Person anhand ihrer Lieblingsschokolade erraten konnte? Er schmunzelte und stellte sich vor, wie er diesem Wahrsager Bitterschokolade als Lieblingssorte nannte und dieser nur den Kopf schüttelte. Da teilten sich einfach die Geister. Der Geschmack einer jeden Person war nun einmal so individuell wie ihre Psyche.

Psyche – verdammt! Er war wieder abgeschweift. Vorne redete die Dozentin inzwischen über die Wirkung von Psychopharmaka in Abhängigkeit von der Blut-Hirn-Schranke. Ein spannendes Thema. Thore verfluchte sich, dass er mal wieder nicht aufgepasst hatte. Er sah sich um – er befand sich nicht in schlechter Gesellschaft. Zwei Reihen vor ihm ploppte gerade eine Buchungsbestätigung für einen Urlaub auf Mallorca auf dem Laptopmonitor eines Kommilitonen auf. Neben ihm verbesserte sein Sitznachbar gerade sein Rathaus auf Level 14.

Thore schaute auf die Uhr. Noch 15 Minuten. Er nahm sich vor, jetzt tatsächlich aufzupassen. Die Blut-Hirn-Schranke hatte die Dozentin jetzt schon hinter sich gelassen. Thore dachte an die Anekdote zurück, die seine Dozentin gerade über Schokolade zum Besten gegeben hatte. Schokolade macht glücklich, wenn man sie isst – warum eigentlich? Mit dieser Frage hatten sich schon erstaunlich viele Leute beschäftigt – nicht nur die Werbedichter der Lebensmittelindustrie. Ein Ansatz war ja, dass Schokolade einfach aufgrund der Kalorien und des Zuckers glücklich machte. Das war irgendwie zu einfach. Thores Lieblingsgedanke dazu war der Ansatz, dass wir immer, wenn wir von Leuten umgeben sind, die wir mögen, und wir etwas feiern, meist fett- und zuckerhaltige Speisen essen – wie Schokolade. Und dass die Erinnerungen an diese Momente in uns wachwerden, wenn wir diese Dinge dann alleine essen. Essbare Erinnerungen – ein schöner Gedanke.

Vorne beendete die Dozentin gerade die Vorlesung. Thore kapitulierte und gestand sich ein, dass er sein Ziel mit der Viertelstunde Aufmerksamkeit nicht gerissen hatte. Sein Sitznachbar fluchte, weil er seinen Angriff vermasselt hatte. Wie schön es doch wäre, den Inhalt der Vorlesung als Erinnerung in Schokoladenform zu konservieren ... Andererseits – wie würde sich wohl eine Schokolade verkaufen, die *Einführung in die Anatomie des Nervensystems* hieß? Und wie würde sie wohl schmecken?

Geschenkt!

Hartmut Gelhaar

Man nimmt sehr viel sowohl als auch
die Schokolade in Gebrauch.

Um mit absichtsreichen Gesten
sich gut zu stellen, bei dem Nächsten.

Der so bedachte kontert schein:
„Das würde doch nicht nötig sein."

Dissonanz wird so vermieden
und beide Seiten sind zufrieden.

Die Schokoladenmaus

Susanne Rackwitz

Süßigkeiten hatten für meinen Bruder und mich denselben Stellenwert, wie der heilige Gral für die Kreuzritter. Sie waren unerreichbar, aber wir waren stets voller Hoffnung, sie zu finden. Ich würde uns als permanent unterzuckert beschreiben.

Wir wuchsen in einem Elternhaus auf, das nicht arm, aber auch nicht reich war. Unsere Eltern gingen beide arbeiten. Wir waren derweil in der Schule und versuchten, mit guten Noten unser recht schmales Taschengeld aufzubessern. Für eine Eins gab es zwanzig Pfennig, für eine Zwei einen Groschen. Mir gelang es etwas besser mit dem Zuverdienst, aber ich hatte es auch nötiger. Schließlich war ich älter als mein Bruder und eher mit dem Erwachsenwerden dran, da passte auch mehr in mich hinein.

Unsere Kohle setzten wir nahezu ausnahmslos in Zuckerwerk um. Ich liebte Traubenzucker in jeglicher Form, mein Bruder liebte Schokolade. Und gemeinsam liebten wir alles, was süß war. Sogar Mutters Kuvertüreklumpen, an dem wir regelmäßig unauffällig herumschnitzten, musste herhalten.

Ja, warum war das so mit den Süßigkeiten? Ich kann es nicht genau sagen. Meine Eltern waren sehr sparsam, damit wir uns wenigstens einen Urlaub im Jahr leisten konnten. Überflüssiges wurde nicht gekauft und offensichtlich fielen Süßigkeiten genau in diese Kategorie.

Ausnahmen wurden natürlich zu Ostern und Weihnachten gemacht, da gab es einen bunten Teller. Auch zum Geburtstag bekamen wir Süßes. Und zwischendurch? Ein Stück Schokolade, wenn eine Klassenarbeit anstand. Weil Schokolade gut fürs Gehirn sei, wie meine Mutter zu sagen pflegte.

Ich will mich nicht beklagen, aber es erklärt vielleicht, warum eines

Tages die Schokoladenmaus zuschlug. Meine Mutter hatte anlässlich eines Jubiläums eine Menge Pralinenkästen geschenkt bekommen. Ungefähr zehn oder zwölf Stück. Die hatte sie fein säuberlich aufeinandergestapelt oben auf dem Kleiderschrank im Elternschlafzimmer platziert. Und da standen sie für lange Zeit.

Nun war es so, dass Schmutzwäsche in einem Korb gesammelt wurde, der direkt neben diesem Schrank stand. Wenn mein Bruder und ich also unsere Sachen in den Wäschekorb trugen, mussten wir unweigerlich an dem Kleiderschrank vorbei. Der Stapel Pralinenkästen zog unsere Blicke magisch an, das konnten wir gar nicht verhindern.

Ich widerstand dem Anblick dieser Herausforderung etwas besser als mein Bruder. Schließlich wuchs mein Taschengeld dank guter Noten zumindest soweit an, dass ich meinen Hunger auf Süßigkeiten regelmäßiger stillen konnte. Mein Bruder war da trotz aller Bemühungen schlechter dran. Hin und wieder zweigte ich von meinen Erwerbungen etwas für ihn ab, aber jeder ist sich selbst der Nächste. Der Spruch galt in Notzeiten immer noch.

Es muss viele Monate nach dem Jubiläum gewesen sein, als meine Mutter in einem Anfall von Großzügigkeit eine der Pralinenschachteln den Wölfen, also meinem Vater und uns Kindern, zum Fraß vorwerfen wollte. Wie sich jedoch herausstellte, waren sämtliche, wirklich sämtliche, Schachteln leer. Nicht eine einzige Praline war mehr vorhanden, obwohl alle Banderolen um die schönen bunten Kästchen unversehrt aussahen. Das hatten wir ja auch täglich durch Blickkontakt überprüft.

Nun hätte man sagen können, wenn eine Praline gefehlt hätte, dies wäre ein Produktionsfehler gewesen. Aber wie die Sache aussah ... Meiner Mutter fehlten die Worte.

Unser Vater stand außer Verdacht, das war schnell klar. Wir beiden Kinder saßen also auf der Anklagebank, wobei ich natürlich genau wusste, wer der Schuldige war. Was mich dabei am meisten empörte, war die Tatsache, dass mein Bruder, dieser geizige Schlawiner, mir nicht mal eine winzige Praline abgegeben hatte. Nein, alles hatte er alleine aufgefuttert und dann auch noch bei mir um mildtätige Zuckerspenden gebettelt. Dieses Aas!

Meine Mutter muss mir die Empörung angesehen haben, so dass ihr Blick sogleich zu meinem Bruder wanderte. Die Gewissheit, dass der kleine Fresssack sich an ihren Pralinen bedient hatte, stand ihr ins Gesicht geschrieben.

Der Tatverdächtige behauptete recht selbstbewusst, dass er es gar nicht gewesen sein könnte. Erstens käme er gar nicht auf den Schrank hinauf und zweitens hätte er erst kürzlich die Schokoladenmaus durchs Schlafzimmer huschen sehen. Die war's!

Allerdings konnte er nicht erklären, wie die Schokoladenmaus die Banderolen wieder so geschickt um die Schachteln drapieren konnte, dass der Frevel so lange Zeit unentdeckt bleiben konnte. Der Fall war klar.

Ich weiß nicht mehr, welche Strafe mein Bruder bekommen hat. Schokoladenentzug war ja nicht möglich, da es die ohnehin selten gab. Und geschlagen wurde bei uns nur in ganz wenigen Fällen. Allerdings führte die Tat dieser übergroßen Schokoladenmaus dazu, dass meine Mildtätigkeit auf ein extrem niedriges Level fiel. Strafe muss sein.

Meine Eltern ließen sich verschiedene Maßnahmen einfallen, damit die Schokoladenmaus nicht wieder zuschlagen konnte. Aber selbst das allerkniffligste Versteck und der Riegel an der Schlafzimmertür verhinderten nicht, dass mein Bruder sich immer wieder Zugang verschaffte. Wenn es dafür eine finanzielle Belohnung gegeben hätte, dann wäre die Schokoladenmaus heute reich!

Der Schokolöwe

Gerald Jatzek

Man kriegt ihn selten zu Gesicht,
der Schokolöwe scheut das Licht.

Doch in der Nacht packt ihn die Gier,
die Küche ist sein Jagdrevier.

Da macht er sich auf seine Tour,
der Schokolade auf der Spur.

Er wittert Nougat und Konfekt,
und sei es noch so gut versteckt.

Ein Biss schafft eine Tafel fort,
ob Milka oder Ritter Sport.

Er schnappt das letzte Tortenstück
und lässt kein Krümelchen zurück.

Am nächsten Morgen klagt man dann
ein armes Kind des Diebstahls an.

Der Schokolöwe aber lacht
und freut sich auf die nächste Nacht.

Zartbitter bis herb

Christina Reinemann

Es gibt Momente im Leben, da muss man sich entscheiden. Gymnasium oder Realschule. Ausbildung oder Studium. Reisen oder Arbeiten. Entscheidungen habe ich schon mein ganzes Leben getroffen. Große und kleine. Und immer ist die erste Entscheidung am Tag die schwerste: Aufstehen oder liegen bleiben. Meine Wahl würde immer auf liegen bleiben fallen, doch mein Chef bezahlt mich leider nur, wenn ich die Wahl *aufstehen* wähle. Im Grunde ist es also eine Entscheidung, die für mich getroffen wird. Wenn es immer so leicht wäre und ich die unschönen Entscheidungen einfach abgeben könnte, wäre mein Leben einfacher. Doch leider kann ich das nicht. Niemand kann es. Und wer es versucht, der wird sicher auch nicht glücklicher. Ich finde ja, Entscheidungen zu treffen ist, wie sich für eine Tafel Schokolade entscheiden, wenn man vor den langen und gut gefüllten Regalen im Supermarkt steht. Die Entscheidung, morgens auszustehen, ist definitiv herb und mit Früchten. Ich mag sie nicht. Weder die Schokolade noch das Aufstehen. Und mal ehrlich, wer möchte schon Früchte in einer Dunklen Schokolade? Es wirkt geradezu gesund und Schokolade sollte alles sein, nur nicht gesund. Sie sollte einem im Mund zergehen und einem ein gutes Gefühl geben. So, wie das liegen bleiben im Bett am Morgen – zumindest am Wochenende.

Wenn ich das Regal im Supermarkt dann weiter entlang gehe, um meinen Favoriten zu finden, fällt mir immer wieder auf, dass einige Sorten deutlich seltener vergriffen sind. Zartbitter Schokolade ist immer in reichlicher Auswahl vorhanden. Vielleicht erinnert sie mich deswegen auch an die Wahl meiner Kleidung, die ich jeden Morgen treffen muss. Die ist auch zartbitter. Zart, weil meine Kleidung alles kleine Größen wären, und bitter, weil ich einfach nicht mehr in die zarten Größen reinpasse. Also zwänge ich jeden Morgen meinen etwas zu dicken Bauch in die zu enge Jeans. Jedes Mal, wenn ich mich setzen muss, erinnert mich die Jeans daran, dass sie zu eng ist. Und will mich zu der Versuchung bringen, mittags lieber Salat zu wählen statt einem schönen Stück Schokomuffin. Aber es gibt Entscheidungen, die muss man im Leben selber treffen – und eine Jeans sollte nie Entscheidungen für einen treffen. Ganz sicher nicht. Wenn ich das zulassen würde, dann könnte ich auch gleich die Zartbitterschokolade im Supermarkt mitnehmen. Die würde sicher auch länger halten und in viel homöopathischeren Mengen verzehrt werden als die weiße Schokolade mit Crisp. Vielleicht treffe ich dann irgendwann – in ferner Zukunft, wenn die Jeans gar nicht mehr zugeht, die Entscheidung, einfach größere Hosen zu kaufen. Ich glaube, die Entscheidung fällt mir deutlich leichter als die für Zartbitterschokolade. Doch zum Glück habe ich bis zu dieser Entscheidung noch ein bisschen Zeit. Aber ja, auch schwere Entscheidungen bleiben eben nicht aus, man kann sie wegschieben oder verdrängen, sich versuchen davor zu drücken, doch irgendwann sind sie unausweichlich und können nicht mehr aufgeschoben werden.

Im Supermarkt schiebe ich die luftig leichte Schokolade mit Milchfüllung beiseite. Auch wenn sie immer eine gute Alternative ist, heute möchte ich eine Tafel meiner Lieblingsschokolade. Denn heute mussten schon unschöne Entscheidungen getroffen werden, abseits der Jeans-Frage. Und die Schokolade mit Milchfüllung erinnert mich immer an die Werbung, in der es um die Vereinigung von Milch und Schokolade geht. *Liebe pur*, verspricht die Werbung. Wenn ich die Milch wäre, muss ich also nur jemanden finden, der die Schokolade ist. Bei der Arbeit hatten wir einen netten Auszubildenden, er kam aus Indien. Er hatte eine fast schokoladige Haut. Und so, wie es mir schwerfällt, mich für die Schokolade mit Milchfüllung zu entscheiden, so fiel es mir auch schwer, ihn anzusprechen. Ich wartete und wartete, schob die Entscheidung immer wieder beiseite. Bis heute. Heute wollte ich es wagen. Doch heute war er nicht mehr da. Abschlussfeier in der Schule und morgen fliegt er nach Indien zurück. Ob er jemals wieder kommt? Ob ich mich jemals wieder für Schokolade mit Milch-füllung entscheiden kann? Oder ob es mich immer wieder zu Tränen rührt, weil ich die Entscheidung so lange aufgeschoben habe? Trotzig greife ich zu der Schokolade mit Milchfüllung. Ich nehme die mit! Und ich nehme auch meine Lieblingsschokolade mit. Entscheidung getroffen. Und irgendwas Gutes muss ich mir am heutigen Tag ja noch gönnen.

Als ich mit vier Tafeln Schokolade im Gepäck – als Alibi habe ich auch noch zwei Bananen und einen Apfel gekauft – zu meiner Wohnung laufe, ist es schon dunkel. In meiner Tasche krame ich nach meinem Schlüssel und schiebe dabei die Schokoladentafeln zur Seite, als ich selber von der Seite angestoßen werde. Kein anrempeln, eher ein freundliches antippen. Ich umklammere die Schokolade in meiner Tasche, sie soll mir Kraft geben und schaue auf. Und da steht er, meine Schokolade. Mir stockt der Atem. Er lächelt mich an und erst da fällt mir auf, dass einige seiner Klassenkameraden in der Kneipe um die Ecke feiern. Unbewusst, weil ich ihn zum Abschied zumindest einmal in den Arm nehmen möchte, ziehe ich meine Hand aus der Tasche. Die Schokolade halte ich noch immer fest umklammert.

Er lächelt, schaut auf die Schokolade und sagt: *Wie du und ich.*

Ich muss lächeln und lade ihn – auch wenn ich weiß, dass er morgen fliegt – auf einen Kaffee ein.

Er lächelt, nickt und verspricht, ganz bald wieder nach Deutschland zu kommen. Dann nimmt er mir die Schokolade aus der Hand, schreibt seine private Handynummer darauf und gibt sie mir zurück.

Neben seiner Nummer erkenne ich ein kleines Herz. Dann dreht er sich um und geht. Zurück bleibe ich, mit einer Tafel Schokolade in der Hand und der Frage: sollte ich mich vielleicht doch öfter mal für eine Alternative entscheiden?

Ein Sommer der Erkenntnis

Ada Storm

Das Ende dieses Sommers war voller Schwermut. Schwerfällig folgte ich an Krücken laufend meiner Mutter durch die Fußgängerzone zum Softeisstand, einer meiner liebsten Plätze in der Stadt. Er lag in einer der Nebengassen, die von der Haupteinkaufsstraße abzweigten, und ein kleines weißes Fähnchen mit dem Aufdruck EIS wies die vorbeieilenden Menschen darauf hin. Nur hier bekam man ein Softeis und nur hier mit Schokoladenüberzug. Und Crêpe. Deshalb kamen die meisten hierher. Ich kam wegen des Eises im Schokomantel. Die dunkle, erhitzte Schokolade war wie eine flüssige Verheißung und ich liebte es, der Eisverkäuferin zuzusehen, wie sie das Softeis geschickt hineintauchte und wieder herauszog. In Sekundenschnelle war das süße, weiche Eis ummantelt mit einem dunkelbraunen Überzug, der knackte, wenn man hineinbiss. Ich liebte diese Momente, sie waren Minuten voller Glückseligkeit, gepaart mit der Eile, alles schnell genug in meinen Magen zu befördern, ohne dass es schmolz und mein T-Shirt mit Flecken verzierte.

Doch heute viel mir die Vorfreude schwer, denn der Sommer war alles andere als gut für mich verlaufen und das Eis nur ein schwacher Trost. Vorsichtig, immer darauf bedacht mein linkes Bein nur bis zum erlaubten Maß zu belasten, ging ich zu einer Bank in der Nähe und setzte mich, während meine Mutter das Eis holte. Der Duft des Crêpe erfüllte die sommerliche Hitze, die sich durch die Straßen drängte. Ich ließ meinen Blick in Richtung des Hauptstroms der Passanten wandern, beobachtete flanierende Pärchen, umhereilende Mütter mit ihren Kindern, Frauen, die mehrere Einkaufstaschen mit sich trugen. Und dann sah ich ihn. Seit meinem Krankenhausaufenthalt am Ende des Frühjahrs hatte mich eine diffuse Ahnung begleitet, doch jetzt erhielt ich die Gewissheit, dass ich nicht nur einen Sommer wegen eines gerissenen Kreuzbandes verpasst hatte, sondern auch einen Menschen, den ich über alles liebte, an eine andere verloren hatte. Sie ging neben ihm, ihre Hand in seiner, als wäre es das normalste der Welt. Für mich brach jedoch meine Welt zusammen. Er hatte es mir nicht einmal gesagt, sich nur mit Schweigen und vagen Ausreden immer weiter von mir entfernt, während ich auf dem Balkon meiner Eltern die Sommertage an mir vorüberziehen lassen musste.

Meine Mutter reichte mir das Eis, nicht bemerkend, welch herzzerbrechende Entdeckung da gerade an mir vorbeigezogen war. Stumm betrachtete ich das Eis in meiner Hand. Die Schokolade, die in der Sonne glänzte und den kleinen mintgrünen Ring aus Softeis, der zwischen Waffel und Schokomantel hervorquoll. Das Eis, auf das ich mich so gefreut hatte, verstärkte nun die Kälte in meinem Inneren und vermochte den Schmerz nicht zu betäuben, der mich nun in Sekundenschnelle ummantelt hatte. Ein Mantel, den ich nicht so leicht aufbrechen und entfernen und dabei noch genießen konnte, wie den geliebten Schokoladenüberzug meines Eises. Waldmeister-geschmack. Das Beste in der ganzen Stadt. Meine Wahl, immer wieder. Ein kleiner Ball aus Zorn formte sich in meinem Magen, dass mir ein lieb gewonnenes Ritual zerstört wurde durch einen zufälligen Moment. Es würde schwer werden, sich dieses wieder zurückzu-holen. Es würde schwer werden, den Glauben an die Liebe wieder zu finden. In kleinen Rinnsalen lief das Softeis über die Waffel und über meine Hände, tropfte auf mein T-Shirt und meine Hose. Erschrocken widmete ich mich dem zerfallenden Eis, der schmelzenden Schokolade, biss und schluckte, leckte, während sich meine Tränen des Schmerzes mit der Süße von Waldmeister und dunkler Schokolade vermischten.

Viele Jahre sind seitdem vergangen, den Eisstand in der Fußgänger-zone gibt es nicht mehr, die Verkäuferin ist bereits gestorben, doch ich war in jedem weiteren Sommer nach diesem Ereignis dort und kaufte mein Eis in Schokolade getunkt, bis der Stand schloss. Noch heute liebe ich das Gefühl, in eine knackige Schokohülle zu beißen, egal ob bei Pralinen, Erfrischungsstäbchen oder Eis. Doch es muss dunkle Schokolade sein, ein Hauch von Bitterkeit im süßen Schmelz eingewebt. Die Liebe habe ich nach diesem Ereignis schneller wieder gefunden, als ich dachte, und mein Knie ist lange verheilt. Viele wunderbare Sommer durfte ich seitdem genießen, doch dieser Sommer wird immer in meiner Erinnerung bleiben, verbunden mit dem süßen Schmerz von Liebe und Schokolade.

Unsere kleine süße Maus

Petra Pohlmann

Biene, unsere kleine süße Maus,
streckt gern die Finger nach Schokolade aus.
Zum Frühstück muss es Nutella sein,
bei Marmelad' und Honig sagt sie *nein*.

Vor dem Mittagessen fängt sie dann
plötzlich mit dem Jammern an.
„Schokolade will ich. Oh, Mama,
hast du ganz viel davon da?"

„Nein, mein Kind, gleich gibt's Fisch und Gemüs',
dazu rötliche Kartoffeln, die sind süß.
Nur, wer gut gegessen hat,
bekommt einen Pudding aus Schokolad'."

Das lässt Bienchen sich nicht zweimal sagen
und schaufelt sich ihr Essen in den Magen.
Abgerundet mit dem Pudding zum Schluss,
sieht ihr Mund aus wie ein Schokokuss.

Am Nachmittag geht sie mit der Mama
in den Supermarkt, das ist doch klar.
„Guten Tag", grüßt sie dort Frau Jorgen,
„auch schnell noch ein paar Dinge besorgen?"

Die Nachbarin ist redselig und wirklich nett,
verstrickt Bienes Mutter in ein Gesprächsduett.
Doch plötzlich bemerkt die Mama,
ihr Bienchen ist gar nicht mehr da.

Wo mag sie nur sein, die kleine Maus?
Die Mutter bricht fast in Panik aus.
Sie rast mit dem Einkaufswagen durch die Gänge,
da sieht sie ihre Tochter abrupt im Gedränge.

Vor dem Schokoladenregal sitzt die kleine Biene-Maus
und packt in aller Ruhe 'ne zweite Schokolade aus.
Die Tafel in beiden Händen, sie beißt genüsslich ab,
da fallen Schoko-Brösel auf ihr rosa Kleidchen herab.

„Oh, Biene, du süße kleine Schoko-Maus,
da bist du ja und wie siehst du nur aus?"
Von oben bis unten mit Schokolade beschmiert,
weilt Bienchen dort völlig ungerührt.

Nun hat sie endlich ihre Schokolade bekommen,
da wird sie ihr gleich wieder weggenommen.
Mit Taschentüchern wischt die Mama,
Bienchens Gesicht und Händchen gar.

Doch plötzlich wird's Bienchen kreidebleich,
„Mir ist übel, Mama, muss ich brechen gleich?"
Das kommt davon, wenn man sich übersatt
an dem braunen Gold gegessen hat.

„Komm' Biene, nach draußen, atme aus und ein
dann wird es dir bald besser sein."
Ja, so ist Biene, unsre kleine süße Maus,
streckt gern die Finger nach Schokolade aus.

Hot Chocolate

Margot Lamers-Zigan

Hot Chocolate sorgten in den Siebzigern und Achtzigern in den Diskotheken für weiche Knie. Während die britische Soul- und Funk-Band den Zenit ihrer Karriere längst überschritten hat, wird das gleichnamige Genussmittel immer ein Hit sein und jährlich gefeiert. Von fest nach flüssig wechseln die Aggregatzustände, wenn ich hinterbliebene weihnachtliche und österliche Veteranen entkleide und in einem Bad von heißer Eselsmilch schmelze. Hm ... lieber Kuh. Das Mischverhältnis lautet im Optimalfall *Geschmolzene Schokolade an Milch*, keinesfalls umgekehrt! Idealer, was ja im engeren Wortsinn ein Ding der Unmöglichkeit ist: *Captain Morgan* gibt einen ordentlichen Schuss Rum dazu. Früher nannte man dieses Sexy Thing *Lumumba*, politisch korrekter ist die dänische *Tote Tante*, mit der offenbar niemand ein Problem hat. Arme Frau.

Politisch korrekte Schokolade ist in der Regel teurer, und das ist fair. Welchen Preis ich im Ernstfall zu zahlen bereit wäre, mag ich mir gar nicht vorstellen. So wie andere Menschen Auto fahren, rauchen oder die Heizung einschalten, benötige ich das Kakaoprodukt zum Überleben. Um das klarzustellen: Es war stets die erhitzte Variante, die mich verführte und jeder Willenskraft beraubte. Heiß musste die Schoki sein. Kalte Schnauze lässt mich kalt. Strahlende Kinderaugen beobachteten mütterliche Hände, die frisch gebackene Plätzchen mit flüssiger Schokolade bestrichen und die Sachertorte mit dem edlen Guss überzogen. Heiß ersehnt der Moment, wenn der Topf beiseitegestellt wurde und sich kleine Küchengehilfen über die Reste hermachen durften. Später klammerten sich winters kalte Finger um heiße Becher, der Inhalt: In Milch gelöste Schokolade. Gesüßtes Kakaopulver kann da nicht mithalten. Es ist kein Zufall, dass sich das dunkle Gold in zum Kauf animierenden Werbespots regelmäßig über die angepriesene Süßspeise ergießt und Dessertteller verschönert. Der dekorative Anblick lässt das Wasser im Mund zusammenfließen.

Schokoladenbraun ist meine Lieblingsfarbe und macht diese Couleur, im Gegensatz zu anderen Assoziationen mit dieser Färbung, gesellschaftsfähig. Mittlerweile kommt die schokoladige Leckerei eh in allen Farben des Regenbogens daher. Natürlicherweise in (fast) schwarz, braun, weiß und rosa, alles andere ist Hexenwerk der Lebensmittelindustrie.

Auch ist es kein Gerücht, dass das Produkt aus Kakaomasse, Kakaobutter, Zucker, Milchpulver, Gewürzen und Aromen, glücklich macht. Woran das liegt, ist wissenschaftlich umstritten. Erforscht wurden in diesem Zusammenhang unterschiedliche Inhaltsstoffe: Theobromin macht wach. Das erklärt den Shot im Cappuccino, Scho-ka-kola und Pocket Coffee. Phenethylamin fördert die Lust, das Antidepressivum Tryptophan zaubert Traurige fröhlich und für das Cannabinoid Anandamid spricht die Übersetzung aus dem Sanskrit für sich: Ananda bedeutet Freude oder reines Glück.

Die Forscher zweifeln jedoch die Wirksamkeit der marginalen Dosen an. Ungläubige! I believe in miracles (you sexy thing).

Fast zu gut um wahr zu sein: Schoki ist gut gegen Falten! Und beugt Karies vor. Wenn man den Zucker weglässt. Kein guter Plan. Schokolade ist in doppeltem Wortsinn gut für's Herz – und für die Wundheilung. Wer am Valentinstag zur Pralinenschachtel greift, macht grundsätzlich keinen Fehler. In meinem Fall bitte beachten: Manche mögen's heiß.

Glückseligkeit mit Schokoaroma

Monika Albrecht

Wir waren eine ganze Schar von Kindern, die sich regelmäßig im Quartier zum Spielen traf. Unser Spielparadies waren Hinterhöfe mit Gärten und Seitenstraßen, wo wir uns für Stunden mit Verstecken, Räuber und Poli oder mit dem Fußball vergnügten.

Nach dem Fußballspiel war ich jeweils die Letzte, die nach Hause ging. Ich blieb immer gerne noch ein Weilchen auf der Laderampe einer Firma sitzen und ließ die Beine baumeln. Einfach nichts tun ...

Eines Tages war ER plötzlich da! Ein mir nicht bekannter Junge mit den schönsten blauen Augen, die ich je gesehen hatte. Natürlich wollte ich sofort wissen, wie er heißt.

„Christian."

„Und, wo gehst du zur Schule?", fragte ich weiter.

„Im Moment gar nicht, meine Eltern schicken mich so nicht in die Schule", sagte er und hob erklärend seine Hände.

Erst jetzt bemerkte ich die Verbände. Er schien an einer Hauterkrankung zu leiden, denn sowohl an den Ellenbogen als auch im Gesicht hatte er Verschorfungen.

„Oh, entschuldige ...".

„Schon gut", meinte er und winkte ab.

Unser Kennenlerngespräch begann langsam zu versiegen und so nestelte ich aus der Schürzentasche meinen kostbarsten Besitz: ein Cailler Branche Schoggistängeli, gekauft mit dem Geld, das ich für kleine Botengänge von den Nachbarn erhalten hatte. „Magst du?", fragte ich und zeigte ihm meinen Schatz.

Er strahlte über das ganze Gesicht und nickte.

Von diesem Nachmittag an trafen wir uns regelmäßig, aber immer erst, wenn die anderen nach Hause gegangen waren. In stiller Glückseligkeit saßen wir nebeneinander auf der Laderampe, ließen unsere Beine baumeln und genossen es, wie die Schokolade langsam und zart schmelzend im Mund zerging. Bis, tja, bis zu dem Nachmittag als er nicht mehr kam. Auch an den folgenden Nachmittagen tauchte er nicht mehr auf. Ich versuchte über meine Spielkameraden und -kameradinnen herauszufinden, was passiert war. Wo war er? Die einen kannten ihn gar nicht, die anderen meinten, er sei mit den Eltern schon wieder weggezogen. Ich blieb traurig zurück mit dem Gefühl, meinen besten Freund verloren zu haben.

Wo Christian abgeblieben ist, weiß ich nicht. Aber jedes Mal, wenn ich ein Cailler Branche Schoggistängeli aus der Verpackung schäle und es Stück für Stück im Mund zergehen lasse, ist die Erinnerung an diese Begegnung wieder da und ich sitze wie damals zusammen mit ihm auf der Laderampe ...

Königin der Köstlichkeiten

Jennifer Dilfer

Süßes zartes Wunder von Genuss,
aromatisch, schmelzend und weich.
Ist sowohl Freude als auch Verdruss,
Wonne und Schicksal zugleich.

Sie kommt in allen Formen, allen Nuancen,
Von herb, bitter, süß und nussig.
Lässt unsere Sinne erquicklich tanzen
Ist meinem Gaumen niemals überdrüssig.

Doch die Königin der Köstlichkeiten,
so möcht liebevoll ich sie bezeichnen.
Hält auch manch Wehmut uns bereit,
wenn zusätzlich Pfunde sich an den Hüften zeigen.

Schokoladenträume

Michael Sebörk

O wie süß
es schmeckt

Und meine
Sinne weckt

Wie es langsam
auf der Zunge zergeht

Und mir
den Kopf verdreht

O wie zart
So unglaublich fein

Verführerisch
der Genuss allein

Das kann nur
die Schokolade sein.

Limitless Sky

Kerstin Rädle

Mit zitternden Händen drückte Emily die Türklinke hinunter. Die kleine Chocolaterie war ihr schon vor Tagen ins Auge gesprungen. Das liebevoll in rosa und weiß dekorierte Schaufenster, in dem zahlreiche Schokoladenkreationen auf Etagères ausgestellt waren, hatte sie vom ersten Moment begeistert. Noch nie hatte sie so viele unterschiedliche Pralinen mit so ungewöhnlichen Namen gesehen. *Limitless Sky* hatte es ihr besonders angetan, die Praline war hellblau und hatte eine Sonne aus Zuckerguss und einen Regenbogen in der Glasur.

Bereits beim Eintreten wurde sie von einer intensiven Schokoladen-Duftwolke förmlich verschlungen. Sie atmete tief ein, als wolle sie den Geruch in ihrem Inneren konservieren. *So muss es im Himmel riechen*, dachte sie. Neugierig spazierte sie im Laden umher, begutachtete die Pralinen in der Theke wie auch die bunt verpackten Schokoladen-tafeln im Regal, als sie auf einmal eine liebliche Stimme vernahm.

„Möchten Sie kosten?" Die Dame hielt ihr eine rosafarbene Praline mit einer Zange entgegen. „Das sind unsere Sommerkreationen, sie schmecken nach Zitrone mit einem Hauch Vanille." Dabei lächelte sie Emily mit ihren grasgrünen Augen an, als würde sie direkt in ihre Seele blicken.

„Ja, äh gerne", stotterte Emily. „Haben Sie das alles selbst ge-macht?" Sie zeigte auf die Auslage in der Theke und die Tafeln in den Regalen.

„Natürlich, die sind alle nach einem alten Familienrezept entstanden. Ich habe den Laden von meinen Eltern geerbt. Wollen Sie nun?" Sie hielt ihr die Praline direkt unter die Nase.

Emily atmete das Aroma ein, griff nach der Süßigkeit und ließ sie auf der Zunge zergehen. Nach einigen Sekunden fand sie ihre Sprache wieder „Köstlich! Ich bin schon ein paar Mal vorbeigelaufen und heute, ja heute hatte ich endlich den Mut, reinzukommen." Nach einer kurzen Pause fügte sie hinzu: „Aber eigentlich suche ich gar keine Süßigkeiten für mich, ich brauche ein Geschenk."

„Haben Sie an etwas Bestimmtes gedacht?"

„Eine von Ihren ungewöhnlichsten Kreationen, irgendwas Buntes, gerne auch mit würzigem Abgang", antwortete Emily und kam aus dem Staunen nicht mehr heraus. „Wie kommen Sie denn auf all die Namen? *Rainbow, Sugar Drop, Spicy Experience?"*

Der Blick der Dame wurde auf einmal ernster, ihre Nasenflügel begannen zu beben. „Hinter jedem Namen und jeder Rezeptur steckt eine tiefe Bedeutung. Wir haben eine ganze Enzyklopädie mit Rezepten", sagte sie in belehrendem Ton. „Aber das alles zu erklären würde den Rahmen sprengen." Dann wechselte ihre Mimik sprunghaft in ein übertriebenes Frohlocken.

Emily wunderte sich über die seltsame Erscheinung. Sie hatte Ähnlichkeit mit einer Fee aus einem Märchen, langes hellblaues Kleid mit spitzer Kapuze. Nur der Zauberstab fehlte. „Ich nehme die hier, die sehen so schön sommerlich aus", sagte Emily und griff nach der Schachtel mit dem hellblauen Konfekt. Sie kramte nach ihrem Portemonnaie und zahlte.

„Die schenke ich Ihnen", sagte die mysteriöse Figur, als Emily die Pralinen in ihre Tasche steckte. „Aber seien Sie sparsam im Gebrauch, sie hat magische Kräfte."

Emily stutze und sah die Dame mit großen Augen an. „Was heißt denn, magische Kräfte?" Sie drehte die silbern verpackte Tafel in ihren Händen hin und her und inspizierte sie wie ein Werkzeug, von dem sie keine Ahnung hatte, wie sie es benutzen sollte.

„Wann immer Sie ein scheinbar unlösbares Problem haben oder vor einer großen Herausforderung stehen, ein Stückchen dieser Schokolade wird ihnen die nötige Kraft verleihen, die Aufgabe mit Leichtigkeit zu meistern. Aber dosieren Sie mit Bedacht, ein Zuviel kann genau das Gegenteil bewirken." Sie unterstrich die Warnung mit erhobenem Zeigefinger.

Stirnrunzelnd steckte Emily die Tafel ein. Ihr fehlten die Worte, noch nie hatte ihr irgendjemand einfach etwas geschenkt. Schon gar nicht mit magischen Kräften. „Vielen Dank, was bin ich Ihnen schuldig?"

„Nichts, Kindchen", sagte die Dame und legte ihre Hand auf Emilys Schulter. „Ich sehe doch, Sie können ein bisschen Magie im Leben brauchen. Nur besondere Menschen bekommen diese Art der Unterstützung von mir. Bei Ihnen bin ich mir sicher, die Tafel in genau die richtigen Hände gegeben zu haben."

Emily spürte, wie eine warme Welle durch ihren Körper glitt. Angefangen von der linken Schulter breitete sich das Gefühl in Windeseile im ganzen Leib aus und verwandelte sich anschließend in ein sanftes Kribbeln. Irritiert drehte sie sich um, öffnete die Ladentür und ging mit schnellen Schritten nach Hause. Noch lange dachte sie über die ungewöhnliche Begegnung nach.

In der Nacht machte Emily vor lauter Nervosität kein Auge zu. Ihr graute vor dem nächsten Tag, denn sie musste mit ihrem Vorgesetzten Alex vor der Geschäftsleitung einen Vortrag halten. Sie wusste, Alex würde sie wieder vor versammelter Mannschaft bloßstellen und sich auf ihre Kosten profilieren. Das war wohl der Vorteil am Chef sein. Man ließ die anderen für sich arbeiten und sahnte die Lorbeeren ab.

Als Emily am nächsten Morgen wach wurde, erinnerte sie sich an die Worte der Dame aus der Chocolaterie. Beim Verlassen der Wohnung steckte sie die Tafel in ihre Jacke. Die Autofahrt ins Büro erschien endlos, vor lauter Aufregung nahm sie einem Fahrzeug die Vorfahrt und erntete dafür ein Hupkonzert. Als sie mit zehnminütiger Verspätung ankam, wartete Alex schon vor der Tür und empfing sie statt mit einem *Guten Morgen* mit einem *Na endlich*. Mit ihrer linken Hand packte Emily die Schokolade in ihrer Jackentasche unauffällig aus. Sie brach sein Stück ab und steckte es blitzschnell in den Mund. Alex reagierte auf ihre ruckartige Bewegung mit einem Kopfschütteln und der Frage, ob sie etwa krank sei.

In ihrer Kehle prickelte es, als hätte sie eine Tüte Brausepulver auf einmal verschluckt. Hitze stieg in ihr auf, ihre Wangen glühten. Sie riss sich zusammen, würgte die Masse hinunter und spülte mit einem

Schluck Wasser nach. Dann gab sie Alex ein Zeichen, dass sie bereit war und es losgehen konnte. Wie durch ein Wunder war Emilys Nervosität verflogen und sie fühlte sie wie ein einem Film, in dem sie zur Abwechslung mal die Hauptrolle spielte. Sie führte selbstsicher durch die Präsentation, beantwortete Fragen mit einem Lächeln und überzeugte die Anwesenden durch ihre schlagfertige intelligente Ausdrucksweise. Alex hingegen kam aus dem Stottern nicht heraus, jeder Satz war für die Zuhörer eine Quälerei und er verlor permanent den Faden. Nach vierzig Minuten erntete Emily Applaus und bejahendes Nicken, Alex stand daneben wie eine blasse Nebenfigur. Emily verließ den Raum mit einem Strahlen, schon lange hatte sie sich nicht mehr so gut gefühlt. Sie spürte eine unbändige Lebendigkeit und Power und beschloss, in der Mittagspause im Stadtpark spazieren zu gehen.

Als sie wiederkam, stand Alex mit hochrotem Kopf am offenen Fenster. Er schäumte aus dem Mund wie ein tollwütiges Tier und rang nach Luft. Als Emily genauer hinsah, bemerkte sie Schokoladenkrümel auf der Tischplatte und eine silberne Kugel. Eine Welle der Panik ergriff sie, ihr Herz klopfte wie wild und sie fasste mit aufgerissenen Augen in ihre Jacke, die sie über dem Bürostuhl hatte hängen lassen. Zu ihrem Entsetzen war die Jackentasche leer.

Die Erbschaft

André Hénocque

„Guten Morgen, liebe Tante! Heute ist ein herrlicher Tag, die Sonne scheint und es wird erst heute Nacht regnen. Hier ist dein Frühstück, so wie du es magst: zwei Eier, getoastetes Weißbrot, Butter, Marillenmarmelade, Kaffee mit viel Milch, ein Joghurt ..."

„Mein Gott! Anneliese! Kannst du nicht ein Mal still sein, bis ich gefrühstückt habe? Du verleidest mir die ersten Minuten des Tages. Morgen früh wirst du schweigend die Vorhänge aufziehen, schweigend das Tablett auf den Beistelltisch absetzen, schweigend die erste Tasse Kaffee einschenken und schweigend das Zimmer verlassen!"

Gegen diese Ermahnung gab es keine Möglichkeit zur Erwiderung. Anneliese stellte das Tablett hart auf den Tisch und verschwand mit beleidigter Miene, ohne weiteren Kommentar.

Die alte Dame schwang ihre Beine aus dem Bett und begann mit der Morgengymnastik. Sie war noch sehr fit in den Sechzigern und herrschte uneingeschränkt über ein Herrenhaus, das einem Jagdschloss ähnelte, mit Parkanlage im besten Viertel der Stadt. Das weitläufige Gebäude bestand aus Erdgeschoss und erstem Stock, wobei nur der untere Teil des Hauses bewohnt wurde.

Mit ihr im Haus wohnte neben der All-Round-Kraft Marlene – gleichzeitig Köchin, Putzfrau, Wirtschafterin und Freundin – noch ihre Nichte Anneliese mit ihrem Mann Peter, in den Augen der Tante ein notorischer Faulpelz und, wie sie vermutete, ein Fremdgänger. Sie hatte mehrere Male versucht ihrer Nichte einige Hinweise zu geben, doch hatte Anneliese die versteckten Anspielungen nicht verstanden. Sie vertraute ihrem Peter und verteidigte ihn jedes Mal, wenn er beruflich scheiterte. Im ehemaligen Gesindehaus, neben dem Eingangstor, wohnten noch zwei weitere Personen: der ehemalige

Chauffeur gemeinsam mit seiner Enkelin Sabine, genannt Saby, eine junge Malerin und Objektkünstlerin, die Frau Hildegard Meyer unter ihre Fittiche genommen hatte, und deren Arbeiten sie sehr schätzte. Die Erbin der Meyer-Werke war auch die Einzige, die ihr die Werke abnahm. Alle, ohne Ausnahme. Dafür war das Obergeschoss vorgesehen, in dem die Produktion von Saby verschwand, bevor jemand anderes als Tante und Künstlerin sie hätten betrachten können.

Ab und zu kamen Werke fremder Künstler dazu, die ebenfalls hermetisch verpackt angeliefert wurden. Der erste Stock hieß deshalb allgemein *Das Museum*. Zutritt war allen verwehrt. Bei einem Neuzugang schloss sich Frau Meyer ein. Man konnte noch Arbeitsgeräusche wahrnehmen, dann verließ sie die Räume, die sorgsam verschlossen wurden. Natürlich waren sich die Verwandten darüber einig, dass dies alles reine Verschwendung und nur mit beginnender Altersschwäche zu erklären war. Eine Diskussion mit der Tante wagte jedoch niemand, da sie als besonders beratungsresistent galt. Bei einem zu aufdringlichen Widerspruch hätte es auch leicht passieren können, dass die kritisierende Person schmerzhafte Konsequenzen hätte befürchten müssen, da heißt, sie wäre aus dem Testament gestrichen worden.

Ja, dieses Testament. Niemand außer dem langjährig tätigen Notar kannte den Inhalt, wenn auch Frau Meyer manchmal durchblicken ließ, dass das Erbe einigen Umfang besaß. Ihr Lieblingssatz in dieser Angelegenheit war: *Wenn ich tot bin werdet ihr euch noch die Finger danach lecken!* Insgeheim träumten Anneliese und ihr Gatte davon, eines Tages wie Dagobert Duck im Geld zu schwimmen.

Der Tag des Geburtstages von Tante Hildegard nahte. Es sollte eine große Feier werden. Eine Cateringfirma war engagiert worden, Pavillons waren aufgebaut, ein Podest für die Kapelle errichtet, Lampions schaukelten zwischen den Bäumen, selbst das Wetter hätte nicht besser sein können. Besucher aus allen Teilen der Republik und sogar aus dem Ausland wurden erwartet. Zur allgemeinen Überraschung hatte sie angekündigt, dass an diesem Tag das Museum zugänglich wäre und die Grundzüge des Testaments bekanntgeben würden. Im Garten tummelten sich weit über 100 Gäste, die mit Hildegard Meyer weitläufig verwandt oder zumindest so gut bekannt waren, dass sie in dem Testament berücksichtigt werden konnten. Anneliese und ihr Mann wichen Hildegard nicht von der Seite und lasen ihr jeden Wunsch von den Augen ab. Saby und einige noch unbekannte Künstler führten Gespräche über moderne Kunst und ihre Auswirkungen auf das Weltklima. Kinder hatten die Hüpfburg besetzt und liefen mit geschminkten Gesichtern im Park herum.

Pünktlich um 17.00 Uhr stand der Notar von seinem Platz auf, bat um Ruhe, die fast augenblicklich eintrat und begann: „Als Testamentsvollstrecker des letzten Willens von Frau Hildegard Adelgunde Meyer, geborene Bargelle, möchte ich hiermit den folgenden Akt verlesen. Erstellt am ..."

„Mein Gott! Geht das nicht schneller?", raunte Annelieses Ehemann.

„Das Anwesen mit Park und Gesindehaus bekommt die Gemeinde, die daraus eine Stätte der Erholung für die Bevölkerung einrichten wird."

„Wieso? Warum?" Anneliese war völlig perplex, hatte sie doch fest damit gerechnet dieses Sahnestück zu bekommen.

„Es bleibt bestimmt genug übrig. Warte ab", flüsterte ihr Gatte.

„Die Konten bei den Banken fallen nicht in die Erbmasse", fuhr der Notar fort. „Die Beträge aus der Veräußerung der Geschäftsanteile an der Meyer KG werden von Frau Meyer zu ihrem persönlichen Gebrauch benötigt. Zunächst tritt sie eine längere Reise an, die sie in den nächsten Monaten in Anspruch nehmen wird."

„Das ist doch unerhört! In ihrem Alter noch Kreuzfahrt oder Weltreise. Da bleibt ja fast nichts für uns!"

Allein die Künstlerriege war begeistert: „Ein Hoch auf die Alte! Superidee! Gute Fahrt, Ahoi! Viel Glück!"

Als sich die Aufregung etwas gelegt hatte setzte sich der Notar und nickte der Tante zu.

„Liebe Freunde! Liebe Verwandte! Als Gregor, mein verstorbener Mann, seine Firma gründete, besaß er außer seinen Ideen und seinem Fleiß gerade so viel, dass er davon leben konnte. Als wir heirateten, bezogen wir eine kleine Wohnung im fünften Stock eines Mietshauses. Erst nach und nach wuchs das Unternehmen bis zur Größe von 525 Beschäftigten. Als Gregor viel zu früh starb, nahm er mir das Versprechen ab, mein Leben zu genießen und mir alles zu gönnen, was wir hätten gemeinsam erleben wollen. Dieses Versprechen will ich nun einlösen." Hildegard nahm einen Schluck Champagner und räusperte sich. „Eines, und das ist nicht das Geringste, möchte ich euch hinterlassen: mein sogenanntes Museum. In einigen Minuten werdet ihr Zutritt erhalten. Nehmt das, was euch zusagt und tragt es nach Hause. Es ist genug für alle da. Niemand kommt zu kurz."

Noch bevor sie den letzten Satz beendet hatte begann ein Rennen und Stürmen auf die Treppe zum ersten Stock. Jeder wollte der Erste sein. Anneliese und ihr Gatte taten sich besonders hervor, indem sie Konkurrenten traten und wegstießen um nach oben zu gelangen.

„Sie werden enttäuscht sein." Saby grinste und prostete Frau Meyer zu.

„Das kann schon sein. Ich hatte sie aber gewarnt, als ich sagte, sie würden sich die Finger lecken."

„Das war nicht unbedingt hilfreich", sagte Sabine „Wie hätten sie wissen können, dass meine Werke und auch die meiner Mitkünstler ausschließlich aus Schokolade bestehen. Kommen Sie, ich fahre Sie mit Marlene zum Flughafen."

Der Buchhalter

Sabine Zercher

So richtig war unser Team bisher nicht mit unserem neuen Mitarbeiter warm geworden, aber wir hatten ihn eingestellt, weil keiner von uns sich mit Buchhaltung und Rechnungswesen auskannte. Bis vor kurzem hatte uns die Mutter von Eileen noch mit ihrem Wissen unter die Arme gegriffen, bis sie meinte, nun sollten wir allein zurechtkommen, womit sie natürlich recht hatte. Also waren wir auf die Suche nach einem Buchhalter oder einer Buchhalterin gegangen, Herr B. bewarb sich und fing kurz darauf an, stundenweise für uns zu arbeiten.

Herr B. sah genau so aus, wie man sich einen Buchhalter vorstellt. Er war eher klein und ein bisschen unscheinbar, aber er hatte eine unglaublich schöne Stimme, wie mir jedes Mal wieder auffiel, wenn wir miteinander sprachen.

Mit unserem medizinischen Start-up hatten wir ein Jahr zuvor begonnen. Die meisten von uns kamen aus der pharmazeutischen Forschung, und wir arbeiteten an neuen Produkten für mehr Vitalität und ein langes gesundes Leben. Wenn ich ehrlich war, gingen mir der Enthusiasmus und die Besserwisserei, die manchmal überhandnahmen, ab und zu auf die Nerven. Ich hatte mich aber nun einmal auf die Firmengründung eingelassen, allerdings nicht ohne mir ein Hintertürchen für die Rückkehr an meinen früheren Arbeitsplatz offenzulassen. Die anderen aus unserem Team wussten davon natürlich nichts, und sie ahnten auch nicht, dass für meine Lebensqualität nicht unbedingt unsere eigenen Produkte eine Rolle spielten. Ich gebe zu: Ich war durch und durch ein Schoko-Junkie! Ob schon einmal jemand bemerkt hatte, dass ich in meinem Schreibtisch, in meiner Umhängetasche, in meiner Jackentasche immer die eine oder andere schokoladige Kleinigkeit hatte – jedenfalls, wenn es nicht gerade sommerlich heiß war? Aber hatten die anderen nicht bestimmt auch das eine oder andere kleinere oder größere Laster? Rauchten sie heimlich? Tranken sie nicht vielleicht hin und wieder zu viel Alkohol? Das wusste ich nicht, und eigentlich war es mir auch egal.

Da ich meist in den frühen Morgenstunden arbeitete und die anderen Mitarbeiter fast alle einen anderen Rhythmus hatten, trafen wir uns hauptsächlich zu unseren Teamsitzungen, und in diesen kamen solche Themen nicht zu Sprache, sondern wir planten unsere Projekte und verteilten die Aufgaben.

Eines Morgens hatte ich mich mit Herrn B., dem Buchhalter, verabredet, der wie ich ein Frühaufsteher zu sein schien und froh war, dass er schon so zeitig die bearbeiteten Unterlagen zurückgeben und ein paar Dinge mit mir besprechen konnte.

Als er in mein Büro kam und in der offenen Schreibtischschublade meinen kleinen Schokovorrat sah, musste er schmunzeln. „Auf ein langes, gesundes Leben", sagte er lachend.

„Dankeschön! Sie werden mich hoffentlich nicht verpfeifen!", erwiderte ich.

„Keine Sorge", meinte er, „das tue ich ganz bestimmt nicht."

Wir besprachen, was notwendig war. Ich staunte wieder über seine schöne, samtige Stimme. Bis meine Kolleginnen und Kollegen kamen, hatten wir schon einiges erledigt, und Herr B. verabschiedete sich bald. *Eigentlich ist er doch sehr nett,* dachte ich. Woher er diese unglaubliche Stimme wohl hatte? War er vielleicht Sänger? Seiner Bewerbung hatte er nur die üblichen Unterlagen wie Lebenslauf und Zeugnisse beigefügt.

Als ich eine Pause machte, suchte ich im Internet nach seinem Namen. Ein Sänger war er wohl nicht, aber ich fand etwas ganz Anderes zu seiner Person – ach, du meine Güte! Hatte schon mal jemand aus unserem Team im Netz nach ihm gesucht und gelesen, was ich nun las?

Jedenfalls tauchte Herr B. im Internet unter einem weiteren Start-up auf, dessen Arbeitsgebiet nicht gegensätzlicher zu denen unseres

Unternehmens sein konnte. In der kleinen, exklusiven Firma, in der er Mitarbeiter war, wurden allerfeinste Schokoladenkreationen entwickelt und hergestellt, biologisch hochwertig und bis zur Kakaobohne unter Beachtung der Menschenrechte – wahre Kostbarkeiten also!

Mir blieb die Spucke weg. Jetzt war mir auch klar, warum er Verständnis für meine Vorlieben hatte. Und sie suchten kreative Mitarbeiter ...

Ich arbeitete zunächst weiter wie bisher; das war ich unserem Start-up und dem Team einfach schuldig. Allerdings ließ mich die andere Firma gedanklich nicht mehr los. Schokolade – und dann noch solche!

Dann kam wieder ein Tag, an dem ich eine morgendliche Verabredung mit Herrn B. hatte.

Bevor wir mit unserer Besprechung begannen, überreichte er mir eine kleine Schachtel. „Das ist für Sie", sagte er augenzwinkernd.

Schon der Anblick war ein Genuss! „Herr B.", sagte ich, „ich habe über Sie gelesen oder besser gesagt über Ihr Unternehmen. Seither befinde ich mich in Gewissenskonflikten! Dies hier ist aus Ihrer Produktion, nicht wahr?"

Er nickte.

„Und Sie suchen immer noch Mitarbeiter?"

Er nickte wieder.

„Und warum machen Sie dann die Buchhaltung für andere Firmen?"

„Wir sind noch im Aufbau, so wie Sie ja auch, also brauche ich mehrere Standbeine, sozusagen. Aber mein Herz schlägt natürlich für unser Unternehmen. Wenn Sie sich bewerben wollen, freue nicht nur ich mich. Nehmen Sie diese Kostprobe als kleine Einladung."

„Vielen Dank, das werde ich", sagte ich, und wir verabschiedeten uns.

Später am Tag fand ich endlich Zeit, etwas aus dem kleinen Schächtelchen zu probieren. Mir war, als hätte ich noch nie solche Schokolade gekostet. Es war magisch. Zart und fein und dabei hocharomatisch. Ich befand mich im siebten Schokoladenhimmel und hatte Schwierigkeiten, wieder in die nüchterne Realität zurückzufinden, so köstlich schmeckten die Pralinen, die er mir mitgebracht hatte. Noch konnte ich mich nicht entscheiden, was ich künftig machen würde: An meinem jetzigen Arbeitsplatz bleiben und mir einfach manchmal einen so außergewöhnlichen Genuss zu gönnen oder den Wechsel zu wagen, den *Produkten für mehr Vitalität und ein langes gesundes Leben* den Rücken zuzukehren und ganz in die Welt dieser magischen Schokolade einzutauchen.

Schlussendlich

Hartmut Gelhaar

Oftmals ist Schokoladenguss
als Tarnung süßlicher Genuss.

Doch erst am Ende das Verdauen
darf man ihm im Ganzen trauen.

Dilemma

Dörte Müller

Zart wie der Frühling
weich und manchmal hart
für dich hab ich lange
mein Taschengeld gespart!

Tröstest mich immer
auch in tiefster Nacht
Wegen dir bin ich manchmal
sogar aufgewacht!

In meiner Vorratskammer
hast du den besten Platz
Du bist mein Ein und Alles
mein allergrößter Schatz!

Ich nehm dich mit auf Reisen
in meinem Handschuhfach
Manchmal wirst du flüssig
und dann gibt es Krach!

Meine Hände kleben
oft nach unsren Treffen
Auch der Dackel liebt dich
fängt laut an zu kläffen!

Leider bist du schlecht
für meine Figur
Und für meine Zähne
Ach, was mach ich nur?

Der heilige Trank der Maya

Brigitte Hausherr

Es war schon dunkel, als Julia ihre Lodge im Regenwald von Costa Rica erreichte. Sie wollte nur noch schlafen, deshalb packte sie in ihrer kleinen Holzhütte nur das Nötigste aus, steckte das Moskitonetz fest unter die Matratze und fiel nur noch ins Bett.

Die Nacht war kurz. Am frühen Morgen holten die lauten Rufe eines Brüllaffen Julia aus dem Schlaf. Erste Sonnenstrahlen schauten schon aus dem Morgennebel hervor und sie beschloss, noch vor dem Frühstück den Hotelgarten zu erkunden. Es war warm. Die Feuchtigkeit setzte sich auf Julias Haut, als sie langsam durch den Garten schlenderte: Drachenbäume, Palmen, Mandelbäume, Philodendren und Bananenstauden. Unter einem knallrot blühenden Tulpenbaum blieb sie stehen und schaute sich um. Kroton, Bromelien und Helikonien kannte Julia aus den heimischen Blumentöpfen, aber hier wuchsen sie in Größe XXL. Lotosblüten reckten ihre Köpfe aus dem Teich und am Ufer rankten Orchideen. Julia setzte sich auf die Holzbank und lauschte den Vogelstimmen und dem Zirpen der Zikaden. Mit schnellem Flügelschlag standen schillernde Kolibris vor den Futterbehältern, die jemand in die Bäume gehängt hatte. So musste das Paradies aussehen ...

Plötzlich eine schnelle Bewegung. Was war das? Julia stand auf und sah angestrengt auf eines der grünen Lotosblätter. Da saß ein winziger grüner Frosch und schaute sie mit großen roten Augen an. Als sie nähertrat, sprang er schnell ins Wasser.

Der Geruch von gebratenen Eiern und Kaffee riss Julia aus ihrer Faszination und sie ging zurück in die Lodge.

Nach dem Frühstück lernte Julia Carlos kennen. Er war der Ranger, der sie und eine Wandergruppe in das Regenwaldreservat begleitete. Neben der Lodge führte eine Hängebrücke über den Sarapiqui River. Am anderen Ufer erreichten sie den Baumwipfelpfad, der ins Reservat führte. Eine schaukelige Angelegenheit, wie Julia bald bemerkte.

Carlos mahnte zur Vorsicht. „Bitte nicht die Arme ausstrecken, um auf irgendetwas zu zeigen", erklärte er. „In den Bäumen leben Schlangen und andere Tiere, die ihr damit aufschrecken könntet."

Der Weg führte immer tiefer in das üppige Grün hinein. Julia hatte das Gefühl, in einem Märchenwald zu wandern. Gleich würde bestimmt eine Elfe aus dem Dickicht herausschweben und mit ihrer Harfe ein Lied spielen. Bäume, dicht gedrängt beieinander, trugen ein Kleid aus grünem Moos und weiß-grauen Flechten. Riesige Baumfarne hatten auf ihren schwarzen Stämmen leuchtend grüne Blätter zu großen Schirmen aufgespannt.

„Schaut mal, da steht ein schöner Ameisenbaum", sagte Carlos und blieb stehen. „Auf den Bäumen wachsen Epiphyten", erklärte er, „das sind Pflanzen, die dort leben ohne sie zu schädigen. Sie brauchen nur Licht, Luft und Feuchtigkeit."

Bald erreichten sie eine Lichtung. Vor einem Holztisch lagen dicke Baumstämme und hinter dem Tisch stand eine bunt gekleidete Frau, die freundlich lächelte.

„Hier gab es früher eine Kakaoplantage", erklärte Carlos. „Einige Pflanzen stehen heute noch. Und nun möchte ich euch Estella vorstellen." Er ging auf sie zu und umarmte sie herzlich. „Sie wird euch zeigen, wie aus Kakaopflanzen Schokolade hergestellt wurde, bevor es große Fabriken gab."

Estella begrüßte die Gruppe, die sich inzwischen auf den Baumstämmen niedergelassen hatte.

„Die Mayas verwendeten Kakaobohnen sowohl als Opfergaben als auch als Zahlungsmittel. Das daraus hergestellte Getränk wurde *Speise der Götter* genannt", erklärte Estella. Sie sprach spanisch und Carlos übersetzte. Dann ging sie zu einer Kakaopflanze, an der zwischen weißen Blüten mehrere ovale Früchte hingen. Mit einem Messer trennte sie eine rötliche Frucht ab und schlug sie an der

Tischkante auf. Im Inneren saßen kleine Bohnen in einer glitschigen weißen Masse, die die Gäste nun probieren sollten.

Julia zögerte bei diesem Anblick, aber Carlos ermutigte sie. „Schmeckt lecker und fruchtig", meinte er.

Julia traute sich, eine Bohne in den Mund zu stecken. Das Fruchtfleisch schmeckte köstlich erfrischend, fast wie Litschis. Die abgelutschten Kerne wanderten in einen Fermentierungskasten.

© *Brigitte Hausherr*

„Zum Fermentieren brauchen die Kerne Zucker, Wasser und Bakterien", erklärte Estella. „Zucker und Wasser sind in den Kernen enthalten, und die Bakterien haben sie gerade aus eurem Mund erhalten." Sie ging zu einem Holzgestell, auf dem mehrere Fermentierungskästen im Schatten der Bäume standen. „Die Samen werden hier aufbewahrt, bis das Fruchtfleisch gärt", erzählte Estella. „Während der Fermentierung verlieren sie ihre Bitterstoffe und entwickeln ihre typische Farbe und ihr Aroma."

Julia probierte einen fermentierten Kern. Er schmeckte schon ein wenig nach Kakao.

„Danach werden die Samen in der Sonne getrocknet und dann geröstet", erklärte Estella weiter.

Als nächstes probierte Julia eine getrocknete Bohne, dann eine geröstete. Jedes Mal veränderte sich der Geschmack mehr in Richtung Kakao.

Carlos hatte einige geröstete Bohnen in ein Gefäß aus Vulkanstein gefüllt. „Nun könnt ihr sie mahlen", sagte er und zeigte auf einen handgroßen Stein.

Ein junger Mann aus der Gruppe bearbeitete damit die Bohnen, bis sie zu einer brösligen Masse wurden. Die Brösel füllte Estella in eine Art Fleischwolf und Julia kurbelte mit aller Kraft, bis aus der Öffnung eine braune Paste austrat. Die Kakaopaste schmeckte sehr bitter.

„Nun könnt ihr eure eigene Schokolade kreieren", meinte Estella und zeigte auf einige Gläser auf dem Tisch. „Damit der Göttertrank genießbar wird, kommen Rohrzucker und Gewürze hinzu."

In den Gläsern gab es Zucker, Zimt, Chili, Pfeffer, Vanille und Muskat. Alle bekamen eine Schale mit der Paste und mischten die Gewürze dazu. Julia nahm etwas Vanille, Zimt und Pfeffer und nur wenig Zucker. Plötzlich schmeckte die Kakaomasse gar nicht mehr so bitter. Die Mischung wurde mit heißem Wasser aufgefüllt und kräftig geschüttelt. Julia kannte Kakao nur mit Milch. Dass er mit Wasser so herrlich schmeckte, war ihr völlig unbekannt. Dieser frische Kakao war wirklich ein göttlicher Traum!

Aus einer Kühltasche zauberte Estella gut gekühlte Schokoladenstückchen als Kostprobe hervor. Unvergleichlich gut und viel besser als die maschinell hergestellte Schokolade aus dem Supermarkt.

Bevor die Gruppe sich verabschiedete, bekamen alle ein kleines

Säckchen mit getrockneten Kakaobohnen zur Erinnerung an diese wunderbare Schokoladentour.

Am Nachmittag machten sie sich auf den Rückweg. Aus einer Baumkrone hörten sie einen quakenden Ruf.

„Ein Tucan", erklärte Carlos und zeigte auf einen schwarzen Vogel mit gelber Brust. Er hatte einen großen bunten Schnabel und hörte sich an wie ein Frosch. Ein paar Meter weiter hatte es sich eine riesige Echse in einer Astgabel bequem gemacht. „Das ist ein Leguan," sagte Carlos. „Der kann bis zu zwei Meter lang werden."

Das grüne Tier hing mit geöffneten Augen im Baum und ließ die Beine baumeln. Julia ging mit respektvollem Abstand an ihm vorbei.

Am Abend sprang Julia müde aber glücklich in den Hotelpool, der ihr eine erfrischende Abkühlung brachte. Schokolade soll ja angeblich glücklich machen. War es der leckere Kakao oder die wunderschöne Natur? Julia beschloss, es war wohl beides, was sie so zufrieden stimmte.

Schokolade. Hilft !

Dieter Zaiser

Gellend pfeift, mit hohem Ton
der Alarm, die Invasion
von fremden Mächten hat begonnen
sie sind schnurstracks vom Mars gekommen.

Gegenwehr, die gibt es kaum
und die Frage steht im Raum
„habt ihr denn, ihr Nieten
uns irgendwas zu bieten?"

Politiker samt Generälen
fangen an wild aufzuzählen
„Gold und Silber, Schnaps und Wein
oder darfs ein Wildschwein sein?"

Nichts gefällt der Brut vom Mars
alle denken schon, das wars
wir können es nicht richten
sie werden uns vernichten.

Da drängelt sich ein kleiner Wicht
braunverschmiert ist sein Gesicht
nach vorne vor ins Rampenlicht.

„Ich mag dich nicht, du Menschenkind
und was dir von der Nase rinnt"
sagt dann wild und barsch
der fremde Mann vom Mars.

Das bringt dann doch den Kleinen
kurz an den Rand zum Weinen
sagt aber mutig: „es ist zwar schade
hier hast du meine letzte Tafel Schokolade."

Der Fremde meint, „das kenn ich nicht"
steckt sich einen Riegel ins Gesicht.
Er rümpft noch kurz die Nase
und fällt dann in Ekstase.

Er murmelt noch, „das Elixier
brauch ich daheim, doch niemals hier",
rennt in sein Raumschiff auf allen Vieren
und schreit „Muss es zuhause duplizieren."

Freude über alle Maßen,
die Invasion ist abgeblasen,
die Welt gerettet von Schokonasen

Bittere Schokolade

Gesine Eichberg-Erdmann

Schokolade, ja Schokolade, die fehlt noch. Isa warf einen prüfenden Blick über den vorbereiteten Tisch. Cracker mit Frischkäse, Leberwurstschnittchen, Gummibärchen. Das Buffet war bereitet. Als wäre es gestern und nicht schon 20 Jahre her; das letzte Treffen im Gartenhaus mit den ganzen Lieblingssnacks aus der Kindheit und Jugend. Nun fehlte nur noch Conny. Noch eine Stunde Zeit bis zum angekündigten Besuch. Isa knabberte nervös an ihren Nägeln, eine blöde Angewohnheit, die sie sich schon vor langer Zeit abgewöhnt hatte. Conny war die ältere der beiden Schwestern. Die schöne, selbstbewusste Conny und Isa, die pummelige immer etwas klebrige kleine Schwester. Conny war der Fixstern, wenn sie nicht da war, fühlte Isa sich immer irgendwie verlassen. Die Treffen im Gartenhaus mit den kleinen Snacks waren Höhepunkt und Fluchtpunkt zugleich in ihrer Kindheit. Der Geruch von Leberwurstschnittchen ließ sofort die Erinnerung wach werden an Zeiten, wo Schokolade und andere Leckereien geradezu die Rettung waren. Eingekuschelt in die alte Pferdedecke, Connys Arm um Isa gelegt, da hörten sich die spitzen Schreie der Mutter, das laute Fluchen, die wüsten Beschimpfungen des Vaters, die dumpfen oder klirrenden Geräusche, die aus dem nahen Haus drangen, gar nicht mehr so bedrohlich an. Eine Weile, nur für einen Moment die schokoladig süße Wärme spüren, alles andere ausblenden, ein Gefühl der Sicherheit erleben.

Isa strich über die Wolldecke, die jetzt auf dem neuen Loungesofa im Gartenhaus lag. Die alte Pferdedecke gab es schon lange nicht mehr. Sie versuchte über die Hände das alte, vertraute Gefühl wieder herzustellen, aber die neue Decke war viel zu weich. Der Anruf von Conny gestern hatte sie kalt erwischt, ohne Vorwarnung, nach 20 Jahren plötzlich die so vertraute, so schmerzlich vermisste, später verdrängte Stimme wieder zu hören. „Isa, ich bin's, kann ich vorbeikommen, morgen gegen 17.00 Uhr?"

Isa war so überrumpelt, nichts, ja gar nichts fiel ihr ein. Nach einer gefühlt endlosen Zeit brachte sie gerade mal ein „Klar, morgen um fünf" zustande. Damit war das Gespräch beendet und Isa stand lange wie versteinert mit dem Telefonhörer in der Hand.

Ob Conny immer noch die Vollmilch Nuss so gern mochte? Ihr Geschmack hatte sich in den vergangenen Jahren geändert. Alles hatte sich geändert.

Es war einer der ersten warmen, sonnigen Frühlingstage als Conny verschwand damals. Einfach so, ohne Abschied, ohne Nachricht, ohne alles. Isa erinnerte sich noch, wie Vater in den ersten Tagen danach merkwürdig still war, gar, keine plötzlichen Wutanfälle, nichts wurde geworfen, nichts ging zu Bruch. Mutter schrie und weinte. Die Polizei war professionell geschäftsmäßig und erklärte, dass das Verschwinden von jungen Frauen, Conny war gerade 18 Jahre alt geworden, nichts Ungewöhnliches sei und sie meistens nach kurzer Zeit wieder auf-tauchten oder zumindest ein Lebenszeichen senden würden. Doch erst einmal kam nichts. Nach drei endlosen, unerträglichen Wochen kam eine Karte, adressiert an Isa:

> *Konnte es nicht mehr aushalten. Bin jetzt in*
> *Schweden und komme nicht mehr zurück. Lass*
> *dich nicht unterkriegen. Du schaffst das!*
> *In Liebe Conny*

Connys Worte waren Isas Anker und Halt. Sobald sie aus der Schule kam, verkroch sie sich im Gartenhaus unter der alten Pferdedecke. Die Postkarte war nach kurzer Zeit schon völlig abgenutzt, am rechten oberen Rand war ein dicker Schokoladenfleck. Schokolade und die Decke, das war Isas Schutzwall.

Mit der Zeit verschwand Conny nach und nach aus den Gesprächen, bis sie am Familientisch gar nicht mehr erwähnt wurde, als hätte es sie nie gegeben. Vater trank weiterhin stoisch seine Biere und Schnäpse. Meistens saß er stumm im Sessel und starrte vor sich hin. Mutter versuchte, so gut es ging, ihm aus dem Weg zu gehen. Isa blieb meistens sich selbst überlassen, lebte ihr eigenes Leben mit ihren Conny-Erinnerungen im Gartenhaus.

Das alles war so lange her, die Eltern längst gestorben. Die Türklingel schreckte Isa aus ihren Gedanken auf. Conny war zurück.

Suggestion

Hartmut Gelhaar

Schokolade ist sicherlich
eine gute Wahl für mich.

Um unserer beider Freundschaft wegen,
dir was in den Mund zu legen.

Perspektivwechsel

Hartmut Gelhaar

Bei seiner Schokoladenseite
legt der Mitmensch Wert auf Breite!

Im Freibad und am Strand derweil
beäugt er gern das Gegenteil.

Zuckerschock

Wencke Hullmann

Der Tag hätte nicht besser laufen können. In ihrem Aufsatz hatte sie eine gute Note bekommen. Ihr Kunstlehrer hatte vor der gesamten Klasse ihren Fortschritt gelobt und ihre beste Freundin war nach Tagen der Krankheit endlich wieder gesund gewesen und in der Schule erschienen. Doch als sie die Tür hinter sich zuschlug und in die Küche ging, um sich einen heißen Kakao zu machen, war all das egal. Es bedeutete überhaupt nichts mehr. Gute Dinge, schlechte Dinge, all das gab es nicht mehr. Hatte es vielleicht nie gegeben.

Auf dem Tisch stand ein Teller, der in Zuckerguss zu ertrinken schien. Jemand hatte so viel davon benutzt, dass die drei Brownies darunter nur zu erahnen waren. Probehalber piekte sie an einer viel-versprechenden Stelle durch das Meer aus Zuckerguss, Liebesperlen, Schokosplittern, Puderzucker, Fruchtgummis, Marshmallow-Mäusen, Schokolinsen und Bonbons.

Sie hatte Recht gehabt. Genau unter ihrem Finger lag ein Brownie. Es war schwer zu sagen, ob der Zuckerguss ihn so aufgeweicht hatte, oder ob jemand drei Packungen Butter und fünf Tafeln Schokolade in den Teig gemischt hatte. Wahrscheinlich beides. Überall auf dem Boden lagen unsauber aufgerissene Süßigkeitenpackungen. In nicht nur einer von ihnen war sogar vereinzelt etwas von dem Naschkram übriggeblieben. Sie klaubte wahllos eine Tüte auf und steckte sich etwas daraus in den Mund. Keine Wirkung. Sie krempelte ihren Ärmel hoch und griff beherzt an der Stelle in den Zuckerguss, wo sie vorhin den Brownie gefunden hatte. Ohne großes Federlesen stopfte sie sich den gesamten klebrigen Brei in den Mund. Es war schwerer als erwartet das Teil jetzt noch zu kauen und runterzuschlucken. Es fühlte sich an, als wehrte sich der Brownie gegen sie. Der Zuckerguss ließ ihn immer wieder von ihren Zähnen gleiten. Und als sie ihn endlich runterschluckte, fühlte es sich kurz an, als würde er sich den Weg durch ihre Speiseröhre wieder hinaufkämpfen. Doch auch das hatte keinen Effekt. Außer dass sie jetzt aussah, als hätte sie das Lebkuchenhaus der Hexe von Hänsel und Gretel eigenhändig verputzt.

Sie setzte sich auf den Boden. Die Tüten knisterten unter ihr, sobald sie sich auch nur etwas bewegte, aber das nahm sie gar nicht wahr. Sie hatte gewusst, dass dieser Tag kommen würde. Doch sie hätte nicht erwartet, dass dieser Tag heute sein würde. Sie war nicht bereit. Sie blickte sich in der Küche um und schaffte es nicht, etwas anderes als einen Tatort darin zu sehen. Alles hier schrie nach einem unmenschlichen Verbrechen. Sie ertrug den Anblick nicht mehr und schloss die Augen. Versuchte an etwas Schönes zu denken. Vor ihrem inneren Auge sah sie eine Erbse. Eine einzelne Erbse, die sich beständig drehte und drehte. Sie war perfekt rund und das Licht reflektierte auf ihrer glatten Hülle.

Sie wusste nicht, wie lange sie die Augen geschlossen hatte, aber das Bild hatte sich so in ihren Schädel eingebrannt, dass sie immer noch die sich drehende Erbse sah, als sie die Augen schon lange wieder aufgeschlagen hatte.

Sie musste etwas tun. Wie ferngesteuert lief sie zum Gefrierfach, holte einen Beutel Erbsen heraus und schüttete einen riesigen Haufen in eine kleine Keramikschüssel. Dann setzte sie Wasser auf. Als es kochte, schüttete sie die ganze Schüssel hinein und starrte auf die Erbsen, die erst absanken, um dann langsam wieder aufzusteigen und sich im wieder kochenden Wasser begannen zu drehen, wie die Erbse in ihrem Kopf. Schuldgefühle nagten an ihr, je länger sie die Erbsen beobachtete. Was tat sie hier eigentlich? Warum tat sie das? Es war nicht richtig, was sie hier tat. Dieser Gedanke wurde noch stärker, als sie ein unregelmäßiges Stapfen hörte, das sich ihr näherte. Ihre Schwester.

Sie hätte Zeit gehabt, um die Erbsen hastig abzugießen und in den Biomüll zu schmeißen, bevor ihre Schwester die Küche betrat. Aber sie war wie gelähmt. Und so kochten die Erbsen immer noch, als sie eintrat. Der Zuckerguss und die verschmierte Schokolade um die Mundwinkel ihrer Schwester war bereits getrocknet und bekam tiefe Risse, als sie die Erbsen sah. Noch nie zuvor hatte sie Angst vor ihrer Schwester gehabt. Aber in diesem Moment blickte sie auf die Spur aus Zuckerguss, die aus ihrem Mund auf ihren Hals und ihre Klamotten hinabgeronnen war, und konnte darin nur Wut und Zerstörung sehen. Darunter war gar nichts. Vor ihr stand eine leere Hülle, die nur durch den glibberigen Zucker aufrecht gehalten wurde. Sie standen eine Weile nur so da. Sahen sich an. Die Erbsen kochten mittlerweile schon so lange, dass der Wasserdampf sich in der ganzen Küche ausgebreitet hatte und über allem schwebte wie eine Glocke. Am Hals ihrer Schwester klebte eine einzelne rote Liebesperle, die sich durch den heißen Wasserdampf der Erbsen ablöste und mit einem kaum wahrnehmbaren Klacken im Plastikmüll auf dem Boden verschwand.

Sie musste an ihre Mutter denken. Ihre Mutter, als sie Brownies backte und die gleichen roten Liebesperlen mit übervollen Händen in den Teig warf. An manchen Stellen war gar nicht mehr zu sehen, dass der Teig überhaupt mal eine andere Farbe als rot gehabt hatte. Sie und ihre Schwester standen nur daneben und sahen ihrer Mutter dabei zu. Aufmerksam und hochkonzentriert, um keinen der Back-schritte zu verpassen.

„Ist das etwa unser Mittagessen?", fragte ihre Schwester mit sichtlicher Begeisterung in der Stimme.

Ihre Mutter antwortete nicht gleich. Sie streute nur mehr Schoko-ladenstücke hinein, steckte probeweise einen Finger in den flüssigen Teig und leckte ihn kritisch ab. „In einer halben Stunde sollten sie fertig sein", sagte sie und stellte die Form in den vorgeheizten Backofen.

„Was hast du getan?", die wütende Stimme ihrer Schwester drang durch die Erinnerung zu ihr durch und ließ sie wieder in der Gegen-wart ankommen. Das Gesicht ihrer Schwester sah noch genauso aus wie davor. So als hätte sie sich ihre Frage nur eingebildet. Als hätte sie die ganze Zeit nur stumm dagestanden.

Sie konnte nichts auf die Frage antworten. Wusste selbst nicht, wieso sie es getan hatte. Es war wie in Trance geschehen. Warum nur?

Gleichzeitig kannte sie die Antwort. Erbsen standen für gute Tage. Tage, an denen man keinen Zucker brauchte, um die Bitterkeit aus dem Leben zu vertreiben.

Das Gesicht ihrer Mutter trat wieder in ihre Gedanken. Wie sie die Brownies aus dem Ofen holte. Sich umdrehte. Man sah, dass sie geweint hatte. „Esst. Heute ist ein besonderer Tag."

Sie hatten beide zugegriffen. Sich die viel zu heißen Brownies in die Münder geschoben. Noch Tage danach waren ihre Gaumen vollständig taub gewesen.

„Iss", sagte ihre Schwester in der Gegenwart. Einen triefenden Brownie in der Hand.

Sie konnte nicht. Ohne den Brownie aus den Augen zu lassen, griff sie in das kochende Wasser. Schaffte es, eine Handvoll Erbsen herauszuziehen und stopfte sie sich in den Mund. Das kochende Wasser brannte. In ihrem Mund. Auf ihrer Hand. In ihrer Speiseröhre. Als es langsam ihren Hals hinabrann. Sie fühlte sich taub. Endlich taub. So wie sich ihr Gaumen anfühlte, musste sich auch der Gaumen ihrer Mutter anfühlen. Ohne jedes Gefühl.

Weiße Trüffel mit
Champagner-Füllung

Isabell A. Meske

Herr Müller öffnete sein Geschenk und seufzte. Weiße Trüffel mit Champagner-Füllung. Schon wieder hatte ihm seine Frau weiße Trüffel mit Champagner-Füllung geschenkt. Zu seinem Geburtstag, zu ihrem Hochzeitstag, zu Ostern und zu Weihnachten, zu jedem besonderen Tag im Jahr kaufte Frau Müller Herrn Müller weiße Trüffel mit Champagner-Füllung. „Die magst du doch so, Schatz", sagte Frau Müller und lächelte wie das Christkind.

Herr Müller nickte.

Er mochte keine weißen Trüffel mit Champagner-Füllung. Genauer gesagt mochte er weder weiße Schokolade noch Pralinen und ganz besonders keinen Champagner, weder in Trüffeln noch sonst irgendwo in seinem Leben. Herr Müller mochte Fußball und Bratwurst und Bier. Er war ein einfacher Mann. Aber er liebte Frau Müller. Schon immer. Mehr als er Fußball und Bratwurst und Bier jemals lieben konnte. Er hatte sie schon geliebt, lange bevor sie ihn überhaupt wahrgenommen hatte. Seit dem Tag, an dem sie in der Buchhaltung angefangen hatte. Und er hatte sich fest vorgenommen, dass er, wenn sie ihn jemals erhören würde, alles dafür tun würde, dass Frau Müller, die damals noch ganz anders hieß, ihn auch liebte. Deshalb musste er jetzt weiße Trüffel mit Champagner-Füllung essen. Immer wieder.

Er schaute auf die weißen Trüffel mit Champagner-Füllung.

„Weißt du noch, wie wir das erste Mal miteinander Schokoladentrüffel gegessen haben und ich dir gesagt habe, wie sehr ich Champagner-Trüffel mag?", fragte Frau Müller.

Natürlich wusste er das! Und dann hatte er gesagt, dass er die auch besonders mag. Eine Notlüge. Er erinnerte sich. Er hatte auf der Weihnachtsfeier ihrer Firma beim Nachtisch gestanden. Dann war sie dort aufgetaucht, also Frau Müller, die damals noch anders hieß. Was hätte er nicht alles getan, damit sie nicht wegging! Aber alles, was er mochte, war schon aufgegessen. Die Lebkuchen und die Zimtsterne und der Spekulatius. Ja, sogar das Marzipanbrot. Obwohl eigentlich niemand Marzipanbrot mochte. Die Kollegen waren wie Termiten, wenn es um Nachtisch ging. – Da konnte man auch Weihnachtsgebäck vom Vorjahr im Juli auf einen bunten Teller legen und warten. Binnen zwei Stunden war alles verschwunden. Restlos aufgegessen – und die Krümel noch aufgeleckt. Hier war das nicht anders. Also blieben nur die weißen Trüffel mit Champagner-Füllung.

„Auf der Weihnachtsfeier", sagte er leise.

Sie erzählte das so viel besser als er. „Du hast fast die ganze Schale aufgegessen, so versessen warst du auf die Trüffel", sagte Frau Müller.

Herr Müller schluckte. Ihm wurde immer noch schlecht, wenn er daran dachte.

Sie nahm die Tüte mit den weißen Trüffeln mit Champagner-Füllung und öffnete sie. Sie nahm zwei heraus, reichte ihm einen und hielt den anderen zwischen Daumen und Zeigefinger.

„Wie früher?", fragte sie.

„Wie früher!", sagte er und stieß seinen Trüffel gegen ihren. „Auf die nächsten 40 Jahre!"

Rippenbruch

Andreas Herkert-Rademacher

Rippenbrüche sind oft bitter,
hier nur im Duett mit zart.
Mal ist dann der Sport der Ritter,
mal die Lila Kuh am Start.

Gut, die Kalorienzahl
ist des Öfteren nicht ohne.
Kümmert mich bei diesem Mahl
ganz wahrhaftig nicht die Bohne.

Denn das brächte mir Verdruss
beim Verzehren. Wäre schade.
Schließlich geht es um Genuss
beim Konsum von Schokolade.

„Zucker schadet deinen Zähnen!"
So was geht mir auf den Wecker.
Ihr vergesst stets zu erwähnen:
dieses Zeug ist einfach lecker!

Auch Diäten kann man linken.
Schoki soll man meist nicht essen.
Gut, dann müsst ihr sie halt trinken,
vorher schmelzen nicht vergessen.

Sicher kann Kakao auch schaden,
doch die Dosis macht das Gift.
Nehmt doch, stärkt auch eure Waden,
mehr die Treppe als den Lift.

Schluss mit dem Moral-Geschwafel,
denn selbst Arthus bat die seinen
regelmäßig an die Tafel
und dies schien sein Reich zu einen.

Herr Kolumbus fuhr mit Schiffen
dafür extra übers Meer.
Habt ihr jetzt den Wert begriffen?
Mehr Exempel? Bitte sehr:

In Amerika, im Süden,
gibt sie einem Berg den Namen.
Moses schrieb mit nimmermüden
Fingern auf Dieselbe. Amen.

Zwei Schokoladenherzen

Caroline Seeger

Sie kam aus einem fernen Land, dessen Name niemand aussprechen konnte, und das allein galt in dem kleinen Bergdorf des traditions-behafteten Landes schon als äußerst merkwürdig. Ihr Aussehen war es nach Meinung der Einwohner aber noch mehr. Ihre Haut trug nämlich das warme Braun milder Nougatschokolade, ihre Augen das Feuer einer Chilipraline und ihre Haare das tiefe Schwarz edler Koch-schokolade. Ihr dicker Akzent überzog jedes ihrer Worte mit einer glänzenden Schokoladenglasur. Sie roch nach zerriebenen Kakaobohnen und exotischen Champagner-Truffes, und damit fiel sie natürlich auf ... in diesem alpinen Paradies eintöniger Milchschokoladen.

Crilla – so hieß die junge Frau – hatte das Herz des ortsansässigen Bäckermeisters mit ihrer verführerischen Anmut zum Schmelzen gebracht, wie die Wüstensonne in ihrem Heimatland es mit euro-päischen Schokoladenriegeln zu tun pflegte. Aber ihr Name knackte zu laut in den heimischen Gaumen – gerade als ob man eine Tafel Nuss-Schokolade mit Gewalt entzweibreche – und das verhieß nichts Gutes.

Als sie das erste Mal in der Bäckerei der idyllischen Berggemeinde stand, begannen die Gerüchte zu fließen, wie das heiße Herz eines Lavakuchens und verbreiteten sich wie Schokoladenstreusel weit über die ruhige Ortschaft hinaus. Sie sei gekommen, um den anderen Frauen die Ehemänner zu stehlen, sie mit ihrer aphrodisierenden Schokoladentorte um den Finger zu wickeln und ihre stolzen Herzen zu brechen. Sie habe die Absicht, die Kinder gegen ihre Eltern auf-zuhetzen, sie mit ihrer gewürzten Schokoladenmilch hörig zu machen und ins kriminelle Verderben zu führen. Sie wolle die Jugendlichen mit ihrem cremigen Schokoladeneis für sich gewinnen, ihnen ihre übelsten Familiengeheimnisse entlocken und so den Ruf rechtschaffener Nachbarn schädigen. Zudem habe sie es auf das Geld ihres naiven Gemahls und den geachteten Bürgermeistersitz im Dorf abgesehen.

Man redete nicht mit ihr, sondern über sie, wie über die erste missratene Kreation eines weltberühmten Chocolatiers, und jeder fügte eine neue Zutat in die zähe Mischung butterweicher Lügen. Auf den Spitzen missgünstiger Zungen wurden die außergewöhnlichen Pralinensorten bald zum Machwerk einer hinterhältigen Hexe, die hauchzarten Schokoladenkekse schmeckten rasch nach der miesen Verführung des Teufels.

Crillas Mann hielt zwar mit der Standhaftigkeit eines bekennenden Feinschmeckers zu ihr, aber ihre Nähe überzog seine saubere Bäckerschürze bald wie klebriges Schokoladenpulver. Die Bäckerei verlor ihre gesamte Kundschaft, weil ihr Schokokonfekt zu lecker war.

Als der junge Bäckermeister auch noch starb – ausgerechnet an einem selbstgemachten Brownie erstickte – zweifelte niemand an der dunklen Schuld seiner mysteriösen Witwe. Sie hatte kein Geld für einen Anwalt, keine Zeit, ihre Rechte kennenzulernen, kein Rezept, um ihre Freiheit wiederzuerlangen. Auf Mord stand eine lebenslange Gefängnisstrafe. Ihr störender Schokoladenduft verdampfte schnell in der einsamen Zelle, sie folgte mit zartbitteren Tränen bald der Liebe ihres Lebens.

Die neue Conchiermaschine aber verrostete in der leerstehenden Backstube, anstatt die wohlriechende Kakaomasse zu süßen Träumen zu verarbeiten. Die übriggebliebenen Bohnen überzog langsam ein moderner Schimmel, während die Jahre vergingen.

Erst als der alte Bürgermeister in Ehren begraben lag, fanden seine Nachkommen in seinem Schreibtisch zufällig das alte Rezeptbuch der schönen Bäckerin. Ein mit schwarzen Schokoladenküssen überdeckter Abschiedsbrief bewies die süße Unschuld der geheimnisvollen Witwe. Um dem Mobbing der Dorfgemeinschaft zu entfliehen hatte sich ihr junger Gemahl das Leben genommen. Das sahneweiße Gewissen der Dorfbewohner bekam plötzlich schmutzige Kakaoflecken. Man beschloss verlegen, die verführerischen Rezepte für viel Geld an eine weltberühmte Schokoladenfabrik zu verkaufen.

Mit dem Gewinn aber besorgen die Einwohner jenes alpinen Ortes noch heute jede Woche in aller Stille zwei große Schokoladenherzen, ein weißes und ein braunes, mit dem sie das Grab der Eheleute schmücken, als könnten sie sich dadurch von der Schuld des doppelten Mordes reinwaschen.

Baum der Versuchung

Claudia Paus

Hier beginnt das wahre Wunder der Natur,
auch wenn nicht immer gut für die Figur,
der Kakaobaum majestätisch anzusehen,
der leckeren Versuchung nicht zu widerstehen.

Die Nachmittagspraline

Ingeborg Henrichs

Die Nachmittagspraline
Edles Leichtgewicht
Die Nachmittagspraline
Genussvollendet

Schokoladenmessie

Uta Biehl

„Mein Gott, was ist das?" Domenika steht vor der Schrankwand, vor Glasscheiben und Regalen, in denen sich Weihnachtsmänner türmen, Osterhasen, Marienkäfer, Maikäfer, Bären, Hunde, Hühner, Küken, Clowns, in buntes Glitzerpapier gehüllt, Schokoladenfiguren, lachend, lächelnd, Frohsinn verbreitend.

Felix steht neben ihr, die Hände in den Hosentaschen, der Blick unruhig.

Nun lacht sie: „Wow, so viele! Das sind doch bestimmt Hunderte!"

„Möglich, ich habe sie nicht gezählt."

„Darf ich eine herausnehmen?" Und schon greift sie zu einem Hasen mit eingeknickter Ohrenspitze, karierten Hosenträgern über dem Fell und einer Kiepe mit kleinen Ostereiern auf dem Rücken. „Oh, wie süß!"

Felix' Augenbrauen ziehen sich zusammen, er starrt auf ihre Hände, die den Schokohasen fest umschließen, sicher wird er schmelzen. „Setz dich doch, hier aufs Sofa. Möchtest du einen Tee, Kaffee?"

„Einen Kaffee, gern", und sie nimmt Platz auf dem olivgrünen Möbelstück, schlägt die Beine über, sieht sich um im Raum. Raufaser an den Wänden, weiß, eine Stehlampe in der Ecke, nackte Glühbirne, ein Tisch vor dem Sofa, Glasplatte, ein Sessel, Laminat auf dem Boden, keine Vorhänge am Fenster, an dem nun in der Dunkelheit Scheinwerferlichter vorbei huschen.

Sie hört ihn in der Küche rumoren. Ein netter Kerl, der Felix. Sie haben sich auf der Arbeit kennen gelernt, Warenverräumung im Supermarkt, vorübergehend, natürlich. Sie hatte ihn angesprochen, so schüchtern, wie er aussieht, mit dem gesenkten Kopf, lang, schmal, die fragenden Augen, die selbst geschnittenen, dunklen Haare. Ob er nicht nach der Arbeit mit ihr noch irgendwo hingehen wolle. Er wollte und sie gingen ins Burger King gleich neben dem Supermarkt.

Domenika war noch nie dort gewesen und sie bestellte eine Portion Pommes, bot ihm an, eine zu nehmen, in die Tomatensoße zu dippen, was er dann tat, vorsichtig, zögernd, und nun hier auf dem Sofa. Alles so kahl, kühl und dann die Schokoladenfiguren, verrückt! Will sie hier sein? Nein! Ja! Irgendetwas ist da, will erkannt werden, prickelt unter der Haut und sie lächelt ihn an, der sich nun neben Domenika setzt. Wie klein sie ist und doch ganz kräftig, ganz da, mit ihrem rosa gefärbten Bubikopf, dem karierten Faltenrock, der weißen Bluse, wie eine Manga-Figur. Ihre Augen sind schwarz mit Kajalstift umrandet und sie blitzen, blaugrün.

Felix folgt ihrem Blick und überlegt, wie er ihr das mit den Figuren erklären kann, sie soll doch nicht denken, dass etwas mit ihm nicht stimmt, dass er gestört ist, aber vielleicht ist er ja gestört, nicht normal, das hat er schon häufiger über sich gedacht, über seine Ängste, sein Unbehagen im Zusammensein mit anderen, das Dagegensein, Alleinsein. Dabei findet er sie richtig nett und würde gern seinen Kopf in ihren Schoß legen, ihre Hand auf seinem Haar spüren.

„Soll ich dir einschütten?", er hebt die Kanne, sie nickt und er gießt ein, der Hase steht vor ihnen auf dem Tisch.

Domenika zeigt auf die Weihnachtsmänner im Regal. „Ein Hobby von dir?"

„Na ja", er räuspert sich, „ein Spleen, seit meiner Kindheit, ich bin sozusagen ein Schokoladenmessie, ich kann sie einfach nicht essen, ich muss sie aufbewahren."

„Warum?"

„Sie sind so schön bunt, ich sehe sie gern an. Sie erinnern mich daran, dass ich einmal klein war, dass es Weihnachten gab, Ostern, Feste, dass es einmal glitzerte und so nebenbei habe ich immer etwas Essbares im Haus, eine Notration", er lacht, „dabei mag ich keine Schokolade!"

„Tatsächlich?", Domenika reißt die Augen auf, „ich mag gern Schokolade, in kleinen Stückchen, zum Beispiel zum Kaffee, darf ich?"

Er nickt.

Domenika nimmt den Hasen, wickelt die Figur aus, legt die bunte Alufolie auf den Tisch, streicht sie glatt und bricht die Schokolade in viele kleine Stücke. Sie nimmt eins und steckt es in den Mund. „Gute Schokolade, das ist bei diesen Figuren nicht selbstverständlich. Willst du nicht doch probieren?" Sie hält ihm eine Ohrenspitze hin.

„Und wenn ich es nun nicht mag?"

„Dann spuckst du es wieder aus, kein Problem."

Zögernd nimmt Felix das Teilchen und schiebt es in den Mund. Domenika sieht, wie er die Schokolade langsam zergehen lässt und sie hebt die Hand, fährt mit einem Finger langsam über seine Lippen. Da nimmt er seine Hand, streicht ihr die rosa Strähnen aus der Stirn und sie neigen sich einander zu.

Die letzte Praline

Susanne Mautz

Ich tippte auf den Lichtschalter im Wohnzimmer. Es war mein dritter Anlauf und er drohte zu enden wie die ersten beiden. Sobald das Licht der runden Deckenlampe alles im Raum sichtbar werden ließ, war sie wieder da, diese Enge, die Besitz von meinem Inneren nahm. Und ich ahnte, dass das Sichtbare nur ein Bruchteil dessen war, was auf mich zukommen würde, wenn ich erst die Schränke öffnete. Regungslos verharrte ich mitten im Zimmer. Das Besteck auf der Kommode, die Handtasche auf dem Sessel, die kleine Wasserlache auf der steinernen Fensterbank neben der von Kalk angefressenen verschnörkelten Gießkanne, daneben der Briefumschlag mit der verwischten Schrift, der beim Gießen offenbar ein paar Wasserspritzer abbekommen hatte – es war, als könnte Mama jeden Moment ins Wohnzimmer kommen, um den Tisch zu decken. Die seltsame Kühle im Raum erzählte jedoch etwas anderes. Sie schien ihren Weg über die Wände genommen zu haben und breitete sich langsam aber sicher überall aus, als wollte sie die verbliebene Lebensenergie aus dem Haus drängen. Mit jedem Tag ein wenig mehr.

Als ich das Klicken im Türschloss vernahm, erlag ich für den Bruchteil einer Sekunde wieder der Illusion, dass Mama gar nicht tot war und gleich hier sein würde. Aber es war nicht Mama. Es war Ella. Mit dem Hausschlüssel, den sie bei ihrer Mutter im silbernen Schlüsselkästchen gefunden hatte, war sie hereingekommen.

Ella. Wie lange hatten wir uns nicht gesehen. Zwanzig Jahre? Länger? Viel länger. Es war der Schwesternstreit unserer Mütter gewesen, der auch uns auseinandergebracht hatte. Wir waren in einem Alter gewesen, in dem kindliche Treue zu den Eltern machtvoll Einfluss auf unsere Entscheidungen nimmt. Und dann hatten wir uns verloren.

Die Lieblingscousinen, die einst so unzertrennlich gewesen waren.

Nun also stand Ella plötzlich vor mir und umschlang mich, als ob es nie eine Funkstille zwischen uns gegeben hätte. Dann schob sie mich ein Stück von sich weg und schaute mir in die Augen. „Du siehst – scheiße aus."

Ein Gefühl uralter Vertrautheit überwältigte mich. Unter Tränen lachte ich über Ellas Direktheit. „Was machst du hier?"

„Ich dachte, du könntest vielleicht Hilfe gebrauchen. Das wird ja alles nicht einfach." Sie machte mit dem Arm eine Geste in den Raum hinein.

Nein, einfach würde es nicht werden angesichts der Aussicht, von dem ganzen Plunder, wie ich Mamas Sachen insgeheim immer genannt hatte, überrollt zu werden.

„Wie wäre es, wenn wir gemeinsam anfangen?" Ella schaute sich um, ging schließlich zum Fernsehtisch und klopfte gegen die rechte der drei nebeneinander angeordneten Schubladen. „Vielleicht mit der süßen Schublade? Und dann machen wir uns an den Buchenschrank."

Die süße Schublade. Wir hatten sie früher so genannt, weil Mama hier Süßigkeiten für besondere Anlässe aufbewahrt hatte. In den letzten Jahren nannte ich sie allerdings die Schublade des Grauens. Mama hatte mit der Zeit ein wenig den Überblick über ihren großen Haushalt verloren und mir und den Kindern häufig Dinge angeboten, die weit über das Verfallsdatum hinaus waren. *Das macht doch nichts!*, sagte sie jedes Mal in dieser Unbekümmertheit, die der Kriegsgeneration im Umgang mit Verdorbenem eigen ist. Wir waren dann damit beschäftigt gewesen, angegraute Schokolade, vertrocknete Pralinen und farblose Bonbons irgendwie diskret verschwinden zu lassen.

Ella holte eine schmale, edel anmutende Pralinenschachtel heraus. Schokopralinen mit Himbeerschnaps gefüllt. Mama hatte sie vor drei Monaten von Frau Gorencic bekommen, die sich üblicherweise mit Schnaps dafür bedankte, dass Mama das Familiengrab der Gorencics goss, wenn sie auf den Friedhof ging, was sie mit Regelmäßigkeit getan hatte. Dieses Mal nun also Schnaps in bittersüße Schokolade mit Zuckerrand eingeschlossen. Welch' ein Moment, als Mama mir eine Praline in den Mund gesteckt hatte und der Schnaps aus der zerlaufenden Schokolade geflossen war! Zum Abschied hatte sie mir die Schachtel hingehalten. Ich wollte sie an mich reißen, aber Mama hatte sie lachend zurückgezogen: *Stopstopstop. Du darfst nur zwei. Den Rest ess' ich selbst.* Es war das letzte Mal gewesen, dass ich ihr Lachen gehört hatte.

Nun saßen Ella und ich mit der Schachtel auf dem Sofa. Ella öffnete sie andächtig und als unter dem knisternden Papier die goldglänzende Einlage mit den rotgold verpackten Pralinen sichtbar wurde, lief mir das Wasser im Mund zusammen. Neun Stück waren es noch. Mama hatte also keine mehr davon gegessen. Feierlich stellte Ella die offene Schachtel auf den runden Couchtisch vor uns.

Als wir uns über sie beugten, stießen wir mit den Köpfen zusammen. Der Schmerz ließ uns gleichzeitig aufstöhnen. Wie früher.

Genau wie früher. „Weißt du noch?", fragte Ella, während sie sich den schmerzenden Kopf rieb.

Wie hätte ich es vergessen können. Mama hatte einmal nach dem Essen ein Duplo auf den Tisch gelegt und gesagt, wir sollten es teilen. Wir saßen uns gegenüber, schauten uns wie zwei Raubkatzen angriffslustig an und verabredeten wortlos, dass diejenige das Duplo bekäme, die schneller zugriff. Gleichzeitig stürzten wir uns dann darauf und stießen hart mit den Köpfen aneinander. Im gemeinsamen Schmerz vereint teilten wir das Duplo schließlich doch. Nahe beieinanderstehend nahm jede ein Ende des langen Stücks in den Mund und wir aßen uns von zwei Seiten vorwärts bis unsere Lippen aufeinandertrafen. Seitdem hatten wir jedes Duplo so gegessen. Auch wenn wir mal zwei bekamen.

„Die hier sind wohl zu kurz, um sie zu teilen", bemerkte Ella und wir prusteten gleichzeitig los.

Ich packte eine Praline aus, biss ein Stück davon ab, saugte den Schnaps heraus und ließ dann die Schokolade in meinem Mund zergehen.

„Oh mein Gott! Bist du immer noch so langsam?", fragte Ella augenrollend. Sie riss die Verpackung ab und warf sich die Praline in den

Mund. Es krachte zweimal, weg war sie. Aus den feinen Papierchen falteten wir nach und nach acht leuchtende Minischiffchen und ordneten sie im Kreis auf dem Tisch an.

Eine Praline lag noch in der Schachtel. Ich platzierte sie in die Mitte des Kreises. Nun mussten wir doch einen Modus zum Teilen finden.

„Denk dir was aus", sagte ich, während ich mich erhob, um in die Küche zu gehen. Als ich zurückkam, war die Praline weg. „Miststück. Ich hoffe, du bekommst üble Bauchschmerzen." Ich verpasste Ella eine spielerische Kopfnuss, die sie mit einem triumphierenden Grinsen quittierte.

Ella blickte im Raum umher. „Wollen wir mal?", fragte sie auf den schweren Buchenschrank deutend.

„Ich habe Angst."

„Ich auch." Ella stand auf und ich sah ihr dabei zu, wie sie langsam im Zimmer umherging, sich umsah und liebevoll die Gegenstände berührte, an denen sie vorüberging. Als sie vor dem Schrank stand, drehte sie sich zu mir um. „Fang!"

Etwas Glänzendes flog in hohem Bogen durch die Luft und landete vor meinen Füßen. Ich bückte mich. Die letzte Praline. Meine Finger schlossen sich um sie.

Das süße Glücksgefühl

Werner Siepler

Bekanntlich hat die Wissenschaft festgestellt,
dass Schokolade Glückshormone enthält.
So wird häufig aus einem fiesen Spießer,
ein glücklicher Schokoladengenießer.

Die verschiedensten Schokoladen man kennt,
verschmitzt sogar Kalorienbomben nennt.
Sich dennoch seinen Appetit nicht vermiest,
die süße Lust häufig genussvoll genießt.

Manch einer, der diese Köstlichkeit verschlingt,
die Nähte seiner Kleidung zum Platzen bringt.
Schließlich jedes Gramm arg auf die Hüften geht,
so dass rasch der Kauf neuer Kleidung ansteht.

Sobald Schokolade zu wirken beginnt
und der Bauch dann mächtig an Umfang gewinnt,
sollte man den Genuss nicht weiter toppen,
um den Bauchumfang rigoros zu stoppen.

Dennoch nach jedem Schokoladengenuss,
der Mensch kein schlechtes Gewissen haben muss.
Denn wer diese Köstlichkeit in Maßen schätzt,
keine überflüssigen Pfunde ansetzt.

Standhaft

Karen Wright

„Fuff!" Es hatte keinen Zweck, sich weiterzuschleppen. Konstanze sank auf eine Bank am Spielplatz, die Ermahnung ihrer Tochter in den Ohren. Jedesmal, wenn sie sich nach deren Eindruck zu schnell setzte, bekam sie ein *Mutter, pass auf deine Knochen auf!* zu hören

Konstanzes Knochen, ihr ganzer Körper, hatten ihr bisher 79 Jahre lang gute Dienste geleistet. Aber der Heimweg vom Supermarkt durch den Park mit zwei vollen Taschen zog sich heute in die Länge. Auf einen Rollator hatte sie keine Lust. Die Dinger brachten einen dazu, gebeugt vor sich hin zu trotten, und sie ging lieber aufrecht mit dem Blick zum Horizont.

Ihr fiel die Tafel Milchschokolade ein, die sie beim Lesen ihres Schmökers am Abend anbrechen würde. Ihre Eltern mussten es geahnt haben, als sie ihr den Namen *Konstanze* gaben, was für ein unbeugsamer Mensch sie werden würde: konsequent und nicht verführbar, die Selbstdisziplin in Person.

Unter dem verhangenen Himmel war nicht viel los im Park. Bei ihren Überlegungen, wie die anderen Besucher hier diesen Tag verbringen würden, war sie dankbar für ihre eigene Zeiteinteilung. Es war ihr wichtig zu wissen, was als nächstes dran war.

Ohne auf seinen Weg zu achten, rannte ein junger Mann auf ihre Parkbank zu. Stattdessen sah er sich über die Schulter um, in der Hand ein Portemonnaie ganz ähnlich wie Konstanzes. Man durfte sich nicht zu schnell ein Urteil über jemanden bilden, fand Konstanze. Möglich, dass es einen Unschuldigen traf: Sie streckte in dem Moment die Beine aus, als der Kerl an ihr vorbeispurtete.

Er stolperte, landete auf den Knien und stieß ein „Verdammte alte Kuh!" aus.

Ein Polizist kam angelaufen, packte ihn an der Schulter und nahm ihm das Diebesgut ab.

„Wissen Sie, darüber zerbreche ich mir öfter mal den Kopf", bemerkte Konstanze: „Wie unterschiedlich wir Menschen mit unseren Regeln zurechtkommen."

Der Polizist bedankte sich für ihre Mithilfe und entfernte sich mit dem wutschnaubenden Verhafteten.

Ohne ihr Dazutun suchten sich ihre Finger den Weg durch die Einkäufe und fischten ihre Tafel Schokolade heraus, brachen einen Riegel ab und schoben ihr das erste Stück in den Mund.

Während es Konstanze auf der Zunge zerging, betrachtete sie die Hülle, offensichtlich ein neuer Entwurf des Herstellers. Sie hatte die Tafel gewohnheitsgemäß aus dem Regal genommen und in ihren Einkaufswagen gelegt, ohne sich die Verpackung anzusehen.

Abrakadabra!,

Hokuspokusfidibus!

Lass dich von mir verzaubern!

stand in bunten Buchstaben auf der Rückseite. Die Vorderseite schmückten exotische Schmetterlinge und Vögel zwischen Kakaobohnen und -bäumen und prächtigen Blüten.

„Warum eigentlich nicht?", fragte sich Konstanze und war beim zweiten Riegel, als Sonnenstrahlen durch die Wolkendecke blitzten. Sie schloss die Augen. Diese Schokolade schmeckte wirklich ganz besonders, neu und anders, als alle Schokolade, die sie kannte. Oder hatte sie beim Lesen nur nie so genau darauf geachtet? Nein, das wäre ihr aufgefallen.

Sie hielt das Gesicht in die Sonne und spürte, dass sich ihre Mundwinkel nach oben zogen. Wie lebendig es um sie herum war: Kinder kreischten vergnügt, ein paar Vögel zwitscherten, Blumenduft stieg ihr in die Nase. Himmlisch! Her mit dem nächsten Riegel!

Immer mal wieder ermutigten ihre Tochter und ihr Schwiegersohn sie dazu, in Urlaub zu gehen, sich zum Beispiel in einem dieser Wellness-Hotels von Kopf bis Fuß verwöhnen zu lassen. Sie nannten Konstanze *stur*, weil sie dabei blieb, sie sei am liebsten zu Hause.

Insgeheim hegte sie den Verdacht, dass Tochter und Schwiegersohn, so gut sie es meinten, ihr aus schlechtem Gewissen dazu rieten, weil sie Konstanze zu selten besuchten.

Es sprach nichts dagegen, in den nächsten Zug zu steigen und sich davontragen zu lassen. Was erleben? Neuen Menschen begegnen?

Natürlich war da grundsätzlich nichts gegen einzuwenden Doch konnte es ihr nirgendwo auf der Welt besser gehen.

Konstanze lächelte. „Paradiesisch!", seufzte sie und leckte sich die Lippen.

Diese Tafel Schokolade wirkte wie ein Elixier. Konstanze würde ihre Taschen nach Hause bringen und gleich noch eine solche Tafel kaufen, bevor der Laden für das Wochenende schloss. Was in dieser Schokolade steckte, wussten die Götter der Konfiserie! Konstanze war *verzaubert*, wie versprochen.

Die Augen zu, den Kopf im Nacken strich sie über das Stanniol-papier, das leise knisterte. Moment! Sie hatte mitgezählt: Vier Riegel hatte sie sich inzwischen genehmigt. Wo war der Rest? Zwei mussten noch übrig sein. Wie in Trance tastete sie nach dem nächsten Stück, ohne hinzusehen. Da! Endlich! Wusste sie es doch, dass die Tafel noch nicht alle sein konnte. Der Geschmack war dieses Mal so unge-wöhnlich, dass Konstanze verblüfft die Augen aufriss.

Vor ihr stand ein Grüppchen von Kindern, die versuchten, sich ein Kichern zu verkneifen. Hatten sie nicht ein bisschen was Braunes an den Mundwinkeln?

Auf dem Papier auf Konstanzes Schoß lagen nur noch ein paar Krümel. Sie holte Luft, um die Kleinen zur Rede zu stellen, auch wenn es sich um Mundraub handelte.

„Bitte, verzeihen Sie uns!" Ein Mann in ihrem Alter hatte sich neben sie auf die Bank gesetzt und hielt seine Tafel Schokolade vor sie hin. „Wir mussten einfach herausfinden, was Sie so froh macht. Ich hoffe, *Zartbitter-Ingwer* schmeckt Ihnen auch?"

Konstanze schluckte. Erwartungsvolle Blicke ruhten auf ihr. Ein Lachen entstand tief in ihrem Inneren. „Und so ist man gezwungen, zu Forschungszwecken die ein oder andere Regel ganz über Bord zu schmeißen." Sie strich zweien der Kinder, die vor ihr standen, über die Wange. „Wie eine Hummel, wenn sie sich in die Lüfte erhebt." Ein zweiter Brocken *Zartbitter-Ingwer* wanderte in ihren Mund. „Mmmmh!", machte sie. „Also, ich finde, Ihre Schokolade schmeckt in so guter Gesellschaft am besten, meine dagegen, wenn man sie heimlich nascht."

Handwerkskunst

Hartmut Gelhaar

Niemand würde sie bestreiten,
der Schokolade dunkle Seiten.

Doch gleichfalls schätzen auch die Meisten
den Wohlgeschmack, den diese Leisten.

Ihr Talent geht nicht verloren.
Dank der Kunst von Konditoren.

Das Gold der Azteken

Imke Brunn

Der schwarz gekleidete junge Mann schlenderte langsam über die Straße vor den Antiquitätengeschäften. Mit einer geschmeidigen Bewegung nahm er die dunkle FFP2-Maske ab und steckte sie zusammen mit der Kappe in die Tasche seiner Jacke. Max wollte nicht auffallen und mischte sich unter die Menschen, die aus dem Bahnhof kamen. Die Sirenen, die er gerade noch gehört hatte, waren verstummt. Schon wollte er erleichtert aufatmen und den Schutz der Gruppe verlassen, als er aus dem Augenwinkel mehrere blau uniformierte Personen sah. *Mist*, dachte er, *der alte Mann hat doch sofort einen Alarm ausgelöst. Das wird wohl nichts mit einfach nach Hause gehen.* Unruhig spielte er mit den goldenen Münzen in seiner Tasche, die er gerade bei einem auf mittelamerikanische Antiquitäten spezialisierten Händler aus der Vitrine entwendet hatte. Nervös zählte er die kleinen Münzen in seiner Tasche mit den Fingern. Zehn waren es, antike Einzelstücke aus reinem Gold. Hektisch überlegte er, was er jetzt tun sollte.

Als er bemerkte, auf welches Gebäude er sich mitten in der Touristengruppe zu bewegte, zuckte ein Gedanke durch seinen Kopf. *Schokoladmuseum* stand in großen Buchstaben über dem Eingang. Er versuchte sich genau an den letzten Besuch im Museum zu erinnern. Seine Freundin hatte auf einer ganz persönlichen, nur für sie gefertigten Tafel Schokolade mit ganzen Nüssen und roten Zuckerherzen bestanden. Vor seinen Augen entstand das Bild der langsam in der braunen Masse versinkenden goldbraunen Kugeln.

Max dachte zurück an die unbeschwerte Kinderzeit, als er ein berühmter Zauberer hatte werden wollen. Er überlegte, ob die Geschicklichkeit wohl noch ausreichte. Entschlossen blieb er mitten in der Gruppe, bis sie das Museum erreichten. Er versuchte die Polizisten zu ignorieren, die immer näherkamen. Nur noch wenige Schritte waren sie von ihm entfernt, als er endlich durch die Tür schritt.

Im Vorraum angekommen, erstand Max eine Eintrittskarte und ging zum Toilettenbereich. Kaum war die Tür verriegelt, schlüpfte er mit einer schnellen Bewegung aus der Hose, wendete sie und zog sie wieder an. Mit der Jacke verfuhr er genauso. Die Kappe entsorgte er unter hunderten feuchten Papierhandtüchern im Abfall.

Als er die Toilette wieder verließ, erinnerte nichts mehr an den dunkel gekleideten jungen Mann mit Basecap. Seine Hose war jetzt auffällig schwarz-weiß kariert und die Jacke intensiv rot mit schwarzen Bündchen.

Aus den Augenwinkeln sah er mehrere Polizisten, die den Eingang zum Museum zu fixieren schienen. Mit seinem geänderten Aussehen war er sicher, redete er sich ein. Wie früher als Kind bei seinen Zaubervorführungen hatte er die kleinen aber schweren goldenen Scheiben im Ärmel versteckt. Nervös reihte sich in die Schlange an der Event-Theke unter dem Schild *Ihre ganz persönliche Schokolade* ein. Zwei Tafeln wollte er selbst gießen und verzieren.

Endlich war er an der Reihe und ließ die flüssige Schokolade langsam in die beiden vorbereiteten Formen fließen. Er hatte sich bunte Zuckerstreusel als Dekoration ausgesucht. Falls eine der Münzen nicht ganz von der Schokolade bedeckt wurde, würde das vielleicht nicht so sehr auffallen, hatte er sich überlegt.

Während die Schokolade floss, ließ Max mit der in Kindertagen unendlich oft geübten blitzschnellen Bewegung die Münzen aus seinem Ärmel in die Masse rutschen. Er knirschte mit den Zähnen und verbiss sich das Fluchen. Statt sich gleichmäßig auf die beiden Formen zu verteilen, landeten acht Münzen in der einen Tafel und nur zwei in der anderen. Immerhin, der braune Brei lief nicht über den Rand der Form und alle Münzen waren bedeckt. *Also alles gut gegangen*, dachte er.

Auf der Infotafel war zu lesen, dass man die Tafeln nach dem Besuch im Museum, frühestens jedoch nach 30 Minuten abholen konnte. So lange dauerte es, bis die Tafeln abgekühlt und transportfähig waren. Um nicht aufzufallen, schloss er sich dem Strom der Menschen an, die langsam an den Ausstellungsstücken vorbei drifteten. Wider Willen fasziniert, begann er den einen oder anderen Text an den Vitrinen zu lesen. An einem der Informationsschilder geriet er ins Träumen von einer Zukunft ohne Angst vor der Polizei. Schokolade enthielt Endorphine und natürliche Opiate, eine ideale Zutat für einen legalen Rausch. Was für eine verlockende Idee, eine Art holländischer Coffeeshop auf Kakao Basis.

An der nächsten Vitrine las Max etwas von Kakao, dem Gold der Azteken, sogar ihre Steuern hatten sie mit den Bohnen gezahlt. Da war er mit seinen Gedanken wieder bei den Goldmünzen. Ein Blick auf die Uhr zeigte ihm, dass die Zeit, die die beiden Schokoladentafeln zum Durchhärten brauchten, abgelaufen war. Er beschleunigte seine Schritte und näherte sich der Theke von der anderen Seite, dort wo die Tafeln ausgehändigt wurden. Nervös schaute er sich um.

Max atmete tief ein, um das Zittern der Finger zu beruhigen. Endlich war er an der Reihe und reichte seine beiden Abhol-Scheine der lächelnden Rothaarigen hinter dem Tresen. Angespannt verfolgte er, wie sie die Nummern auf den Silikonformen mit den Zettelchen verglich. Endlich griff sie nach zwei bunt bestreuten Exemplaren und reichte sie ihm.

Die Gedanken rasten durch seinen Kopf: *War das ein Polizist hinter der Säule? Nein, die blaue Kleidung hat doch keine Ähnlichkeit mit einer Uniform. Die Polizisten, die vorhin im Foyer gestanden hatten, waren wieder weg oder doch nicht? Hatte die Rothaarige gerade gezögert, bevor sie die Schokolade übergab? Hatte sie sich merkwürdig umgeschaut? Mit wem telefonierte sie? Nein, sicher hatte das nichts mit ihm zu tun – oder doch?* Er fühlte sich von den Blicken der rothaarigen Frau hinter der Theke verfolgt. Energisch wandte er den Blick von der telefonierenden Frau hinter der Event-Theke ab, vor der sich die Kunden stauten.

Beunruhigt überprüfte er die beiden Tafeln, aber außer bunten Streuseln war nichts zu sehen. Kein Gold blinkte auf der Oberfläche. Erleichtert verschloss er die kleinen Schachteln und steckte sie in seine Tasche. Bestimmt sah er schon Gespenster. Er musste nur noch nach Hause. Dann würde er den Käufer anrufen und endlich wieder ohne Sorgen schlafen. Der junge Mann versuchte sich zu beherrschen und nicht zu schnell zu gehen. Was sollte jetzt noch passieren?

Langsam lenkte er seine Schritte in Richtung Bushaltestelle, während ihn ein ungutes Gefühl beschlich. Er zuckte zusammen, als aus dem Nichts rechts und links von ihm zwei Männer in Uniform auftauchten, ihn mit festem Griff unter den Armen packten und zum in der Nebenstraße geparkten Polizeiauto führten.

Max sackte in sich zusammen. „Warum?", fragte er nur mit tonloser Stimme.

Der Polizist nahm eine der Schokoladentafeln und brach sie auseinander. Als er auf die golden schimmernden, von der braunen Leckerei umhüllten Kleinode zeigte, antwortete er: „Wir hatten die Mitarbeiter des Museums gebeten, uns bei allen ungewöhnlichen Vorkommnissen zu benachrichtigen. Diese beiden Tafeln Schokolade haben sehr unterschiedliche Gewichte und sogar die leichtere der beiden erschien der Mitarbeiterin außerordentlich schwer."

Klebrige Finger

Alessia Rößle

Es ist zu heiß,
wenn die zurechtgestutzte Form
im Plastik zerläuft,
als du deine Hände tief
in den Brunnen steckst.

Dunkel, fein verwoben
mit Hundstage-Glück,
wenn zarte Hüllen fallen,
ein Hauch von
bitter-süßem Vergnügen.

Verweile noch, bitte,
schmilz auf meiner Zunge,
den Sonnenschein im Nacken,
offenbar mir endlich
mein vollend-mildes Los.

Der erste Biss birgt
wohl gehütete Aromen
warm und süß,
ein stürmischer Geruch von
Hitze und Creme.

Lass uns kleine Sünden
maßvoll still genießen und verweilen
zwischen Folienpapier und Gras,
wie Kinder, die Spuren
unserer Finger hinterlassen.

Universum

Anke Meer

Diese neue Schokolade
macht glücklicher als Marzipan
zeitlos schmelzende Blockade
Wien und ich und dann vegan

Diese schöne neue Sorte
ein Genuss so bitter zart
und dann redet Sachertorte
süße Liebe, schönster Art

Wien, dann klingt Musik im Wie
auf den Gräbern kein Applaus
doch irdisch schöne Melodie
und Schokolade, Blumenstrauß

Hübsch fürs Auge bunt verpackt
wollt ihr luftig Proben naschen?
Schokolade die entschlackt
hab noch Liebe in den Taschen

Schöne Brise, Blumen pflanzen
Lufthauch, lieblich schöner Traum
geh mit ihnen draußen tanzen
blick euer Lächeln, Weltraumbaum

Schwere Kost aus Traurigkeit
so weit das Auge reicht,
folgte meiner Sternenzeit
Leben schmeckt jetzt wieder leicht

Für immer – Schokolade

Karin Bley

„So, Mike, los geht es!" Mein Spiegelbild blickte mich anfeuernd an. „Du hast lange genug gewartet, es wird jetzt Zeit. Geh den entscheidenden Schritt, sie ist die Richtige."

„Ja", nickte ich ihm zu, „Meine Elli ist meine Traumfrau und heute frage ich sie."

Schmunzelnd spritzte mich der Wasserhahn beim Händewaschen nass. Ich verließ die Toilette, holte meine selbst verzierte und schön verpackte Tafel aus der Schokoladenwerkstatt ab und ging zu meiner Elli.

Der Chocolatier hatte vorher mit dem Kopf geschüttelt, als ich ihm im Workshop von meiner Spezialzutat erzählte und meinte, das ginge nicht. Ich hatte geredet und geredet. Irgendwann war ich ihm wohl so nervig, dass meine Zutat dann doch in die doppelt so dicke und viermal so teure Schokolade wanderte.

Dann lag sie in meiner Hand, 200 g schwer, mit Liebesperlen und Schriftzug *Du bist die Libbe meines Lebens*. Okay, aus dem *e* ist ein *b* geworden, aber man konnte noch erkennen, was ich sagen wollte.

Ich war so aufgeregt, und rannte die Stufen zu Elli in den dritten Stock. Meine Bestzeit waren eigentlich 95 Sekunden, an dem Tag schaffte ich es sogar in 85 Sekunden. Bloß gut, dass ich die Zeit gestoppt hatte. Ich war nie wieder so schnell!

Die Tür öffnete sich und vor mir stand der Traum von einer Frau: Dunkelblonde Haare und Augen tiefblau wie Bergseen.

„Und? Wie schnell warst du? Mit oder ohne Bandenbremse?"

Ich war nur einmal gegen die Wand gelaufen und immer noch zog sie mich damit auf. Stumm überreichte ich ihr mein Geschenk.

„Hast du das für mich gemacht? Das ist ja süß! Ganz allein? Du bist großartig!" Und wieder versank ich in ihrem Anblick, kurz vor dem Sabbern konnte ich mich gerade noch zusammenreißen.

Elli legte die Schokoladentafel in die WG-Küche und stellte einen Kaffee an. Ich sollte ihr beim Gardinenaufhängen behilflich sein, natürlich schwebte ich hinter ihr her – für Elli tue ich alles!

In der Küche rumorte Jana, die Mitbewohnerin. Der Kaffee war fertig und wir setzten uns mit Kaffeekanne und Bechern an den Tisch. Gespannt blickte ich zu Elli, was sie wohl zu meiner Schokolade sagte. Aber die Tafel war verschwunden, so sehr wir sie auch suchten. Jana musste sie entwendet haben, waren wir uns einig.

Mir wurde Übel vor Angst. Schadenfroh streckte die Kaffeekanne ihren Ausgießer in die Luft, *selbst schuld*, sagte der Ausdruck.

„Wir müssen sie sofort zurückholen", stammelte ich nur noch.

Man sah Elli an, dass sie dachte, ich sei völlig übergeschnappt. Ich war zumindest kurz davor, mein Herz sprang fast heraus, es pochte, als ob es den Brustkorb eintreten wollte.

Sofort machten wir uns auf den Weg zum Zoo, dort fütterte Jana regelmäßig nachmittags die Tiere. Die Mitarbeiterin am Eingang erkannte uns und schickte uns in die Affenwelt.

„Guck mal, der sieht so aufgebracht aus wie du", neckte mich Elli.

Der Panikschweiß lief mir den Rücken herunter und ich dachte darüber nach, ob Jana die Tafel Schokolade schon vertilgt hatte.

Wir rannten durch das ganze Gehege in die hintere Ecke zu Heinrich, dem zuständigen Tierpfleger für die Affen. Die Totenkopfäffchen begleiteten uns mit empörtem Gekreisch. Einer baute sich vor mir auf, der wollte wirklich eine Keilerei anfangen. Aber ich schlage mich grundsätzlich nicht mit kleineren, deswegen ging ich mit respektvollem Abstand an ihm vorbei.

Jana war schon morgens im Zoo gewesen, weil sie mittwochs immer im Kindertreff arbeitete. Wie konnten wir das vergessen! Oh wehe, sie hatte die Schokolade schon gegessen, dann sollte sie sich in ein Warzenschwein verwandeln, wünschte ich mir.

Wie angespitzt sprinteten wir los, drei Kilometer in die andere Richtung. Eigentlich könnte ich schneller laufen und irgendwie wollte ich das auch. Vor allem trieb mich meine Wut auf Jana an, warum musste sie immer Ellis Süßigkeiten aufessen? Wenn ich erstmal Ellis Mann wäre, dann ...!

Als ich merkte, dass meine Elli nicht so schnell lief, passte ich mich ihren Schritten an, sie ist schließlich mein Leben. Jana sollte sich verschlucken, wenn sie etwas davon aß, das hat ihre Gier verdient, verwünschte ich sie. Hand in Hand mit Seitenstichen bis in den Kopf liefen wir zum Kindertreff und platzten keuchend in den Mittagstisch. Gerade hatten die Kinder den Nachtisch verspeist: meine einzigartige, 200 g schwere, mit Liebesperlen und Schriftzug aus weißer Schokolade von mir von Hand gefertigte Tafel Schokolade.

Mit braunen verklebten Gesichtern und Fingern sahen sie mich entgeistert an. „Die Schokolade war aber lecker", hörte ich gerade noch eine kleine sagen, „darf ich das letzte Stück?"

„NEIIIN", brüllte ich durch den Raum, „die Tafel ist für Elli!" Mein Traum war zerplatzt. Ich hatte es mir so schön vorgestellt, wie Elli die Schokolade genießerisch aß, stutzte und dann ein verzücktes *Ja* hauchte. Und dann das hier: 12 kleine Kinder mit eingezogenen Köpfen und ängstlichen Blicken. Mit Fantasien von einem freilaufenden Monster, das sie in mir erkannten. Alles umsonst – diese Chance kommt nie wieder. Ich war verzweifelt.

Plötzlich schob sich das kleine Mädchen zu mir, streichelte mir über den Arm und sagte: „Musst nicht weinen, ich schenke dir auch was." Ihre kleine Faust legte sich auf meine Hand und öffnete sich, darin lag ein Ring. „Den haben wir gefunden und alle haben ihn abgeleckt, weil er so voller Schokolade war. Jetzt ist er wieder richtig sauber und du kannst ihn haben."

Mir verschlug es die Sprache, ich schaute ungläubig von meiner Hand zu dem kleinen Wunder vor mir.

Elli kam näher, sah den Ring, küsste mich und sagte zu der kleinen: „Habt ihr wirklich alle daran geleckt, damit der Ring wieder sauber wird?"

Ja, nickten alle 12 Köpfe, „wir wussten erst nicht was es war, und es dauerte echt lange, bis man etwas erkennen konnte", sagte ein Junge.

„Und erst der Glitzerstein, da hing noch so viel Schokolade dran, da sind wir alle nochmal satt geworden", rief sein Nachbar.

„Das war eine echte Herausforderung, jeden lecken zu lassen, ohne dass es Streit gibt," sagte Jana.

Verlegen hielt ich Elli den Ring hin. „Das ist jetzt anders als geplant, willst du mich doch noch heiraten?"

„Ja, aber nur, wenn ich den Ehering und die Tafel Schokolade getrennt voneinander bekomme."

Schokolade

Simon Käßheimer

Schokolade - ob weiß ob braun,
du verdirbst die allerschönsten Frau'n.
Sie können nicht mehr von dir lassen,
krieg'n sie dich nur kurz zu fassen.

Egal ob Kakao oder Kakaobutter,
du bist das optimale Futter.
Jeder möcht dich nur zerbeißen
und mir aus den Händen reißen.

Ziel ist Mampfen und Genuss,
vom ersten Rippchen bis zum Schluss.
Und letztenendes ein Gewicht,
unter dem der Stuhl zerbricht.

Süße Sehnsucht – Voglia di Baci

Pamela Murtas

Moskau 1997. Hier arbeitete mein Vater nun schon seit zwei Jahren. Ich erinnere mich noch an jenen Tag, als sein Chef einen runden Geburtstag feierte und der gute Mann großzügig beschenkt wurde. Wenige Tage später besuchte ich meinen Vater im Büro und bestaunte all die Glückwunschkarten, Blumen und die Unmenge an Pralinen, die sich auf dem verlassenen Schreibtisch angesammelt hatten. Große Schachteln, kleine Schachteln, runde Dosen, zylinderförmige Verpackungen, manche liebevoll in kostbarem Papier verpackt – Es war ein wundervoller Anblick!

Inmitten dieses köstlichen Schokoladenparadieses erblickte mein geschultes Auge jedoch sogleich diese unverschämt leckeren Baci. Kaum, dass ich die typisch blaue Verpackung der italienischen Pralinen entdeckt hatte, konnte ich die dunkle Schokoladenpraline bereits regelrecht schmecken. Ich konnte das sanfte Knacken hören, das beim Hineinbeißen entstand und stellte mir die weiche Gianduia Schokolade mit den feinen Haselnuss-Stückchen im Inneren der Praline vor, wie sie auf meiner Zunge zergehen würde und wie ich schließlich genüsslich und bedacht in das ganze Haselnussherz der Praline hineinbeißen würde. Ich würde dann noch den Spruch lesen, den man im Inneren des silberfarbenen Papiers fand, welches die Praline ummantelte, auch wenn ich vermutlich mittlerweile jede dieser Liebesbotschaften kannte.

„Was machst du denn da?", riss mich mein Vater aus meinen Gedanken.

Ertappt wirbelte ich herum, schaute kurz ein wenig schuldbewusst drein, bevor sich meine Aufmerksamkeit abermals auf die Baci richtete. Wie lange war es wohl her, dass ich diese Pralinen nicht mehr gegessen hatte? Zwei ganze Jahre? Klar, hier in Russland gab es auch recht gute Schokolade, doch ich vermisste die vielen Leckereien, die ich von zu Hause kannte. Und so auch diese wunderbaren Baci.

„Sag mal, was wird denn aus der ganzen Schokolade?", fragte ich mit unschuldiger Miene. „Dein Chef ist doch die nächste Zeit in Italien und bei der Hitze hier im Büro schmilzt all die Kostbarkeit doch sicher weg", fügte ich hinzu. Nun ja, es war zwar Winter, doch die Büroräume wurden wirklich großzügig geheizt.

„Das ist ja wohl nicht dein Problem", kam es schroff von meinem Vater zurück.

„Aber zumindest die Baci sollten wir retten", versuchte ich es ein weiteres Mal.

Mein Vater hob eine Augenbraue bevor sein Blick ebenfalls zur blauen Verpackung glitt. „Die habe ich ja ewig nicht mehr gegessen", entkam es ihm. Dann jedoch besann er sich und jagte mich aus dem Zimmer, ohne sich meine weiteren Proteste anzuhören.

Mit einer ziemlich miesen Laune kehrte ich kurz darauf nach Hause und verspürte ein immer drängenderes Bedürfnis nach Schokolade. Das war doch wirklich ungerecht! Da würde so viel arme Schokolade vergammeln, während der Besitzer vermutlich gerade den Urlaub genoss und dabei die beste italienische Schokolade essen konnte! Vielleicht würde er sogar cremiges Schokoladeneis essen oder diese leckeren warmen Crepes mit Schokocreme. Oder gute italienische Pasticcini mit Schokofüllung! Oh, ich durfte gar nicht erst an all die Leckereien denken!

Noch am nächsten Morgen am Frühstückstisch spukte mir die Schokolade im Kopf herum und zwar so sehr, dass ich mir jetzt schon zerknülltes Baci-Papier einbildete.

Moment mal! Das war ja gar keine Einbildung! Mein Herz begann zu klopfen, als ich das kleine Silberkügelchen vorsichtig auseinanderfaltete und glättete. Sogleich kam das dünne Papierchen mit dem Spruch zum Vorschein: *Ogni bacio chiama un altro bacio. (Marcel Proust)*, las ich. *Hm, ein Kuss verlangt nach einem weiteren?* Nein, ein Bacio verlangt nach einem weiteren! Hoffnungsvoll blickte ich mich um, auf der Suche nach weiteren Pralinen.

„Suchst du was?", wollte meine Mutter wissen.

Ich deutete auf das Schokoladenpapier. „Woher kommt das? Gibt es noch weitere?"

Meine Mutter schmunzelte. „Dein Vater hat gestern eine Packung Baci mitgebracht. Scheint so, als hätte er bereits genascht!"

„Dann hat er sie tatsächlich mitgenommen", stellte ich freudig fest.

„Mitgenommen?" Meine Mutter runzelte die Stirn. „Was meinst du?"

„Ist doch egal. Komm, hilf mir suchen!"

Gemeinsam durchsuchten wir die Wohnung, wurden jedoch nicht fündig. „Vielleicht im Schlafzimmer?", überlegte ich.

„Dein Vater schläft noch. Besser wir stören ihn nicht, Ihm war heute Nacht übel, er hat kaum geschlafen."

„Ich bin leise, versprochen!", erklärte ich und huschte ins Schlafzimmer. Bemüht, keinen Lärm zu machen, durchsuchte ich das Zimmer, jedoch vergebens.

„Was suchst du?", brummte es schwach aus dem Bett.

„Die Pralinen", erklärte ich.

„Pralinen?", fragte mein Vater und klang beinahe angewidert.

„Ja, die Baci, die du allem Anschein nach mitgenommen hast!", präzisierte ich nun.

„Die habe ich weggeworfen."

„Was?" Das durfte doch nicht wahr sein! „Warum?", fragte ich entsetzt.

„Ich habe gestern Abend noch eine Praline genascht. Kurz darauf habe ich fürchterliche Magenkrämpfe bekommen. Die Schokolade war bestimmt vergiftet! Das war gewiss ein Anschlag auf meinen Chef!"

„Das war vermutlich nur die Strafe dafür, dass du dir einfach die Pralinen deines Chefs unter den Nagel gerissen hast", entgegnete meine Mutter, die anscheinend schon länger im Türrahmen gestanden hatte. „Du solltest dich schämen!"

„Ja, finde ich auch. Man wirft doch keine Schokolade weg! Von wegen vergiftet!", fügte ich hinzu und fing mir einen bösen Blick von meiner Mutter ein.

Noch lange habe ich den Baci hinterhergetrauert und das Erste, was ich mir gekauft habe, kaum dass wir in Italien waren, war eine Schachtel dieser leckeren Pralinen.

Schnell war das erste Stück vom Papier befreit und ich biss bedacht hinein. Ich hörte dieses sanfte Knacken, schmeckte die zarte Gianduia Schokolade, die langsam zwischen Gaumen und Zunge zerging. Ich zerkaute vorsichtig die Nuss-Splitter und biss zu guter Letzt in die Haselnuss. Hmm, war das gut! Dann entnahm ich den Zettel mit dem Spruch und las:

Si gusta doppiamente la felicità faticata. (B.Gracian)
Man genießt das hart erkämpfte Glück doppelt so sehr.

Mercy

Kristin Hogk

Nach einem sehr, sehr langen Arbeitstag habe ich endlich mein Tor erreicht. Unterricht – Teamsitzung – Unterricht – Dienstberatung – Brandschutzunterweisung – Drogerie – Post – Supermarkt – Bus – Tor! Schweißgetränkt vom Schleppen der Einkaufstaschen versuche ich, meinen Schlüssel zwischen Tempos und Lutschbonbons aus dem Rucksack zu fingern, ohne dabei etwas abstellen zu müssen. Am Ende purzelt doch alles zu Boden, auf den nassen Gehsteig, zwischen Kippenreste dreister Passanten. Eklig.

Fluchend schiebe ich mir den Schlüsselbund zwischen die Zähne und nehme umständlich alle Taschen samt Inhalt wieder auf. Nur noch wenige Meter über den Hof bis zur Hintertür. Hier sieht es verdächtig nach Einbruch aus. Nicht zum ersten Mal. Doch sooft ich mein pubertierendes Kind darum gebeten habe, ordentlich hinter sich abzuschließen, in diesem Moment bin ich ihm dankbar für zwei sperrangelweit offenstehende Türen, die mir ungehinderten Durch-marsch ermöglichen. Schnell streife ich meine längst durchtränkten Ballerinas von den Füßen und beschließe, alles mit einem Mal die schmale Treppe hinauf zuhieven. Auf gar keinen Fall will ich noch einmal herunterkommen müssen, um den Rest zu holen! Schnaufend komme ich oben an. Beutel auf, Einkäufe raus. Milchpackungen, Scheibenkäse, Salatgemüse, Kartoffeln, Kräutertee, Dosensuppen für Manfred, Geschirrspültabs, Klopapier.

Danach der Geschirrspüler. Raus – rein. Und die Waschmaschine. Rein – an. Erst die Arbeit, dann das Vergnügen. (10 Cent fürs Phrasenschwein!) Und dieses Vergnügen wird definitiv darin bestehen, endlich diesen kneifenden Gürtel zu lösen und mit einem wohlverdienten Kaffee auf dem Sofa zu stranden. Wasserkocher an,

Kaffeetasse raus, Filter rauf, Kaffeepulver rein, warten. Währenddessen höre ich meinen Magen grummeln. Fast zeitgleich mit dem Vibrationssignal meines Handys. Umständlich hangle ich mich über den Tisch zur Seitentasche meines Rucksacks und bemerke mal wieder: Meine Arme sind zu kurz und mein Bauch zu umfangreich.

Code eingeben. Fluchen. Code wiederholen. Messenger öffnen. Karin. Ach ja, Karin! Die wollte mit mir ja noch Walken gehen. *Mindestens dreimal die Woche*, hat sie gesagt. *Sonst bringt das nix*, hat sie gesagt. *Und wir wollen ja schließlich Ergebnisse sehen, gell?*

Ja, wollen wir, unbedingt! Unbedingt will ich mal wieder sowas wie eine Taille haben. Und von den Oberschenkeln könnten auch getrost ein paar Zentimeter weg.

Gestern waren wir nicht walken und heute ist schon Dienstag. Aber bei allen guten Vorsätzen bin ich einfach viel zu müde. Undenkbar, sich jetzt in die Sportsachen zu zwängen und *mindestens fünf Kilometer! – Sonst bringt das nix!* durch den Wald zu marschieren!

Mein Blick fällt auf das Fenster, die heranwehenden Tropfen. Erleichtert tippe ich eine Nachricht zurück von wegen Regen und Erkältung und so schade, dass es nicht klappt. Aber für heute bin ich durch. Auch der Kaffee ist durch. Mein Griff geht reflexartig zum Zucker und der Kondensmilch, doch ich pfeife mich zurück. Ohne geht auch, schmeckt fast genauso gut. Wie gerne würde ich jetzt etwas Leckeres essen – nicht nur, weil ich hungrig bin, sondern auch, weil mir einfach der Sinn danach steht, mich zu belohnen. Doppelt getoastetes Brot mit gesalzener Butter und Erdbeermarmelade. Die letzten drei Trüffelpralinen. Eine fluffige Streuselschnecke vom Bäcker gegenüber. Die versteckte Salz-Karamell-Schokolade!

Nach einigem Suchen stelle ich allerdings fest, dass die versteckte Salz-Karamell-Schokolade wohl nicht gut genug versteckt war. Entschlossen presse ich die Lippen zusammen und versuche, mich einfach nur über Sofa und Kaffee zu freuen. Neue Naschereien habe ich lieber gar nicht erst besorgt. Trotzdem schaue ich nach, ob da nicht doch noch der längst veraltete Schokoladenosterhase im Fach liegt – haben die eigentlich ein Ablaufdatum? Da! Ein paar Fetzen goldener Alufolie sind von ihm noch übrig. Ich räume sie in den Müll, steure mit meiner Tasse das Sofa an und lasse mich mit einem Erlösungsseufzer rückwärts aufs Sofa plumpsen. Dann löse ich den Gürtel und genieße das Ende der textilen Einengung und sauge meditativ den Duft aus der Tasse vor mir ein. Einfach nur sitzen. Nicht mehr hetzen. Nichts mehr schleppen. Nichts mehr denken. Ruhe.

Türklingeln. Fluchend hieve ich mich hoch und bemerke erneut das viele Gewicht, das an mir hängt. Natürlich muss ich jetzt wieder die Treppe hinunter, über den Hof, bis vor ans Tor. Wehe, es ist nur ein Paket für den Nachbarn! Als ich außer Atem den rechten Torflügel öffne, steht dort allerdings die Mutter einer meiner Schüler. Ich befürchte das Schlimmste. Beschwerden. Unverstandene Hausaufgaben. Vergessener Elterntermin?

Sie entschuldigt sich für die späte Störung. (Störung, genau!) Will auch gar nicht lange bleiben. (Hoffentlich!) Bedankt sich nur schnell aufrichtig für die aufwendige Zuarbeit, während ihr Sohn mit ihr auf Mutter-Kind-Kur war. – Moment! Hat sie sich wirklich gerade bedankt? Reicht dann tatsächlich noch eine große Merci-Packung hinter dem Rücken hervor und muss auch schon wieder los.

Regungslos stehe ich wie einbetoniert da und schaue ihr hinterher. Als es anfängt zu tröpfeln, löst sich auch der Beton und mein Blick wandert auf die Packung in meiner Hand. Jemand hat sich wirklich einmal bedankt! Und dann auch noch mit Merci, ausgerechnet!

So schnell es mir meine Form erlaubt, eile ich zurück ins Haus, in meine Wohnung, zu meinem heiß ersehnten Sofaplatz. Noch einmal lasse ich mich fallen, schalte meine Lieblingsserie an, fühle, dass der Kaffee noch warm ist, kann mein Glück kaum fassen.

Voller Vorfreude reiße ich die Merci-Packung auf – am besten sind die Riegel mit dem Kaffeegeschmack. Nehme einen von den beiden dieser Sorte, nur einen, wickle ihn sorgfältig aus der Folie, schaue ihn an, rieche an ihm und beiße erst dann ein sehr kleines Stück ab. Genau so, dass es viele Bissen werden. Und dann lasse ich die Welt Welt sein und mir jede einzelne Kalorie genüsslichst auf der Zunge zergehen. Mercy!

Ein Stückchen Glück

Kurt Blessing

Der harmonische Körper ist glatt und rein.
Sein Anblick löst starkes Verlangen aus;
schon beim Betrachten ist er ein Genuss.
Das Wasser läuft im Mund zusammen.

Hier ist die rosa Zunge allen gemein,
welche die erste Beziehung herstellt,
zum betörenden Objekt der Begierde,
zur Frucht, unter tropischer Sonne gereift.

Anziehendes Bukett, exotisches Parfüm,
lockt und verführt meine verwirrten Sinne.
Wie der warme Golfstrom rinnt das Glück,
als cremig karamellisierter Vanillesafran.

Der harte Bissen schmilzt sofort im Mund.
Ein Schmelz erfüllt den feuchten Gaumen
weich und sanft mit zarten Aromen.
Zu schade, um ihn sofort zu schlucken

So muss göttliches Ambrosia schmecken.
Zufriedenheit blockiert das üble Sinnen,
Wohlbehagen macht sich überall breit.
Dies Elysium sollte ich auf ewig halten!

Weihnachtszeit

Eine Weihnachtsüberraschung

Jennifer Cortini

6. Dezember 1947

Amelia fühlt sich beobachtet, die Blicke stechen scharf wie kleine Messer in ihre Haut, und während sie sich ihrem Schreibtisch nähert, begegnet sie den fragenden Augen ihrer Kollegin Paola. *Was mag nur passiert sein?*, fragt sie sich. Normalerweise sind ihre Kolleginnen freundlich, lächeln und grüßen sie herzlich. Heute jedoch herrscht eine beunruhigende Stille und alle starren sie an. Sie gelangt an ihren Arbeitsplatz und bleibt dort erstmal stehen.

„Guten Morgen, auch heute liegt wieder eine Überraschung auf deinem Schreibtisch. Mittlerweile jetzt schon den sechsten Tag in Folge!", empfängt Paola sie mit einem leicht neidischen Ton: „Ich würde wirklich zu gerne wissen, wer dieser heimliche Verehrer ist!", fügt sie hinzu.

Amelia kommt noch näher heran, grüßt zerstreut und betrachtet dann aufmerksam die kleine Süßigkeit, die auf einer altrosa Serviette ruht. Während sie tief aufseufzt, nimmt sie einen zarten Zimtduft wahr. Die heutige Schokolade ähnelt einem winzig kleinen Elf mit Hut und spitzen Schuhen. Er ist liebevoll von Hand verziert.

24. Dezember 1947

Am ersten Tag, dem ersten Dezember, an dem sie das erste Schoko-stückchen fand – einen lustigen Lebkuchenmann auf einer kleinen roten Serviette, der einen angenehmen Duft nach Weihnachts-plätzchen verströmte – dachte sie, dass es vielleicht von jemandem aus Versehen dort abgelegt worden war. Aber auf ihre Nachfrage erntete sie von ihren Kolleginnen nur Kopfschütteln und Schulterzucken. So beschloss sie, die kleine Köstlichkeit in einer Schachtel unter ihrem Schreibtisch aufzubewahren, bis der rechtmäßige Besitzer auftauchen würde.

Doch die Tage vergingen, niemand meldete sich, und jeden Tag kam eine neue Süßigkeit hinzu. Mittlerweile ruhen nun in ihrer Schachtel 24 Pralinen in den unterschiedlichsten Weihnachtsformen und -düften, zum Beispiel ein goldener Engel mit durchsichtigen Flügeln, der berauschend nach Vanille duftete. Ein reich geschmückter Weihnachtsbaum mit Nelkenaroma. Ein freundlicher Weihnachtsmann mit dichtem weißen Bart und roter Mütze delikat nach Bratäpfeln riechend. Ein dicker, runder Schneemann mit Karottennase und Kohlemund, der einen kräftigen Kakaogeruch verströmte. Ein silbernes Glöckchen, das schwach nach Spekulatius roch. Und ein funkelnder Stern mit Kometenschweif, der die Luft mit seinem Zitrusfrüchteduft schwängerte. Sie hatte einfach nicht den Mut gehabt, diese kleinen Kunstwerke zu kosten. Schließlich wusste sie nicht, für wen (*vielleicht doch für sie?*) und von wem sie waren.

25. Dezember 1947

„Guten Morgen, Paola." Heute Morgen befinden sich seit dem Aufwachen in ihrem Kopf nur traurige Gedanken: Es ist Weihnachten, aber es fühlt sich nicht so an. Der Krieg hat alles, was auf der Welt schön war, ausgelöscht. Seit sie ein kleines Kind war, ist Weihnachten Amelias Lieblingsfeiertag. Doch in diesem Jahr muss sie lange arbeiten, denn sie braucht das Geld mehr als nötig. Wenn sie heute Abend nach Hause kommt, wird sie von einem dürftigen Weihnachtsbaum und etwas aufgewärmter Brühe begrüßt werden. Keine heiße Schokolade und kein Lächeln von niemandem.

„Guten Morgen, Amelia!" Paola hingegen scheint im siebten Himmel zu schweben.

Was gibt es da so viel zu lächeln?, denkt Amelia wütend. Und als ob dies noch nicht genug wäre, liegt keine Schokolade auf ihrem Schreibtisch, sie hatte sich inzwischen so daran gewöhnt und ist jetzt sehr enttäuscht. Abrupt stellt sie ihre Tasche auf den Boden und lässt sich schwer auf ihren Stuhl fallen, kann es kaum erwarten, dass Weihnachten vorbei ist.

„Amelia?"

Diese Stimme, das ist nicht möglich.

„Amelia, ich bin es!"

„Nico?" Amelia steht schnell auf, dreht sich um und stolpert dabei fast über ihre Tasche, wirft sich dann aber sogleich in die Arme der Liebe ihres Lebens „Du bist am Leben? Ich habe dich so sehr vermisst! Was ist passiert? Geht es dir gut? Bist du verletzt?", überhäuft sie ihn mit Fragen.

„Beruhige dich, beruhige dich, ich erzähle dir alles bei einer schönen heißen Schokolade. Zu Hause steht sie schon bereit."

Während sie an Nico's Arm ihr Büro verlässt, sieht sie Paola und ihre anderen Kolleginnen lächeln, und so wird ihr auf einmal alles klar.

Nikoläuse im neuen Design

Hermann Bauer

Franz arbeitete als Abteilungsleiter in einer bekannten Schokoladenfabrik, die sich auf Schoko-Nikoläuse und Osterhasen spezialisiert hatte. Nachdem die Werbeagentur mit großem Aufwand ein moderneres Erscheinungsbild mit neuem Signet gestaltet hatte und die neuen Briefbögen und Kuverts in einer edlen Heißfolientechnik bedruckt worden waren, warf die Firma Tausende von alten Briefkuverts und Briefbögen in den Papiercontainer.

Franz beobachtete dies mit einem verständnislosen Kopfschütteln. Für ihn war dieser Vorgang Papierverschwendung und Umweltverschmutzung. Deshalb telefonierte Franz mit dem Geschäftsführer und teilte ihm mit, dass er diese Wegwerfaktion nicht gutheißen könne.

Der Geschäftsführer lächelte. „Unser neues Lifestyle-Weihnachtsmänner-Sortiment präsentiert sich weltoffen und modern, ausgerichtet am Puls der Zeit und am Zeitgeist. Mit einer außergewöhnlichen Kombination aus innovativen Schoko-Nikolaus-Kreationen, flotten Sprüchen, trendigem Design und leuchtenden Farben richtet sich die neue Weihnachtsmänner- und Nikolaus-Kollektion vor allem an trendbewusste Schokoladen-Fans. Durch diese kostspieligen neuen Kuverts und Briefbögen beeindruckt man den Handel, Marktbeschicker und andere Abnehmer – da erwarten wir uns Wettbewerbsvorteile! Die Heißfoliendruckfarben sind identisch mit der Alufolie, in der unsere neuen Schokoladen-Weihnachtsmänner eingewickelt sind. Unser Firmenname hat die gleiche Farbe wie die Schokolade, die wir produzieren. Sie sehen also, die Werbeagentur hat sich da schon etwas dabei gedacht", klärte er Franz auf. „Und – ganz ehrlich", fuhr er fort, „die biederen alten Briefbögen kann ich nicht mehr sehen. Die von Ihnen angesprochene Papierverschwendung interessiert mich nicht.

Ich bin Unternehmer und kein Grüner."

Bevor Franz die Fabrik nach Feierabend verließ, ging er zum Papiercontainer und stopfte sich einige Hundert Briefkuverts und Briefbögen in seinen Aktenkoffer, denn er wollte diese noch als Schmierpapier verwenden. Der Firmenaufdruck störte ihn dabei nicht.

Nach wenigen Wochen verwendete er bereits die ersten Kuverts. Er verschickte an seine Freunde Einladungen zu seiner Geburtstagsfeier im Dezember.

Alle Eingeladenen erschienen zu seinem Fest, nur Ralf, sein bester Freund, nicht. Vielleicht war er beruflich unterwegs? Nichts Außergewöhnliches für einen viel beschäftigten Außendienstler.

Am späten Abend versuchte Franz noch, seinen Freund telefonisch zu erreichen, doch es meldete sich lediglich Ralfs Stimme auf dem Anrufbeantworter:

„Hier ist nur mein Anrufbeantworter. Obwohl er so heißt, kann er trotzdem Ihren Anruf nicht beantworten. Sie können mir aber eine Mail schicken oder nach dem Pfeifton ..."

Da Franz ungern aufs Band sprach, legte er enttäuscht wieder auf. Die Feier musste ohne Ralf weitergehen.

Einige Gäste sprachen mit Franz über das Firmenkuvert, und er freute sich, dass er all seine Freunde davon überzeugen konnte, dass man mit Papier nicht so verschwenderisch umgehen sollte. Die Gäste waren gut gelaunt, es war lustig, und es wurde sehr spät, bis auch der harte Kern heimkehrte.

Am nächsten Tag hatte Franz in der Firma so viel Lust zum Arbeiten wie ein toter Hund zum Bellen. Der Schädel brummte ihm vom vielen Alkohol. Auf seinem Schreibtisch lag ein Stoß von Briefen, Werbung und einige handgeschriebene Zettel mit der Bemerkung: *Bitte dringend Herrn Meier anrufen. Eilt.* – Oder *Wo bleiben meine Bestellungen? Termin war gestern.* Er sortierte die Briefe oberflächlich. Da fiel ihm ein bereits von der Sekretärin geöffneter Brief auf. Es war der Einladungsbrief, den er an Ralf geschickt hatte. Die Adresse war richtig. Doch beim näheren Betrachten kam ein Lächeln über seine

Lippen. Er schlug sich mit der flachen Hand auf die Oberschenkel. Seine Augen tränten vor Lachen. Er stand auf „Das gibt es doch nicht!", sagte er laut. Auf dem Kuvert haftete ein Aufkleber, darauf stand:

> *Annahme verweigert. Werbesendungen sind Papier-*
> *verschwendung. Sie belasten Natur und Umwelt.*
> *Erstens bei der Papierherstellung, zweitens als Müll.*

Ohne Absender

Monika Huhn

Lara würde – wie die letzten Jahre – Heilig Abend allein verbringen. Trotzdem stellte sie einen Weihnachtsbaum auf, an dessen Äste sie bunte Kugeln und Engelsfiguren befestigte. Der erdige Duft von Tannennadeln erfüllte den Raum. Die Lichterkette erstrahlte in hellem Glanz. Im Radio lief das Weihnachtslied, das die diesjährigen Charts anführte. Mariah Carey trällerte *All I want for Christmas is you*.

Sehnsuchtsvoll schaute Lara aus dem Fenster. Dieses Jahr würde es wieder keine weiße Weihnacht geben. Bei zu warmen Temperaturen prasselte unermüdlich Regen gegen die Scheiben.

Gerade hatte sie die letzte Dekoration am Baum angebracht, als es an der Wohnungstür läutete.

„Nanu, wer ist das denn?", fragte sie sich und ging in den Flur, um durch den Türspion zu linsen.

Draußen stand ein junger Mann, der von einem Bein aufs andere trat und erneut auf die Klingel drückte. Seine rot-gelbe Uniform wies ihn als Paketzusteller aus.

„Ist ja schon gut, ich komme", rief sie und öffnete die Tür. Ihm konnte sie im Schlapperlook entgegentreten, der war sicher einiges gewöhnt.

„Frohe Weihnachten", sagte er und lächelte dabei, weil er wohl auf ein Trinkgeld spekulierte. Der Bote überreichte ihr ein Päckchen.

„Von wem ist das denn?", fragte Lara.

Aber der Auslieferer schüttelte nur den Kopf. „Woher soll ich das denn wissen? Hier müssen Sie unterschreiben." Er hielt ihr ein elektronisches Gerät hin, auf dem sie mit dem Finger unterschrieb. Sofort rannte er die Treppenstufen des Mehrfamilienhauses hinab, um andere Menschen am letzten Arbeitstag vor den Feiertagen mit

Paketen zu erfreuen. Lara schloss die Tür und untersuchte den in weihnachtliches Geschenkpapier eingepackten Karton. Sie wendete ihn hin und her, aber es war kein Absender zu entdecken. Eigentlich sollte sie ihn unter den Baum zu den Geschenken legen, die sie von ihren Kolleginnen erhalten hatte. Sie strich sich ihre langen blonden Haare hinter die Ohren und neigte den Kopf. Die Neugier siegte und mit einem Ruck war die Verpackung offen. Unter dem Papier kam eine Karte zum Vorschein.

Etwas Süßes für meine Süße, weil ich heute nicht
bei dir sein kann. Ich vermisse dich.

Ein roter Kussmund und aufgeklebte Herzen zierten die Zeilen. Es kam ihr seltsam vor, dass die Karte nicht von Hand geschrieben war, sondern ein Computerausdruck.

Lara dachte nicht weiter darüber nach. Süßigkeiten vom besten Confiseur der Stadt. Marzipankonfekt, überzogen mit hauchdünner Vollmilchschokolade, im Gegensatz zum üblichen Zartbittergeschmack. Jedes war liebevoll einzeln in Zellophan verpackt. Laras Lieblingspralinen, das wusste Jochen. Bestimmt hatte er für diese Menge ein kleines Vermögen bezahlt, nur um ihr eine Freude zu machen. Fröhlich tanzte sie durch ihre Wohnung. Ihr Geliebter konnte Weihnachten nicht bei ihr sein. War gezwungen, die Feiertage bei der verhassten Familie zu verbringen. Seine Frau liebte er schon lange nicht mehr, das hatte Jochen ihr stets versichert. Und die beiden Kinder waren nur noch eine Belastung für ihn. Aber er brauchte Zeit. Zeit, um sich von ihnen zu trennen und zu Lara zu stehen.

Es würde nicht mehr lange dauern, bis sie für immer zusammen sein konnten. Die vergangenen Monate waren geprägt von heimlichen Treffen und sehnsüchtigem Warten auf das nächste Mal. Nie waren sie als Paar ausgegangen oder miteinander in Urlaub gefahren. Keiner wusste von ihrer Affäre, Lara hatte nicht einmal ihre beste Freundin eingeweiht. Jochen hatte ihr schon oft versprochen, reinen Tisch zu machen. Aber dieses Mal, dieses Mal würde er seine Frau verlassen. Nach den Feiertagen. Dann würde für Lara ein neues Leben an seiner Seite beginnen.

Lara öffnete die Packung und entnahm eine Praline. Schokolade war schon immer ihr Seelentröster, vor allem, wenn sie sich einsam fühlte. Sorgsam wickelte sie die Süßigkeit aus der Folie und steckte sie genießerisch in den Mund. Die Schokolade schmolz auf ihrer Zunge, dann erfüllte das kräftige Marzipanaroma ihre Geschmacksnerven. Heute kam ihr der Mandelgenuss besonders intensiv, ja sogar bitter vor. Sicher lag das daran, dass sie eben den letzten Rest ihres inzwischen kalten Espressos getrunken hatte.

Bei der Leckerei war an Beherrschung nicht zu denken. Rasch hatte sie ein zweites Konfekt ausgepackt und genoss die Gaumenfreude. Das Bittere verstärkte sich noch, ein Brennen machte sich auf ihrer Zunge breit, als hätte sie etwas viel zu scharfes gegessen.

Lara ging in die Küche. Um dem herben Geschmack entgegenzuwirken, trank sie ein Glas Wasser. Etwas Linderung trat ein, so dass sie sofort wieder zu einer Mandelpraline griff. Ihrer schlanken, durchtrainierten Figur machten ein paar Kalorien mehr nichts aus.

„Was hat der Konditor dieses Mal nur für Zutaten verwendet?", fragte sie in die Einsamkeit hinein. Lara schnappte sich die Schachtel und setzte sich vor den Fernseher, um ihre Lieblingsserie zu schauen.

Bald lag nur noch die leere Verpackung neben ihr auf der Couch. Das ätzende Gefühl auf ihrer Zunge hatte sich vervielfacht. Wassertrinken half kaum dagegen. Ihr Atem ging schwer, ihre Haut hatte sich rötlich verfärbt. Lara überlegte, was sie tun sollte. Einen Arzt anrufen? Sie fühlte sich schlecht, kraftlos und ihr Magen krampfte so sehr, dass sie sich vor Schmerzen krümmte. Bestimmt hatte sie zu viel Süßes in sich hineingestopft. Mühsam und nach Luft schnappend erhob sie sich, als ihr Handy klingelte. Ein Blick auf das Display verriet ihr, dass Jochen anrief. Die Nummer seines Zweithandys war unter einem Frauennamen abgespeichert, damit niemand eine Verbindung zwischen ihnen herstellen konnte. Trotz ihres Elends freute sie sich und nahm den Anruf entgegen. „Jochen, schön, dass du anrufst." Lara wischte Schweißperlen von der Stirn.

„Hallo, meine Liebe. Ich habe mir nur kurz zwei, drei Minuten freigeschaufelt, um deine Stimme hören zu können. Aber du klingst gar nicht gut, bist du erkältet?" – Über Laras Gesicht zog ein Lächeln. Er machte sich Sorgen um sie! „Nein, ich habe wohl zu viele von deinen Pralinen genascht. Jetzt habe ich entsetzliche Magenkrämpfe, aber die gehen bestimmt bald wieder vorbei."

„Wie, von meinen Pralinen, was meinst du damit?"

„Na, das Päckchen mit meinem Lieblingsmandelkonfekt. Das hast du mir doch heute schicken lassen."

„Nein, ich habe dir nichts geschickt. Dein Weihnachtsgeschenk liegt noch gut versteckt im Auto, das bringe ich dir in den nächsten Tagen vorbei."

„Dann ... dann ist die Schokolade gar nicht von dir? Das Paket kam ohne Absender." Laras Stimme wurde immer schwächer. „Entschuldige, ich muss auflegen, mir geht es miserabel." Ohne weitere Verabschiedung wischte sie das Gespräch weg.

Gebückt vor Schmerzen taumelte sie zum Sofa. Sie nahm die Pralinenschachtel und prüfte sie von allen Seiten. Plötzlich entdeckte sie eine Schrift, ganz dünn, unten auf dem Boden, mit Bleistift geschrieben. Der Text lautete:

Lass die Finger von meinem Mann, du Bitch!

Krämpfe schüttelten Laras Körper. Ihr wurde klar, warum die Pralinen so bitter geschmeckt hatten. Die Qualen stiegen ins Unermessliche, bevor sie das Bewusstsein verlor. Ihr letzter Gedanke galt Jochen, dessen Frau ihn nicht loslassen wollte. Lara hatte die Rivalin eindeutig unterschätzt.

Leider geil

Maike Ruprecht

„Was haben wir getan?" Michael blickte auf den Wohnzimmertisch. Ein dichtes Durcheinander aus kleinen bunten Geschenkpapierquadraten und Geschenkband bedeckte dessen Oberfläche, dazwischen lagen mehrere leere Tüten und zahlreiche leere Einwickelpapiere. Stumme Zeugen dessen, was sich während der letzten halben Stunde an diesem Tisch zugetragen hatte.

Nachdem Pia die Kinder ins Bett gebracht und er selbst den Bürgersteig von Schnee geräumt hatte, setzten sie sich gemeinsam an den Wohnzimmertisch, um den Adventskalender für ihre beiden Kinder zu basteln. Während draußen der Schnee vom Himmel fiel, schnitten sie Geschenkpapier in zehn mal zehn Zentimeter große Quadrate, wickelten die letzten angealterten Fruchtgummis und Brausebonbons aus dem familiären Naschkasten hinein und befestigten diese ersten fünf Päckchen mit Geschenkband an dem von Michaels Mutter handgenähten und liebevoll mit Weihnachtsmotiven bestickten Adventskalender. 48 Ringe waren zu bestücken. Zwei Ringe pro Tag, für jedes Kind ein Päckchen. Die Restsüßigkeiten genügten für die ersten fünf Päckchen, dann öffnete Pia die erste neu gekaufte Tüte Naschwerk. Der Duft von Zartbitterschokolade und Orange stieg daraus empor, wie ein verlockender Geist seiner Öllampe. Jeder Elternteil nahm sich ein Stück zum Probieren und dann geschah es.

Als fügten sich Duft und Geschmack der Schokolade zu einem dazu passenden Schlüssel zusammen, öffnete sich in ihren Köpfen eine Tür. Eine Art Dimensionsportal, das jegliche Vernunft, sämtliche Ernährungsratschläge sowie alle guten Absichten in sich einsog und nichts übrigließ als Glücksgefühle, Lebenslust und Freude am

Genuss. Erst als sämtliche Schokolade auf dem Tisch verzehrt gewesen war, hatte sich das Portal wieder geschlossen.

Pia blickte auf die leeren Schokoladentüten. „Ich wünschte, ich könnte sagen, dass es mir leidtut, aber das wäre gelogen." Mit der Fingerspitze tippte sie auf eine einsame rote Liebesperle, die vor ihr auf dem Tisch lag, und steckte sie gedankenverloren in den Mund.

Michael wusste genau, was seine Frau meinte. Obgleich ihn die 43 leeren Ringe vorwurfsvoll anblickten, empfand auch er keine Reue. Der Schokoladengeschmack auf seiner Zunge begrub jegliche Skrupel unter sich, wie der Neuschnee draußen den frisch geräumten Bürgersteig. Ebenso ihr Vorhaben, den eigenen Kindern einen schönen Adventskalender zu basteln. „Sind wir jetzt schlechte Eltern?", überlegte er.

Pia betrachtete die leeren Ringe. „Heute ist der 30. November, die Geschäfte haben längst geschlossen und wenn wir nicht noch in dieser Nacht Schokolade für 43 Päckchen auftreiben, einpacken und an diesen Adventskalender binden, gibt es morgen in aller Frühe einen Aufstand mit jeder Menge Tränen", fasste sie die Lage zusammen. Sie sah ihren Mann an. „Warum musstest du auch die ganzen Orangentaler aufessen?"

„Bitte? Dafür hast du die Schokolinsen weggenascht."

„Und du die Nugatkugeln!"

„Eine habe ich dir immerhin abgegeben. Und was war mit den Schokokränzen mit Liebesperlen drauf?"

Pia errötete. „Ich wollte doch nur mal kosten. Das war mein Mutterinstinkt. Ich musste doch sichergehen, dass die Schokolade nicht schädlich ist."

Michael rieb sich den Bauch. „So sicher bin ich mir da nicht." Er seufzte.

„Woher kriegen wir jetzt die fehlende Füllung für 43 Päckchen? Ob wir die Nachbarin aus dem Bett klingeln sollten? Schließlich hat sie heute Vormittag ein Paket für uns angenommen, da könnten wir uns doch auch Schokolade für unsere Kinder von ihr ausborgen."

„Frau Fischer? Die hat doch höchstens selbstgemachte Dinkelcracker im Haus. Aber ..."

Pia starrte ihren Mann an. „Was hast du gesagt?"

„Frau Fischer hat heute Vormittag ein Paket für uns angenommen. Darin war die Orchidee, die du vor ein paar Tagen bestellt hast. Du hast sie vorhin ausgepackt und dort ans Fenster gestellt." Michael deutete auf die rosa blühende Pflanze.

„Nein, davor! Was hast du davor gesagt?"

„Woher nehmen wir die Füllung für die letzten 43 Päckchen?", wiederholte Michael und musterte seine Frau skeptisch.

Einige Sekunden schien Pia tief in Gedanken. „Füllung ...Füllung, das ist es", jubelte sie leise und lief aus dem Wohnzimmer. Michael sah ihr ratlos nach. Gleich darauf kam sie mit dem orchideenlosen Karton zurück. Nur das Füllmaterial war noch darin.

„Was hast du vor?", wollte er wissen.

„Ganz einfach, wir improvisieren!" Beherzt griff Pia in den Karton, holte drei Styroporflocken heraus und wickelte sie in eines der Geschenkpapierquadrate.

Ungläubig schaute Michael zu. „Äh, unsere Kinder naschen gern Styropor?"

„Stell keine Fragen und hilf mit oder willst du etwa wortbrüchig werden?"

„Einen Schokoladenadventskalender haben wir versprochen!"

Pia schüttelte den Kopf. „Einen Adventskalender mit 48 selbstgefüllten Päckchen haben wir unseren Kindern versprochen und genau den werden sie morgen früh bekommen. Dass wir 43 der Päckchen morgen Nacht gegen welche mit Schokoladenfüllung austauschen, brauchen die beiden nie zu erfahren." Sie zwinkerte ihrem Mann zu. „Du kannst doch dichthalten?"

Michael starrte seine Frau ungläubig an. In sechs Jahren Ehe hatte er sie nie so durchtrieben erlebt.

Eine halbe Stunde später hing der überwiegend mit Styropor bestückte Adventskalender an seinem üblichen Platz neben der Wohnzimmertür. Pia grinste zufrieden. „Jetzt beseitigen wir noch die Spuren unserer Tat, dann ist es endlich vollbracht."

Beim Aufräumen kullerte ein übrig gebliebener Orangentaler aus der Tüte. Michael fing ihn auf, ehe er vom Tisch rollte, brach ihn entzwei und hielt eine der beiden Hälften seiner Frau an hin. „Zur Besiegelung unserer Komplizenschaft."

Michael und Pia tauschten einen verschwörerischen Blick, während sie sich gegenseitig die Schokolade aus der Hand naschten.

„Heute Abend sind wir vielleicht nur bedingt gute, aber dafür glücklich verliebte Eltern und davon haben unsere Kinder viel länger etwas als bis zum 24. Dezember", flüsterte Pia, nahm ihren Mann bei der Hand und zog ihn ins Schlafzimmer.

Süße Sünde

Andrea Timm

Vielerorts gibt es unter Studierenden in der Adventszeit einen wohlschmeckenden Brauch – das Nikolauswichteln. So auch in Freiburg. Gegen eine Spende kann man dort Schokoladennikoläuse mit weihnachtlichen Grußkarten untereinander verschicken. Auch im Wintersemester 2014 ließen verliebte Studentinnen ihrem Liebsten süße Grüße übermitteln. Oder sendeten dem sich langweilenden Freund schokoladige Unterstützung ins Seminar. Die Schokoladenfirmen der Umgebung hatten sich durchaus großzügig gezeigt und die Aktion nicht nur mit ihrem Namen generös unterstützt.

Bei reichlich Glühwein zählten die drei Hauptverantwortlichen der Aktion das eingenommene Geld.

„Unwiderstehlich, diese Schokolade", schwärmte Lea und köpfte einen weiteren Nikolaus aus dem obersten Karton. „Was passiert eigentlich mit den Resten? Die könnten wir doch behalten?"

„Coole Idee", stimmte Tim zu und griff ebenfalls in die Kiste. „Köstlich! Diese Schokolade ist fast, aber nicht ganz, die süßeste Verführung hier im Raum."

Lea errötete und knuffte ihren Kommilitonen kichernd in die Seite.

„Wir müssen die ungeöffneten Kisten zurückgeben", gab Peter zu Bedenken.

„Kein Thema!" Tim schnappte sich ein Messer und ritzte im Handumdrehen alle verbliebenen Kartons damit auf. „Ein Dank dem edlen Spender – bedient euch!"

Man kann es nun drehen und wenden, wie man möchte: Gegen mehrere Kartons voller Schokoladennikoläuse kommen drei Schleckermäuler nicht an. So entstand im Glühweinrausch die Idee der Wiederverwendung. „Wie wäre es denn mit einer Auferstehung der schokoladigen Kerlchen zu Ostern?", schlug Tim vor.

„Du meinst, als Hasen?", fragte Peter.

„Genau. Wir besorgen uns eine Silikonform, schmelzen die Nikoläuse und wiederholen die Aktion zu Ostern mit Hasen. Einen guten Zweck für die Spenden finden wir leicht. Und wenn es nur darum geht, drei arme Studenten zu unterstützen", feixte Tim.

Lea schlug vor, einen Teil davon auf der Kinderstation der Uniklinik zu verteilen.

„Dann kann ich gut verschmerzen, dass wir die Reste nicht zurückgeben", stimmte auch Peter zu.

Aus der Idee wurde rasch ein festes Vorhaben. Bald schritten sie mit Schürzen, Wasserbad und Pinsel bewaffnet zur Tat. Ein schokoladiger Duft erfüllte die gesamte WG. Nach tagelanger Arbeit saßen überall hübsch verpackte Häschen. Der Erfolg der Aktion war beachtlich. Gefüllt waren hinterher sowohl die Portokasse der drei Hasenköche als auch deren Herzen mit der Erinnerung an strahlende Kinderaugen. Und so wurde beschlossen, eine Tradition daraus werden zu lassen.

Die Semester gingen ins Land. Klausuren wurden geschrieben, Prüfungen absolviert und zweimal im Jahr schokoladige Grüße verschickt. Aber nichts im Leben währt ewig, Vorboten der Veränderung warfen ihre Schatten voraus. Stellenanzeigen landeten nicht mehr im Altpapier, und ein Schwangerschaftstest zeigte ein positives Ergebnis. Und so mischte sich ins letzte Studienjahr eine gewisse Wehmut.

Wie in jedem Jahr zählten sie auch 2017 die Einnahmen, während sie sich an übriggebliebenen Schokokerlchen gütlich taten. Lea saß bei ihrem Freund Tim auf dem Schoß und schlürfte Tee.

„Ist euch eigentlich klar, dass es dieses Jahr das letzte Mal für uns war?", fragte Peter.

„Lasst uns doch zum Abschied ein richtig dickes Ding drehen", schlug Tim vor. „In einer anderen Größenordnung, meine ich."

„Was genau schwebt dir vor?", hakte Peter nach.

„Ich jobbe ja schon seit Jahren im Gewerbepark Breisgau. Und ich weiß zufällig, dass Ende Januar bei uns auf dem Gelände eine größere Menge Schokolade zwischengelagert wird ..."

„Du willst doch nicht ... Das ist Diebstahl!"

„Aber für einen guten Zweck! Und es wäre definitiv eine Riesengaudi."

„Was heißt denn *größere Menge?*"

„Zwei Ladungen. Einen Wagen fahre ich, kein Problem, und den anderen ..."

„Moment mal: Zwei LKW voll? Wo willst du denn so viel Schokolade verarbeiten?", gab Lea zu bedenken.

Tim hatte auch dafür eine Lösung parat: „Ich kenne da jemanden in Straßburg, der hat eine eigene Schokoladenmanufaktur. Gegen einen entsprechenden Anteil an Rohschokolade würde er uns seine Anlagen für ein Wochenende zur Verfügung stellen. Er hat sogar einen zweiten Fahrer für uns."

„Das ist ja schon fast ein fertiger Plan!", riefen Peter und Lea wie aus einem Munde.

Mit Einbruch der Dunkelheit starteten sie Ende Januar den Coup ihres Lebens. Sie trugen dunkle Kleidung und Sturmhauben, weil Tim nicht genau wusste, inwieweit das Gelände videoüberwacht war. Beide Zugmaschinen standen betankt bereit; es konnte losgehen. Zielstrebig führte Tim seine Mitstreiter zu den zwei Anhängern mit weißen Planen. Mit geübten Handgriffen lupfte er die Abdeckungen und vergewisserte sich, dass sie wirklich die richtige Ladung vor sich hatten. Er nickte dem zweiten Fahrer kurz zu, welcher sich umgehend daran machte, mit dem Bolzenschneider die Verplombungen aufzubrechen. Flugs konnten die Motoren gestartet und die Hänger mit der köstlichen Fracht angekoppelt werden. Bis zur A5 war es nicht weit.

„Das war leichter als gedacht", flüsterte Lea Tim zu.

„Du brauchst nicht zu flüstern, Schatz, niemand hört uns hier", lachte Tim laut auf. „Was für ein krasser Spaß!"

Sie fuhren etwa zwanzig Minuten lang Richtung Norden. Plötzlich wurde Lea unruhig: „Tim, ich glaube, wir werden verfolgt."

„Scheiße, der dunkle Wagen dort. Du hast recht. Das sind mit Sicherheit die Bullen! Verdammt!" Nervös trommelte Tim auf dem Lenkrad herum. Dann funkte er die anderen an: „Peter, die Bullen sind hinter uns. Bestimmt keine Routinekontrolle."

„Scheiße! Und nun?"

„Fahrt ihr weiter bis zum Umladeplatz, ihr müsstet ja gleich dort sein. Keine auffälligen Überholmanöver, nichts. Euer Laster steht wie abgesprochen bereit."

„Okay. Lass dich nicht erwischen! Zur Not pfeif auf die Schokolade!"

„Verstanden. Ich lasse mich zurückfallen und hoffe, ich kann uns da irgendwie raushauen."

„Sehen uns am Zielort. Viel Glück! Ende."

Tim nahm den Fuß vom Gas und visierte den Rasthof Mahlberg an. „Schatz, wir fahren hier raus. Du steigst aus und versteckst dich für eine Weile in der Damentoilette. Ruf eine Freundin an, erfinde irgendeine Geschichte und lass dich abholen. Ich flüchte und lenke den Verdacht auf mich."

„Tim, ich habe Angst."

„Quatsch. Junge Frauen sind nie verdächtig. Ich nehme mir ein Taxi, wenn ich hier weg bin." Tim sah im Rückspiegel, dass auch der mutmaßliche Polizeiwagen den Blinker gesetzt hatte. Viel zu schnell lenkte er den Lastwagen auf den Rastplatz und hatte Schwierigkeiten, die Spur zu halten. Für ein Parkmanöver hatte er weder Zeit noch Nerven. Ohne Umschweife bremste er und brachte das Fahrzeug zum Stehen.

„Beeil dich!"

In Windeseile kletterte Lea aus dem Führerhaus.

Tim sprang hinterher. „Pass auf dich auf!" Mit einem hastigen Kuss wünschten sie einander Glück und eilten davon.

Und wieder kann man es drehen und wenden, wie man möchte: Es war Diebstahl. Der Fahndung folgte eine Aufforderung an die Bevölkerung, sich mit sachdienlichen Hinweisen an die Polizei zu wenden. Doch was soll man sagen – die Schokoladendiebesbande ist nie erwischt worden.

Zum darauffolgenden Osterfest fiel die Schokohasenaktion deutlich umfangreicher aus als je zuvor, und das dreiköpfige Orga-Team wurde mit tosendem Applaus aus seinem Amt entlassen.

Die Auferstehung

Tanja Schwibinger

Nun war es so weit. Es führte kein Weg mehr daran vorbei. Zu traurig war das Leben für sie geworden, als dass sie dem Ganzen tatenlos zusehen und einfach so hätten weitermachen können. Es gab kein Ziel, keinen Sinn mehr. Sie hätten nur noch darauf warten können alt und grau zu werden und dann hätte sie auch niemand mehr gewollt. Dann wäre ihr Ende gekommen.

Weggeworfen zu werden wie alles andere, was man nach der Weihnachtszeit nicht mehr hat brauchen können. Ab in die Tonne damit. Mit dem ganzen Lametta und den runtergebrannten Kerzen womöglich. Nein, sie wollten nicht abwarten, so lieb- und gedankenlos abgeräumt zu werden, sondern bewusst eine Entscheidung fällen. Vergessen waren sie ja schon. Sie sahen es quasi vor sich: Mit einem langen Arm über das Regal gewischt, würden sie haltlos kopfüber in die Tonne stürzen. Und sobald sich der Deckel über ihnen schloss, eintauchen in die ewige Finsternis.

Bevor sie jedoch der Verbannung zum Opfer fallen sollten, entschlossen sie sich für einen selbstbestimmten Weg. Ruprecht, ihr Anführer, hatte ihnen seinen Plan unterbreitet. Ihre Bommelmützen wippten, als alle sechs einstimmig nickten.

So stahlen sie sich heimlich davon, kletterten mühsam vom Regal herunter und schlichen in das kleine Zimmer hinter dem Verkaufsraum, das dem Pächterehepaar des Süßwarenladens als gemütliche Stätte für ihre Mittagspause diente. Die Stube war mit schweren Möbeln vollgestellt, einem dicken Sofa nebst Couchtisch und Stehlampe. Sogar ein Schwedenofen stand in der Ecke, in dem ein Feuerchen schwelte. Schnell war es wieder entfacht, damit sich Elfriede und Hans Ritter davor die Füße wärmen konnten. Eine Teekanne stand oben auf einer Wärmeplatte, so dass die beiden zwei angenehme Stunden der Ruhe hatten, wenn das Geschäft über die Mittagszeit zugesperrt war. Und genau das war vielleicht auch das Problem. Das Pächterehepaar hatte sich dagegen gewehrt, seinen Laden den ganzen Tag über geöffnet zu haben, wie der Supermarkt im Ort, der mit dieser Unsitte angefangen hatte. Immer verfügbar zu sein, damit die Leute rund um die Uhr einkaufen konnten, war ihnen in ihrem Alter nicht mehr möglich. Und auf so einen neumodischen Kram wollten sie sich auch nicht einlassen.

So kam es, dass die Kunden über die Straße gingen und sich im Supermarkt mit allem Nötigen eindeckten. Sie wollten nicht warten, dass der kleine und feine Süßwarenladen wieder aufmachte, denn so konnten sie schnell alles auf einen Rutsch erledigen und eilten achtlos an den kleinen Wichtelmännern vorüber.

Als sich das Jahr 2023 dem Ende zuneigte, fassten die Zipfel-mützenträger diesen Entschluss. Denn als sie sich umdrehten, erblickten sie ihren beachtlich langen Schatten, den sie im schrägen

© Tanja Schwibinger

Licht der winterlichen Sonne warfen.

Auch ein Zwerg hatte schließlich seinen Stolz! Sie fingen an, sich zu entkleiden. Erst zogen sie die dicke Coca-Cola-rote Jacke mit dem weißen Plüschbesatz aus, dann folgte die schwere Koppel, und zum Schluss ließen sie buchstäblich die Hosen runter. Dabei stieg ihnen die Röte ins Gesicht. Sie stellten sich ordentlich der Reihe nach auf, denn sie hatten vor, in den heißen Ofen der Stube zu marschieren, bevor sie gänzlich die Fassung verloren. Dazu mussten sie sehr mutig sein, todes-mutig sogar. Sie wählten diesen Schritt, denn sie sahen keinen Ausweg aus ihrem Dilemma.

Oh welche Glut! Sie schimmerte schon in ihren braunen Gesichtern und ließ sie glänzen. Vielleicht war hier und da auch eine Träne im

Spiel. Doch sie würden nicht lange leiden müssen. So wie das Feuer prasselte, würden sie schnell erlöst. Und es war immer noch besser, als von den Kindern verschmäht zu werden. Das brach ihnen ihr schokoladiges Herz. Dabei war ihnen ein Innenleben gar nicht zugedacht gewesen. Sie sollten nichts empfinden können, einfach nur hohl und leer sein. Doch der Mensch irrte mal wieder, wie so oft. Die Schmach, die sie empfanden, nicht mehr im vorderen Regal zu stehen, sondern nach und nach weiter hinten in dem Laden zu verstauben, empfanden sie sehr wohl. Und besser konnte es nicht werden, das war klar. Sankt Nikolaus war schon lange vorüber; er hatte sie einfach übersehen und war weitergehastet, ohne sie zu den Kindern zu tragen. Und auch die Weihnachtstage zogen sang- und klanglos an ihnen vorbei. An die lustigen Zeiten im Schaufenster konnten sie sich gar nicht mehr erinnern, als sie den Kindern zuwinkten. Zu diesem Ereignis hatten sie sich extra schöngemacht und in die schicke feuerwehrrote Kluft gehüllt, doch genützt hatte es nichts. Und sie hatten noch die Hoffnung, sie nähmen sie mit. Doch die Truppe fand keine Beachtung. Welche Scham erfasste sie da! Und wieder stieg ihnen die Röte ins schokobraune Gesicht.

Jetzt würden sie nackig, so wie sie gegossen wurden, vor den *heißen Altar* schreiten und sich opfern. Vielleicht war auch die neue Gesinnung schuld, sich gesünder zu ernähren und den Zucker und damit alle Süßigkeiten vom Esstisch zu verbannen. Selbst die Marmelade auf den morgend-

©*Tanja Schwibinger*

lichen Brötchen war gestrichen, es sei denn, sie enthielt nur Fruchtzucker. Mit dieser neuen Ernährungsmasche wurden sie jetzt schon grau im Gesicht und die Vorstellung, kein Kind würde sie mehr in den Händen halten, sie mit leuchtenden Augen entkleiden und mit großem Appetit in den Kopf beißen – oder erstmal vorsichtig an der Mütze knabbern – erfüllte sie mit Schmerz.

Auch kein armes Mütterchen, allein und ohne Familie, konnte sich an ihnen mehr erfreuen. So, wie es der Großvater von Ruprecht hätte erzählen können, hätte er es denn überlebt. So stand Opa Niko auf einem Tellerchen auf der Fußmatte der alten Dame im vierten Stock, die die Wohnung nicht mehr verlassen konnte. Eine liebe Nachbarin ging für sie einkaufen und stellte eben diesen bunten Teller, es lagen noch ein paar Kekse und Mandarinen zu Opas Füßen, am vorletzten sechsten Dezember vor ihre Tür und klingelte. Dann verschwand die Nachbarin schnell hinter ihrer eigenen Wohnungstür. Ganz aufrecht stand der Opa da, hätte er vor Stolz berichtet, und wartete gespannt auf die alte Dame, dass sein Anblick ihr ein Lächeln auf die knittrigen Lippen zauberte, um ihn dann, mit erstaunlich flinken Fingern zu entblättern und flugs eines Beines zu berauben. Und ihn kurz darauf komplett zu amputieren. Dann war allerdings nichts mehr mit aufrechter Haltung oder edler Standhaftigkeit. Er legte sich hin, um auszuruhen, bis die Dame ihm vollends den Garaus machte.

©*Tanja Schwibinger*

Das war doch mal ein Lebenssinn! So hätte Opa Niko berichtet von seinem geglückten Leben, denn er hatte seine Aufgabe erfüllt. Im

Gegensatz zu diesen sechs traurigen Gestalten. Das war dieser Gruppe nicht vergönnt.

Als sie in den Tiefen des Ofens bereits anfingen zu schmelzen, ihr kostbares Innerstes demütig zu opfern – oder zumindest ihre dünne Hülle – hatten sie nur noch eine Hoffnung: Zu Ostern in neuer Gestalt wieder aufzuerstehen, um dann im Hasenkleid mit einem Glöckchen um den Hals endlich ihren Zweck zu erfüllen, ein schönes Nest zu suchen, sich darin zu verstecken, um von einem Kind gefunden und gefuttert zu werden. Oder von einem unterzuckerten Erwachsenen, der sich in aller Heimlichkeit über sie hermacht und sich durch sie an eine freudige Kindheit zurückerinnert.

Der Sarotti-Stern

Kerstin Voigt

„Katrin!" Ich reagiere nicht. „Katrinchen, Schatz, wo bist du denn?!"

Eine gewisse Süße in der Stimme schaltet meine Alarmanlage auf Rot. So klingt meine Mutter, wenn ich etwas für sie tun soll. Wahrscheinlich hat sie irgendeinen Auftrag für mich.

In meine Grübelei hinein und nun deutlich lauter höre ich: „Kommst du mal bitte!" Ihre Strenge klingt durch.

Ich krieche aus meinem Leseversteck und gehe langsam Richtung Küche. Auf dem Küchentisch ist ein wunderschönes Geschenkpapier ausgebreitet. So etwas gab es in der DDR selten zu kaufen. Erst recht nicht die Flasche eines besonders guten Rotweines, die meine Mutter gerade darin verpackt.

„Das ist ein Geschenk für Doktor Bernard. Du bringst es jetzt gleich zu ihm nach Hause."

Jahr für Jahr, wenn Weihnachten nahte, hatte meine Mutter das Bedürfnis, sich mit einem Präsent bei ihrem Arzt zu bedanken. Dr. Bernard war damals wahrscheinlich der einzige praktizierende Kardiologe in der Kleinstadt und wer bei ihm Patient war, gehörte zu den Privilegierten. Es musste sich unter seinen Patienten herumgesprochen haben, dass der Herr Doktor mit dem französischen Nachnamen gerne einen bulgarischen Rotwein mit dem Namen *Rosenthaler Kadarka* trank. Diese Sorte gehörte damals eindeutig zur *Bückdichware.* Irgendwie war meine Mutter trotzdem an diesen guten Tropfen gekommen. Nun war er verpackt, mit einer Karte in Schönschrift versehen und mein Botengang stand an. Mir war unwohl, aber Widerspruch war zwecklos.

Das Wohnhaus von Dr. Bernard, eine große Villa, lag nur fünf Minuten von unserer Wohnung entfernt und war in meinen Augen ein Palast. Die seltenen hohen Rundbogenfenster ließen auf eine Zimmerhöhe von sicher fünf Metern schließen. Zwischen der Allee und der Hauptverkehrsstraße lag das Haus wie auf einer grünen Insel. In seinem Garten standen große Nadelbäume und seltene Rhododendron-Büsche.

Mein Herz klopfte, als ich die Freitreppe mit dem geschwungenen schmiedeeisernen Handlauf hinauf ging und an der Haustür klingelte.

Nach einiger Zeit öffnete mir eine kleine, zierliche, sehr gepflegte Frau. Sie nahm lächelnd, ohne ein Wort, die Flasche entgegen und legte mir etwas in die Hand: Einen Sarotti-Stern.

Ich war sprachlos. Wie ein rohes Ei trug ich den Stern nach Hause. Zwei Halbkugeln aus Schokolade, eingewickelt in rote, mit Sternen verzierte Metallfolie, dazwischen ein dichter Kranz von Goldflitterfäden. So etwas Schönes hatte ich noch nie gesehen! In meiner Vorstellung mussten die Bernards unermesslich reich sein, wenn sie so etwas Schönes verschenken konnten!

Ich aß sehr gerne Schokolade, aber den Sarotti-Stern aufzuessen, das war ganz unmöglich! Er bekam einen Ehrenplatz am Weihnachtsbaum. Dann wurde er gut aufbewahrt – bis zum nächsten Weihnachtsfest. So ging es Jahr um Jahr. Ich habe nie erfahren, wie seine Schokolade geschmeckt hat.

Wenn ich heute im Supermarkt *Sarotti-Sterne* sehe, die inzwischen Flimmersterne oder Weihnachtskugeln heißen, vier Stück kosten 99 Cent, versetzt mich das zurück in meine Kindheit. Ich spüre dann noch einmal, wie beschenkt ich mich damals gefühlt habe. Nie wieder hat mich ein Stück Schokolade, dass ich noch nicht einmal gegessen habe, so glücklich gemacht!

Weihnachtswunsch

Blandine Fachbach

Dieses Jahr hätte ich gerne Pralinen zu Weihnachten. Einfach nur eine Schachtel Pralinen. Warum schenkt mir niemand mehr Pralinen? Wahrscheinlich, weil alle denken, ich bin sowieso schon zu dick. Oder weil ich noch nicht alt genug bin. Pralinen schenkt man älteren Damen. Oder weil Pralinen altmodisch sind. Man schenkt jetzt edle Trüffel aus der Konditorei. Auch sehr lecker. Aber was ist schon ein schlichtes Zellophan-Beutelchen gegen die abgründige Verlockung einer gediegenen Pralinenschachtel?

Gehaltvolle Versuchung in winzigen, verführerischen Schoko-Häppchen. Der Verstand setzt aus. Lustvolle Qual der Wahl. Zart-schmelzende Nougat-Ecken, knackige Mandelsplitter, edle Marzipan-Pralinen, sahnige Buttertrüffel, köstliches Knusper-Krokant. Und natürlich, verschämt verhüllt in glänzender Goldfolie, die Weinbrand-Bohnen. Die, die man als Kind nicht essen durfte.

Einmal habe ich zu Weihnachten eine Schachtel Pralinen bekommen. Von wem, weiß ich nicht mehr. Es waren *Edle Tropfen in Nuss*. Eine achteckige, blaue Schachtel, von außen eher unspektakulär. Doch behütet von einem weichen, weißen Polster, schmiegten sich kokett je vier Pralinen in vier Sorten in die Vertiefungen eines güldenen Kunststoffbettes: Himbeergeist, Kirschwasser, Williams und Zwetschgenwasser.

Sie schmeckten einfach himmlisch! Die Schokolade so unbeschreiblich zart, die Nusshülle so sinnlich knackig. Dann eine Schicht aus prickelndem Zucker, ungestüm gefolgt von edlem Destillat. So unvermutet stark, fast brennend zwischen all dem süßen Wohlbehagen. Gierig griff ich zu.

Als ich vier edle Tropfen in der Nuss hatte, war ich beseelt. Ich saß unter dem Christbaum und es war schön. Besinnlich. Weihnachtlich. Und ich erinnere mich daran. Seit über dreißig Jahren erinnere ich mich daran. Eines meiner denkwürdigsten Weihnachtsgeschenke: Eine Schachtel Pralinen.

Schokoladentaler

Hartmut Gelhaar

Es ist die große Illusion,
die er nach außen kehrt.

Denn jedes Kind entdeckt das schon.
Es zählt der innere Wert!

Kurzer Lebenslauf

Hartmut Gelhaar

Ein Schokoladenei wird nicht bebrütet.
Und ist deshalb unbehütet.

So hat es, dieses Umstands wegen,
leider ein sehr kurzes Leben.

Der Osterhase

Viktoria Adam

Einsam steht er dort am Fenster,
spitzt die Ohren ganz in Ruh.
Erstes Licht der Frühlingssonne
hüllt ihn ein und blinkt ihm zu.

Von dem hohen Fensterbrette
blickt er suchend in die Welt,
schaut hinaus auf Baum und Straße
und er fragt sich, was ihn hält.

Gerne würde er fortreisen,
weit hinaus, weit übers Meer.
Mit dem Schiff in ferne Länder,
das gefiele ihm wohl sehr.

Doch er ist dazu geschaffen
hier zu bleiben, hier zu stehn,
auf sein Ende hier zu warten -
wie lang mag es wohl noch gehn?

Wann nur werden sie wohl kommen,
voller Hunger, voller Lust?
Wann nur werden sie ihn essen,
ohne Reue, ohne Frust?

Erst mit braun verschmierten Mündern
werden sie zufrieden sein.
Seine Existenz – zunichte.
Doch genau so soll es sein.

Mäuse im Schoko-Glück

Marlies Sylvia Schnoy

Verräuchert, mit müden Beinen aber sehr vergnügt schleppte sich die kleine Gruppe durch den Baurs Park den Elbhang hinauf. Es war wieder einmal ein wunderbarer Abend gewesen. Das Familientreffen an Ostern war eine jahrzehntelange und liebgewonnene Tradition. Und dazu gehörten hier in Blankenese natürlich auch der Besuch der imposanten Feuer am Elbstrand.

Jetzt waren alle durstig, hungrig und freuten sich auf Grillwürstchen und kalte Getränke zu Hause im Garten. Kaum hatten die Kinder aufgegessen verschwanden sie wenig später in ihren Zimmern und schliefen kurz darauf ohnmächtig ein. Und auch die Erwachsenen zogen sich bald zurück.

Nur Oskar und sein Sohn Peter, der aus Aachen angereist war, blieben aufgeheizt von der Wärme des Strand-Feuers, auch als es längst kühler wurde, im Garten sitzen. Sie freuten sich auf das Osterfest und feierten ihr Wiedersehen. Nach dem Bier zum Grillwürstchen waren sie mittlerweile zum guten Rotwein übergegangen.

Es war schon weit nach Mitternacht als sie beschlossen, statt in der früh aufzustehen, schon jetzt die Ostereier für die Kinder zu verstecken.

Das Bastkörbchen mit den bunten Eiern in der einen, das Weinglas in der anderen Hand schwankten die beiden in einträchtiger Fröhlichkeit auf der Suche nach geeigneten Verstecken durch den Garten.

„Eins für die griesgrämige Greta", rief Peter plötzlich und warf ein Marzipan-Ei erstaunlich geschickt auf den Terrassentisch der Nachbarin.

Oskars Ehrgeiz war geweckt: Ein paar Nougat-Eier für die lieben Krämers und zack ein paar kleine Schokohasen für die Familie mit den lustigen Kindern nebenan. Was für ein Heidenspaß.

Kurz bevor Vater und Sohn vergnügt Arm in Arm zurück ins Haus wankten, besannen sie sich ihrer Aufgabe und verteilten, müde wie sie nun auch waren, kurzerhand alle restlichen Eier zwischen den Kaminholz-Scheiten in der Abseite.

Das Überraschungs-Ei auf ihrer Terrasse, zauberte der immer griesgrämigen Greta tatsächlich ein Lächeln auf ihr Gesicht, auch die alten Krämers staunten nicht schlecht. Es war Jahrzehnte her, dass sie mit ihren Kindern Eier gefunden hatten in ihrem Garten.

Oskars Neffen und Nichten hingegen, gingen leer aus. Mutter Anne hatte nicht schlecht gestaunt, als sie am Morgen die leeren Osterkörbchen vorfand. Wie immer war sie in aller Herrgottsfrühe aufgestanden, um die Eier für die Kinder zu verstecken. Fehlanzeige. Nun beobachtete sie die Kinder, die aufgeregt durch den Garten tobten und unter den sehr verlegenen Blicken von Oskar und Peter, im Gebüsch, zwischen den Frühlingsblumen, in Blumenkästen, sogar zwischen den Gartengeräten nach den Schoko-Eiern suchten.

Vergebens.

Die kleinen Gartenmäuse hingegen erschnüffelten mit ihren guten Schoko-Spürnasen die Eier schon bald und freuten sich über die süße Abwechslung auf ihrem Speiseplan.

Als Oskar im Herbst das erste Kaminholz ins Haus trug, erinnerte ihn das bunte Silberpapier an den besonderen Osterabend …

Schokoladenhasenschlachtung

Norbert Leitgeb

Zu Ostern kommt beim Osterschmaus
man ohne Essregeln nicht aus.
Besonders gilt hier die Beachtung
der Schokoladenhasenschlachtung.

Wie's richtig geht, ist schnell erzählt:
Erst wird die Hülle abgepellt,
dann zeigt der Has' sich unverpackt
ganz schamlos splitterfasernackt.

Dann, schon von Vorfreude erfüllt,
naht sich's Gebiss dem Osterwild.
Schon duftet's Schokobiotop,
da brüllt jäh das Gewissen, *„stopp!"*

„Welch Rohling beißt solch armem Tropf
denn skrupellos in dessen Kopf?
Wie kann man kühlen Bluts es wagen,
ins Antlitz ihm die Zähn' zu schlagen,
ihm kühl dabei ins Auge gucken
und gnadenlos sein Haupt verschlucken?"

Erschreckt gibt man dem G'wissen recht.
Jedoch der Bauch, der auch was möcht',
will justament nicht ruhig sein
und schreit nun, *„scher dich nicht, beiß rein!"*

Von Skrupeln hin und her gerissen,
versucht man es mit Kompromissen
und nimmt voll Schokoladengier
dann halt den Fußteil ins Visier!

Schon werden Lippen feucht umschleckt,
der Unterkiefer vorgereckt,
der Mund geöffnet scheunenbreit,
da schimpft die Etikett', *„bist g'scheit?*
Mit Fuß voraus den Osterboten?
So essen nicht mal Hottentotten!"

Zwar hat die Etikette recht,
doch gibt's den Bauch, der auch was möcht,
und der fängt hungrig an zu schrein,
„vergiss die Skrupel! Hau' schon rein!"

Von Zweifeln hin und her gerissen,
doch lechzend nach dem Schokosüßen,
verzichtet man dann auf die Füß'
für einen neuen Kompromiss.

Drum naht, mit ziemlich Hunger schon,
der Schlemmerzahn der Bauchregion,
beißt rein – beinah! Denn auf einmal
zischt, *„untersteh dich!"*, die Moral.
„In diesen Teil? Wie kann man nur!
Da fehlt von Anstand jede Spur!

„Wie kann man sittsam sich erweisen
und geil ins Genitale beißen?
Denk' ans Gebot und Letztgericht!
Solch Unmoral gehört sich nicht!"

Drauf legt man schuldbewusst voll Schreck
den splitternackten Hasen weg,
bedeckt ihn keusch mit einem Tuch
und unterlässt den Essversuch.
Laut knurrend bleibt's Gedärm zurück,
jedoch intakt das Seelenglück.

Der Hund jedoch, der das nicht muss,
fraß drauf den Hasen mit Genuss,
ganz ohne ethische Bemühung
mit etwas anderer Erziehung.

© Wolfgang Eckert auf Pixabay

Osterferrerien

Jens Stratmann

kinder im Zimmer, Wetter ist mau
spielen Ritter und Sport, es wird laut
Hanutampelt nicht so auf den Boden
geht's denn nicht mal o(h)ne toblern

Skifahr'n, Alpia, da sind die Freunde hin
so große Sprüngli sind bei mir nicht drin
Wenigstens den Abend mit Yoga retten
also zack und Abmars in die Betten

Wecker macht kitkat, aber klingeln wird nix
schließlich Sonntag. Doch plötzlich, half past twix
Bumm bumm! Na stollwercklopft denn da
die Kinder sind's, Corny und Smartina
wollen endlich Ostereiersuchard sein
In Schogettes Namen, kommt halt rein

Merci für die Kinderaugen am Osterfeste
für die süße Freude über's volle Nestle

Das Geheimnis aus der Westentasche

Oliver Fahn

Fridolin war beileibe kein Kind, das man über Stunden hinweg auf einem Stuhl parken konnte, das dasaß und zuhörte, während die Erwachsenen über Themen sprachen, die ihn weder angingen, noch interessierten. Für den Außenstehenden mag sich Fridolin laut der Beschreibung nicht wesentlich von Gleichaltrigen unterscheiden. Doch war er anders. Umtriebiger. Er verfügte über einen Tatendrang, der permanent durch irgendwelche Lausbubenstreiche oder athletische Herausforderungen abgebaut werden musste. Für vieles, was keineswegs böse von ihm gemeint war, musste er sich vor den Großen rechtfertigen, als stünde er vor einem Tribunal oder säße in einem Beichtstuhl.

Einzig sein Großvater verstand Fridolins Nöte. Der trotz zunehmenden Alters noch recht agile Mann mit lediglich einigen lichten Stellen in seinem allgemein so üppigen Haar, tendierte bei seinem Enkel zur Milde.

Am heutigen Ostersonntag saß Fridolin beim Mahl mit Eltern und Großeltern, Bruder Anton und Schwester Wiebke. Nervös wippte er – Hände am Tischtuch – auf den hinteren Stuhlbeinen. Und da das Gros der Familie fürchtete, sämtliche geweihten Speisen würden in den nächsten Augenblicken zu Boden fallen, tadelte ihn Oma Berta vor versammelter Mannschaft: „Pass auf, Fridolin!"

Opa Helmut räusperte sich. „Lass deine Strenge sein", sagte er. *Dein harscher Ton wird Fridolin verstören*, dachte er.

Berta strafte ihn dafür mit herausfordernden Blicken, die auf Fridolins Werk von vorhin verwiesen.

Bevor er zu Tisch gerufen wurde, hatte Fridolin in Omas Garten einigen eben erst erblühenden Nelken per Ball die Köpfe abgeschossen. Es stimmte ja: Fridolin war andauernd in irgendwelche unglücklichen Vorkommnisse verwickelt. Und er war obendrein nicht sonderlich geschickt darin, sich klammheimlich aus der Affäre zu ziehen, wenn ihm ein Fauxpas unterlief. Anstatt solche Geschehnisse zu vertuschen, stand er – entgegen seines sonstigen Naturells – wie angewurzelt auf der Stelle.

Als Oma schließlich auf ihn zugegangen war, kam das für den versteinerten Fridolin einer Erlösung gleich, selbst wenn er geschimpft wurde. Das war zuvor.

Gerade jedoch verfiel er mitnichten in Schockstarre. Gegenteilig war er bereits mächtig aufgeregt. Er fasste an seine Westentasche, um sich an den Konturen zu versichern, dass sich hinter dem Reißverschluss noch befand, was er eingesteckt hatte. Weil er sein Zappeln mit dem Stuhl hatte einstellen müssen, beobachtete er nun die Zeiger der tickenden Wanduhr, die sich für Fridolins Geschmack zu langsam fortbewegten. Seinem kindlichen Empfinden geschuldet, wucherten derartige Familiennachmittage zu Wochen. Der Schalk in seinem Nacken piesackte ihn. Jener Quälgeist wollte Fridolin zum Aufstehen überreden, obgleich ihm ausdrücklich verboten war aus dieser Situation zu flüchten. Während dem angeblich so gemütlichen Beisammensein, sollte Fridolin seine Füße stillhalten. Warum wurde er immerzu an seinen beiden mit Gelassenheit gesegneten Geschwistern bemessen? Die kannten derlei Schwierigkeiten ausschließlich von ihrem Bruder. Sie flankierten Fridolin jetzt links und rechts.

„Nimm deine Finger da weg", rügte ihn Mutter, weil seine speckigen Finger prüfen mussten, ob die Pflanzen in der Vase neben dem Kerzenständer Kunstblumen seien.

„Willst du eines von den bunten Eiern?", fragte ihn sein Papa, weil er wusste, solange Fridolin aß, würde er nichts anrichten.

Doch an Essen war für ihn im Moment nicht zu denken. Sein Auftritt nahte. Da wurde Limonade getrunken, dort mit Gläsern angestoßen, hier Schinken in Würfelchen zerteilt. Während Oma unverzüglich nachreichte, was im Begriff stand auszugehen, hockte Fridolin unbeteiligt, fern des gegenwärtigen Geschehens, fokussiert, den geeigneten Zeitpunkt zu erfassen, an dem er sich erheben dürfe.

„Wie geht es dir in der Schule?", erkundigte sich Oma. Eine ihrer Standardfragen, die sie stellte, wenn sie der Eindruck befiel, der Junge schwebe gedanklich über den Wolken.

Unerreichbarer denn je, griff er wieder und wieder an seine Westentasche, um vor sich selbst zu bezeugen, was er nachher brauche, wäre da. Fridolin lauerte auf die Minute, in der die Messer niedergelegt, die Neigen der Gläser leergetrunken und Teller zur Spülmaschine getragen sein würden.

Niemandem entging Fridolins verzögerte Antwort, die zur Gegenfrage wurde. „In der Schule?"

Fridolin wollte bereits seine Westentasche öffnen und mit seiner Überraschung herauszuplatzen.

Aber nein!

In den spätesten Zügen des Beisammenseins wurde Fridolins teils unflätiges Benehmen diskutiert. Er blieb stumm. Saß das aus. Fridolin hütete lieber das Geschenk, als sich in die pikante Diskussion einzuschalten.

Seine Aufgabe fraß die Aufmerksamkeit für das Drumherum. Auch die Unterhaltung erlosch nach kürzester Zeit. Endlich nahm alles seinen routinierten Gang. Die Aufbruchsatmosphäre wurde zum Aufbruch.

„Gebt mir fünf Minuten mit Opa ... Opa komm mit mir nach hinten in die Kammer", beharrte Fridolin mit abenteuerlustig funkelnden Augen und einer Überschwänglichkeit in seiner Stimme, wie sie Kinder haben, die eine Sensation wittern.

„Wir warten auf dich, wir fahren nicht ohne dich los. Aber mach hinne und vertrödle dich nicht wie gewöhnlich", mahnte Papa, der die Verzettelung vorhersah, für die sein Sohn berüchtigt war.

Als Fridolin die Tür der Kammer hinter sich zugezogen hatte, ruckelte er einige Male, um sicher zu sein, dass ihn und Opa niemand stören würde. Wie einen feierlichen Akt zelebrierte Fridolin jeden

Handgriff. Andächtig öffnete er seine linke Tasche. Den Reißverschluss schob er gemächlich zurück, wie in Zeitlupe, um den Zauber der Spannung möglichst lange auszukosten.

„Was ich heraushole gehört dir. Denn du verteidigst mich, wenn alle anderen auf mir herumhacken. Opa, du bist mein Opa und gleichzeitig mein bester Freund."

Voll der Rührung beugte sich Helmut zu Fridolin. Dann griff der Junge in die Tasche hinein. Er war verwundert über die klebrige Masse darinnen.

Enttäuschter konnte ein Junge nicht sein, der seinem Opa eine Freude bereiten wollte. Auf dem grauen Stoff von Fridolins Weste zeichnete sich die braune Masse ab. Aus den Silberpapieren quollen die flüssig gewordenen Schokoeier. „Tja, Opa, das ist es leider gewesen. Mit den Schokoeiern für dich ... alles umsonst ..."

Helmut zögerte. Dann aber schloss er Fridolin mit der Kraft seiner Wärme in die Arme. Wenn Opa seine Tränen schon nicht in Schach halten konnte, so wollte er sie wenigstens verborgen auf Fridolins Rücken weinen. Helmuts Herz pochte gegen die Brust. Sein Enkel spürte das Hämmern in der Schultergegend.

Sobald er sich ein bisschen gefangen hatte, lobte Opa: „Dein heutiges Geschenk ist das wertvollste Geschenk, das ich bisher bekommen habe. Man merkt dir an, was es dir bedeutet, mich zu beschenken. Und das ist, was wirklich zählt."

Nun ließ sich Helmut die zerlaufenen Eier mitsamt den Silberpapieren geben. Er naschte die aus ihrer ursprünglichen Form geratene Schokolade auf einen Sitz. Opa und Enkel erhoben ihre Finger. Beide lachten wie aus einem Guss über die Spuren, die die Eier hinterlassen hatten, die gewiss noch in vielen zukünftigen Erzählungen vorkommen würden.

Bedauerlich

Hartmut Gelhaar

Um manchen Hasen aus Schokolade
ist es kurz nach Ostern schade.

Doch auch Weihnachtsmänner
dauern mich nach Neujahr länger.

Sie stehen noch in großen Zahlen
verwaist in den Verkaufsregalen.

So kommt durch Überangebot
oftmals Genuss in höchster Not.

Rezepte

Von der dunklen Seite verführt

Katharina Redeker

Zunächst 200 g Zucker mit weicher Margarine
Schaumig schlagen in der Küchenmaschine.
Danach drei Eier unterrühren –
Wer lässt sich da nicht gern verführen?
50 g Schokoladenstreusel, 45 g Kakaopulver –

Vergiss bloß nicht 1 Teelöffel Backpulver,
Damit der Kuchen aufgehen kann.
Milch und Mehl hinzugeben,
Alles gut verrühren und dann
Den Teig in eine Form geben.

Im Ofen 60 Minuten backen bei 180 Grad.
Dann wird der Kuchen saftig und ganz zart.
Nach Belieben den Kuchen mit Schokolade glasieren
Oder mit Gummibärchen und Zuckerguss verzieren.
Dabei steigt mit jeder Minute die Vorfreude
Denn dieser Kuchen ist eine wahre Gaumenfreude.

Schließlich will ich es wirklich wissen
Und beiße herzhaft in diesen köstlichen Leckerbissen.
Auf der Zunge explodiert der wahre Genuss
Und mein Schatz bekommt einen Schokoladenkuss.
Denn Liebe geht bekanntlich durch den Magen –
Was will man dazu noch sagen?

Claudias Schokolade-Kuchen

Hans Peter Flückiger

125 g Butter
150 g dunkle Schokolade
3 Eier
100 g Zucker
1 P. Vanillezucker
50 g gemahlene Haselnüsse oder Mandeln
20 g Grand Marnier oder
Abrieb einer Orangeschale
1 Prise Salz
1 EL Maisstärke

Zum Verzieren:
Kakaopulver, Puderzucker oder Schokolade

Butter auf dem Herd bei geringer Hitze verflüssigen. Pfanne vom Herd nehmen und die in kleine Stücklein zerbrochene Schokolade beigeben und schmelzen lassen. Gelegentlich mit einer Kelle umrühren.

Gleichzeitig Eigelb und Eiweiß voneinander trennen.
Eiweiß steif schlagen.
Zucker, Vanillezucker, Haselnüsse, Grand Marnier, Abrieb der Orangenschale und Salz mit dem Eigelb vermischen.

Das Butter-Schokoladegemisch und das Eigelbgemenge miteinander vermischen. Anschließend das steife Eiweiß sorgfältig darunterziehen. Am Schluss die Maisstärke auf die Masse sieben und unterziehen.

Die Masse in eine ausgebutterte oder mit Backpapier ausgelegte Cakeform (22-25 cm) einfüllen.

Im vorgeheizten Ofen bei 160°C backen. Backzeit 30 Minuten.

Vor dem Servieren mit Kakaopulver oder Puderzucker bestäuben oder flüssiger Schokolade überziehen.

© Hans Peter Flückiger

Mousse au Chocolat

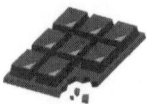

Ingeborg Henrichs

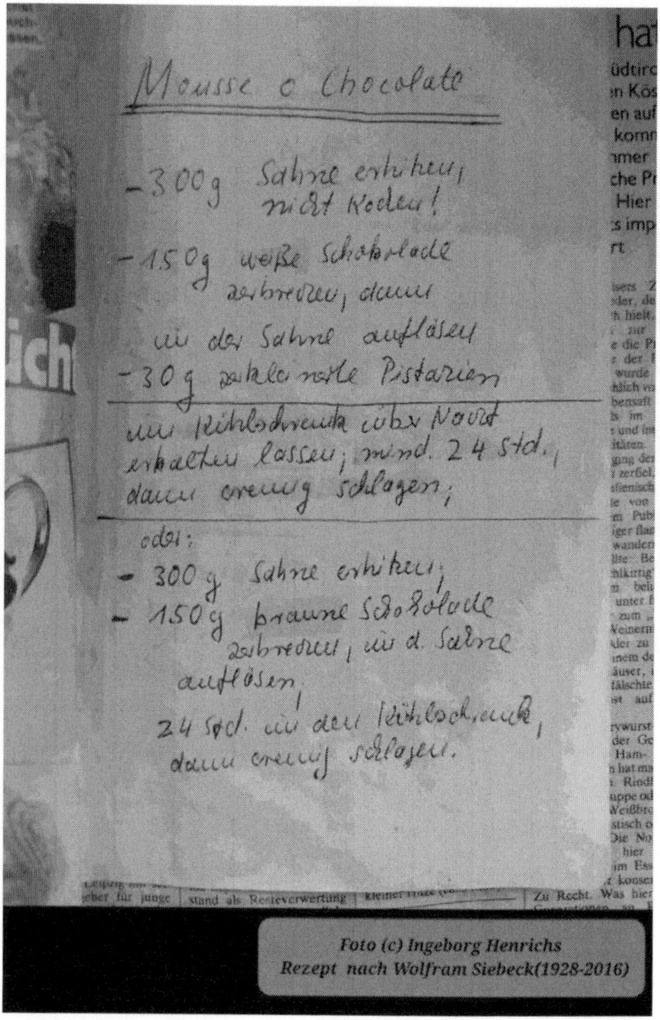

Mousse o Chocolate

- 300g Sahne erhitzen, nicht kochen!
- 150g weiße Schokolade zerbrechen, dann in der Sahne auflösen
- 30g zerkleinerte Pistazien

im Kühlschrank über Nacht erkalten lassen; mind. 24 Std., dann cremig schlagen;

oder:

- 300g Sahne erhitzen,
- 150g braune Schokolade zerbrechen, in d. Sahne auflösen,

24 Std. in den Kühlschrank, dann cremig schlagen.

Foto (c) Ingeborg Henrichs
Rezept nach Wolfram Siebeck(1928-2016)

Die Autoren

Dr. Viktoria Adam, geb. 1982 in Karlsruhe, Germanistik- und Romanistik-studium in Heidelberg und Rom, Lehrerin an einem Gymnasium in Bremen. Ihre Hobbys sind lesen, tanzen, kochen, schreiben.

Monika Albrecht, Jg. 1959, lebt in Oberwil bei Zug in der Schweiz. Sie ist Mitglied der Literarischen Gesellschaft Zug, veröffentlichte Kurzprosa in Anthologien und schreibt Beiträge und Buchbesprechungen.

Sylvia Anders, geb. 1949 in Hamburg und in der Stadt geblieben. Sie ist verheiratet und hat zwei Töchter. Ihren Lebensunterhalt hat sie als Finanzbeamtin, Sozialarbeiterin und Zimmermädchen verdient.

Hermann Bauer, geb. 1951 in München. Grafiker, schreibt Kurzgeschichten, Lyrik, Reisereportagen und Theaterstücke. Auftritte als Kabarettist und Sänger (Bass) in einem Musical. Synchronstimme im bayerischen Dialekt. www.shen-bauer.de.

Ralf Becker, Jg. 1958, als Philosoph und Lehrer weitere Berufe gelernt und ausgeübt, schreibt seit den 1970er Jahren Gedichte, später wissenschaftlich, nach der *Wende* politisch-journalistisch und essayistisch zum Teil im Zusammenhang mit jähen Wendungen im Leben und der Gesellschaft.

Uta Biehl, Jg. 1955 schreibt seit 20 Jahren Geschichten und Gedichte. Sie ist auf einem Bauernhof in Schleswig-Holstein aufgewachsen, hat als PTA in Kiel und Hamburg gearbeitet, danach war sie Lehrerin in Kassel.

Petra Bitter lebt in Düsseldorf. Gerüstet mit einem Magister in Germanistik u. Karrierestart im Journalismus u. a. in Südafrika, arbeitet sie heute als freiberufliche Texterin, Autorin und Online-Redakteurin. www.expert-content.com.

Christa Blenk, geb. 1956, lebt im französischen Notre Dame de Monts. Studium: Industriekauffrau, Sprachen, Kunst. Sie ist Verfasserin von Ausstellungskatalogen, Kurzgeschichten, Vendée- und Rom-Buch und schreibt regelmäßig Beiträge für KULTURA EXTRA.

Kurt Blessing, geb. 1957 in Mülheim/Ruhr, Maschinenbau-Studium in Düsseldorf. Produktmanager für Neuentwicklungen. Seit 2016 im Ruhestand, schriftstellerisch tätig und in Anthologien mit Lyrik und Prosa vertreten. Ab 2021 eigene Veröffentlichungen.

Karin Bley lebt in Belm. Als BBS-Lehrerin unterrichtet sie das Thema *Schokolade*. In ihrer Zeit in Ägypten war sie Mitherausgeberin und Autorin der deutschen Zeitung *Papyrus- Magazin*.

Anna Bösel, Jg. 1997, hat Umweltingenieurwissenschaften studiert und arbeitet in einem Umweltlabor. Wie jede gute Schweizerin isst sie mindestens 11 kg Schokolade pro Jahr.

Imke Brunn lebt in unmittelbarer Nähe zum Rheingau. Neben der Veröffentlichung in mehreren Anthologien sind zwei Kinderbücher sowie ein Buch mit Kurzgeschichten von ihr erschienen. www.lovelybooks.de/autor/Imke-Brunn/.

Friederieke Butzheinen schreibt fantastische und humoristische Geschichten, die in farbenfrohen Welten spielen. Um neben dem Lesehunger auch den richtigen Hunger zu stillen, greift sie gern mal zur Schokoladentafel.

Joshua Clausnitzer, geb. 1994 in Bonn, der gebürtiger Meckenheimer ist Schriftsteller u. Entertainer, Mitglied im Vorstand des VS NRW, Dozent für Kreatives Schreiben, mehrfacher Lyrik-Preisträger, Kreativling, Erkenntnisse und Fragen des Tages.

Jennifer Cortini, geb. 2006, wohnt in Montelupo Fiorentino (Italien). Schülerin des Sprachengymnasiums *Virgilio*. Sie hat bereits mehrere Literaturwettbewerbe gewonnen und ein Buch *Vorrei le rose* veröffentlicht.

Jennifer Dilfer, Inspiration findet die Autorin aus Hamburg in allen Dingen, Momenten und Gefühlen. Die meisten entstammen schlaflosen Nächten oder luziden Träumen. Sie möchte erfreuen, trösten oder zum Nachdenken anregen.

Anette Dodt, geb. 1964 in Bingen am Rhein, verschiedene Veröffentlichungen in Anthologien, regionale Lesungen, Zugehörigkeit zur Autorengruppe Schiefertafel.

Diana Dua, geb. 1976, wuchs in Rheinland-Pfalz auf. Seit 2011 ist sie als selbstständige Texterin in Hamburg tätig. 2024 veröffentlichte sie bei *story.one* das Buch *Zeilen gegen das Unbehagen*. www.schreibgold.de.

Xaver Egert, geb. 2004, Psychologiestudent. Interessiert an Psychologie, Literatur, Politik und Umweltschutz. Mitautor des Klima-Newsletters der Gemeinde Unterhaching.

Gesine Eichberg-Erdmann, geb. 1955 in Hamburg, war nach dem Studium der Anglistik und Geschichtswissenschaft als Deutschlehrerin in Dänemark tätig. Es folgten Jobs in der Jugendhilfe und internationaler Schüleraustauschorganisation. Zuletzt arbeitete sie als Lehrerin und Schulleiterin.

Christian Engelken, zwei Bücher. Nordsee-Buch in Arbeit. Beiträge in Zeitschriften, Anthologien, Schulbüchern, auf Internetseiten etc. Preise u. a. 2 x Landschreiber-Wettbewerb.

Blandine Fachbach, geb. 1968 in Ravensburg. Sie arbeitet als Kaufmännische Angestellte. Hobbies: Gartenarbeit und -genuss, Reisen, Fotografieren, mit Freunden zusammen sein.

Oliver Fahn wurde 1980 in Pfaffenhofen an der Ilm geboren. Seine Texte wurden u.a. bei DUM, & Radieschen, Elysion Books, eXperimenta und etcetera veröffentlicht. Der Kroggl Verlag wählte Fahn zum Autor des Monats März 2024.

Hans Peter Flückiger, Jg. 1952, aus Solothurn (CH). Journalist. Erste literarische Texte 2015. Diverse Publikationen in Anthologien. 2020 Gedichtband mit Haikus. 2021 Dokumentation *Aufstand der Vokale. Ein Textexperiment.* www.geschichten-gegen-langeweile.com.

Diana Gaßner, geb. 1955 in Hamburg hat nach langer Erwerbs- und Familienzeit ihre Freude am Schreiben und Geschichten erfinden entdeckt. Ihre drei Kinder sind inzwischen erwachsen, sodass sie genügend Muße hat, sich mit anderen Dingen zu beschäftigen.

Hartmut Gelhaar, Jg. 1948, Rentner, lebt in Wernigerode. Hat bereits in mehreren Anthologien veröffentlicht. Eigene E-Buch Publikationen unter www.bookrix.de/-texter.

Herbert Glaser, geb. 1961, arbeitet als Sounddesigner bei einem Münchner Fernsehsender. *Neustart* ist sein erster Roman, *kurz und schmerzend* eine Anthologie mit seinen Kurzgeschichten. https://autor-herbert-glaser.jimdosite.com.

Dr. med. Irmgard Göthert-Scheibler, geb. 1939 in Hamburg, studierte nach dem Abitur Medizin. Gemeinsam mit ihrem Mann zog sie ihre drei Söhne in Blankenese auf, wo sie bis zu ihrer Pensionierung als Ärztin arbeitete und heute noch lebt.

Gabriele Guratzsch, geb. 1972 in Chemnitz, lernte Buchhändlerin und studierte Buchhandel/Verlagswirtschaft. Sie ist verheiratet, hat zwei Kinder und arbeitet an einer Schule in der Nähe von München. Seit ihrer Kindheit schreibt sie Gedichte/Texte (nun über 1100 Stück).

Stefan Haberl, geb.1971 in Uffenheim. Bereits in der Grundschule hat er gerne Kurzgeschichten geschrieben. Beruflich ist er im Gesundheitswesen unterwegs.

Brigitte Hausherr, geb. 1956 in Bochum, lebt in Sprockhövel. Sie schreibt Kurzgeschichten, Reiseberichte und Haiku, veröffentlicht in Anthologien, Fotovorträgen und einem eigenen Buch. Seit 2022 ist sie Mitglied im Autorenkeis Ruhr-Mark.

Claudia Hebestreit, geb. 1988 in Borna b. Leipzig. Seit ihrer Jugend schreibt sie lyrische Gedichte, Alltagspoesie und fesselnde Geschichten. Zurzeit arbeitet sie an ihrem ersten Roman.

Thomas Heinen, geb. 1959. 1987 Dipl.-Volkswirt, Kiel. Von 1991-2011 arbeitete er als Wirtschaftslehrer. Seine Erzählung *Depria und Paulchen* ist im 2022 im Geest-Verlag erschienen.

André Hénocque, geb. 1948 in Hagen/Westf. Der frühere Industriekaufmann und heutige Rentner ist verheiratet, hat drei Kinder und fünf Enkel.

Ingeborg Henrichs, zuhause in Ostwestfalen, verfasst kürzere Texte und manchmal bildnerische Werke. Schätzt das Kostbare und Nützliche in Natur und Kultur. Einige Veröffentlichungen.

Andreas Herkert-Rademacher, geb. 1978 in Würzburg, wo er auch wohnt. Verheirateter Vater zweier Töchter. Freizeitautor, hauptberuflich Bankkaufmann. *Rippenbruch* ist seine erste Veröffentlichungen.

Sophia Hintermeyer, 12 Jahre, besucht das Willibald-Gluck-Gymnasium. Sie hat eine kleine und tolle Familie: ihre Eltern, ihren kleinen Bruder und zwei Katzen, aber ihrer Meinung nach ist ihr Bruder auch ein kleines Tier.

Kristin Hogk. Nach Studien zur Übersetzerin, Lehrerin und Schriftstellerin arbeitet sie sehr gerne an einer freien Grundschule. In ihrer Freizeit schreibt sie Lyrik und Kurzprosa.

Monika Huhn, geb. 1959, verheiratet. Seit 2017 schreibt sie Kurzgeschichten, ist Mitglied bei den Heilbronner Schreibtischtätern, bereits mehrere Veröffentlichungen in Anthologien.

Wencke Hullmann, Jg. 1998, lebt und studiert zzt. in Tübingen. Sie schreibt schon seit ihrer frühen Jugend mit Begeisterung Texte im fantastischen Bereich und abseits davon auch gerne über Familien und deren ganz eigenen Dynamiken.

Gerald Jatzek, geb. 1956, lebt als Autor u. Musiker in Krems u. Wien; publizierte Bücher, Hörspiele u. Lieder f. Kinder u. Erwachsene; seine englischsprachigen Gedichte erschienen in Anthologien in Großbritannien, Indien u. den USA; 2001 erhielt er den Österreichischen Staatspreis für Kinderlyrik.

Charlotte Jelinek ist 12 Jahre alt, lebt in Berlin und hat einen Pudel. Ihr größtes Hobby ist das Schreiben von Geschichten und Gedichten.

Simon Käßheimer, geb. 1983 in Friedrichshafen/Bodensee, wo er bis heute seine Wurzeln sieht. In Ravensburg lebt er inzwischen inspiriert durch die schöne Landschaft glücklich vor sich hin. http://www.simonkaessheimer.de.

Ingrid Klute, geb. 1954, Grundschullehrerin, Ehefrau und Mutter, Großmutter von drei Enkelkindern. Seit vier Jahren im Ruhestand mit viel Zeit und Muße zum Lesen, Italienischlernen und kreativen Schreiben.

Christian Knieps, geb. 1980, lebt und arbeitet in Bonn, schreibt Romane, Theaterstücke, Novellen und Kurzgeschichten. Zuletzt: *Tynn. Magischer Roman*. Mehr Infos zu den Veröffentlichungen auf christianknieps.net.

Julie Kramer, geb. 1988, studierte Tanz und Ingenieurwissenschaften in NYC und Aachen. Sie schreibt Kurzprosa, Prosa und Lyrik. In ihren Texten erforscht sie den Raum zwischen Kunst und Technik, Träumen und Realitäten. www.juliekramer.de.

Ulli Krebs, geb. 1965 in Düsseldorf, Studium Sozialarbeit, Journalismus u. PR, als freie Redakteurin tätig, Hobbyautorin, Veröffentlichungen von Gedichten und Kurzgeschichten in verschiedenen Anthologien sowie Publikation eines Regionalkrimis.

Margot Lamers-Zigan, geboren und aufgewachsen im Herzen des Ruhrgebiets. Stolze Mutter und glücklich verheiratet. Zu Fuß und mit Worten gerne auf Abwegen. https://margot-lamers-zigan.jimdosite.com/.

Dr. Norbert Leitgeb, Univ.-Prof., Wissenschaftler, Gitarrist und Verfasser zahlreicher Fachbücher, Fachbuchkapitel und über 320 wissenschaftlicher Publikationen, dazu Autor unterhaltsam-kritischer Essays, humorvoller Lyrik und Kurzgeschichten, sowie von 31 Monografien, darunter einige Jugendbücher.

Dr. Susanne Mautz, Studium der Musik- u. Literaturwissenschaften, Kunstgeschichte, Promotion in Musikwissenschaft, Ausbildung zur Theaterpädagogin (BuT). Tätig als freiberufliche Theaterpädagogin, Schauspielerin, Autorin, Dramaturgin. Entwickelt Theaterformate für ungewöhnliche Orte, schreibt und spielt Stücke für Menschen ab vier Jahren. Kontakt: www.susanne-mautz.de.

Anke Meer, div. Gedichte und Kurzprosa versch. Themen in Anthologien und Literaturmagazinen. Erste Lesungen inspiriert durch die Aktionstage Performing for Future/Lyrikklub 7000 Setzlinge, Szenen für morgen.

Iris Meier ist diplomierte Graphologin und Coach, verheiratet, Mutter einer Tochter. Sie lebt in der Schweiz. Für den Junfermann Verlag hat sie bereits sechs Coaching-Kalenderbücher mit dem Titel *Einfach ICH! Einfach machen!* verfasst.

Isabell A. Meske, geb. 1986, ist Germanistin, Altphilologin für drei alte Sprachen (Latein, Griechisch und Hebräisch) und evangelische Theologin. Wenn sie nicht schreibt, versucht sie Gymnasiasten zum Abitur zu bringen. Sie lebt in Hannover.

Nadine Messerschmidt studierte Deutsche Literatur und Bibliotheks- und Informationswissenschaft an der HU-Berlin. Seit 2011 wohnt sie in Oviedo und arbeitet dort an Kurzgeschichten, sowie als Lehrerin für Deutsch als Fremdsprache.

Gerd Meyer-Anaya, Jg. 1947, lebt und arbeitet psycho- und paartherapeutisch in Düsseldorf. Er schreibt Lyrik, Aphorismen, Satiren und Prosa. Von ihm sind zwischenzeitlich sieben Bücher publiziert worden.

Astrid Miglar, geb. 1970 in Steyr (Österreich), lebt im oberösterreichischen Reichraming. Sie diskutiert regelmäßig mit ihrem Mann, wer schon wieder das Schokoladeversteck gefunden und restlos geplündert hat. www.astridmiglar.at.

Gabriele Montigny, Jg. 1950, Hamburgerin, Krankenschwester in Rente, hat einen Sohn, große Liebe zur Natur und Tieren. Wohnorte in München, Berlin und zwanzig Jahre Landleben in der Holsteinischen Schweiz. Lebt jetzt wieder in Hamburg.

Annette Mücke, geb. 1969, ist gelernte Bankkauffrau. Seit ihrem dreizehnten Lebensjahr schreibt sie Gedichte – mal autobiografisch, mal an Sachthemen und mal gesellschaftspolitisch orientiert – sowohl in deutscher als auch in englischer Sprache.

Christina Müller, geb. 1971, studierte Musik- und Kunstwissenschaften an der Universität Bremen. Langjähriges Mitglied im Opernchor des Theater Bremen. In den letzten Jahren erste Veröffentlichungen. Sie schreibt Kurzgeschichten und Gedichte.

Dörte Müller, 1967 geboren und aufgewachsen im Harz, schreibt und illustriert Kinderbücher. Sie lebt mit ihrer Familie in Bonn.

Ulrike Müller, geb. 1964 in Endingen am Kaiserstuhl, wohnt in Bühl/Baden, vierfache Mutter, schreibt, näht, gärtnert und liebt Clownerie. Veröffentlichungen in mehreren Anthologien.

Pamela Murtas, geb. 1975 in Frankfurt, wohnt in Kelkheim, lebte lange Zeit in Italien, ist in ihrer Freizeit künstlerisch aktiv, hat neben ihrem vierteiligen Abenteuerroman *Destini* in verschiedenen Anthologien veröffentlicht.

Claudia Paus, geb. 1959. Hobbys: Schreiben, fotografieren, reisen. Zurzeit arbeite sie noch an ihrem Buch, das sie vor ca. zehn Jahren begonnen hat.

Miriam Peter, geb. 1985 wohnt in Frankfurt/Main, ist Lehrerin sowie Autorin. *Bunte Wolken* heißt ihr erstes Buch, das 2023 erschien. Es ist ein Poesieband über die Sehnsucht nach der Heimat in sich und der Suche nach dem eigenen Selbst. www.miriampeter.de.

Doreen Pitzler, geb. 1986 in Sachsen-Anhalt, wo sie auch aufgewachsen ist. Schon früh entwickelte sie eine Vorliebe für gute Geschichten und inspirierende Welten. Bevorzugt begibt sie sich literarisch in eine Fantasy Welt.

Petra Pohlmann, geb. 1960, Fernstudium von 2002 – 2005. Buch: *Schmulli, die Moormumie* – nom. f. d. Jugend-Literaturpreis d. Steir. Landesreg. in 2008. Beitr. in versch. Anthologien u. KD-Magazinen. Hg. im Wendepunkt Verlag. Seit 2018 Verlegerin. www.pohlmann-petra.de.

Janny Prillwitz, geb. 1963 in Barth an der Ostsee. Sie lebt mit ihrem Mann nördlich von Hannover und arbeitet als Steuerfachangestellte. Sie schreibt Kurzgeschichten und Kriminalromane.

Susanne Rackwitz erfüllte sich erst vor einigen Jahren ihren Lebenstraum, zu schreiben. Bisher wurden 21 ihrer Kurzgeschichten veröffentlicht. Ein Roman ist in Arbeit. www.susera.de.

Kerstin Rädle studierte Betriebswirtschaftslehre in Deutschland und Frankreich. Sie schreibt Kurzgeschichten, Kolumnen und aktuell ihren ersten Roman. Bisherige Veröffentlichungen in Anthologien.

Katharina Redeker, geb. in Hamburg. Nach dem Abitur Übersetzerstudium in Saarbrücken. Seit 2016 Veröffentlichungen in Anthologien. Sie lebt im Ruhrgebiet und arbeitet als Übersetzerin und Dozentin an einer Universität.

Christina Reinemann, geb. 1982 in Kassel, studierte Geschichte, Psychologie und Chemie an der Universität Oldenburg. Im Jahre 2023 erschienen ihre Kurzgeschichten *Qualitätsmanagement* und *Lebe, Liebe, Lache* in einer Anthropologie.

Susanne Richter lebt bei Leipzig und unterrichtet Geschichte und Deutsch. Bereits im Grundschulalter begann sie, Gedichte und Geschichten zu verfassen. Ihre neueste Kurzgeschichte *Es liest sich schlecht in engen Jeans* erschien 2022.

Sabine Rickmann, geb. 1953, Berlinerin. Architektin. 10 Jahre Puppenspielerin mit eigener Bühne, bis 2019 in der Wohnungswirtschaft tätig. Jetzt Rentnerin mit Hobbys.

Wolfgang Rödig lebt in Mitterfels. Er hat bislang mehr als 800 belletristische Kurztexte in Anthologien, Literaturzeitschriften, Tageszeitungen und Kalendern sowie den Gedichtband *Punkt – Nach Komma, Strich und Faden* veröffentlicht.

Alessia Rößle, geb. 2000 studiert in Berlin Angewandte Literaturwissenschaft. Neben ihrem Studium ist sie Mitorganisatorin eines kleinen Musik-Festivals und probiert sich an Essays, Lyrik und Prosa.

Maike Ruprecht, geb. 1981, technische Assistentin, veröffentlicht seit 2012 Kolumnen auf www.laborjournal sowie 2019 ihre Kurzgeschichtensammlung *Da is ja gar nix!* Unlängst erschien ihr Kolumnensammelband *Laboralltag – heiter bis wolkig*.

Kathrin Samar ist eine österreichische Autorin. Bereits als Teenager schrieb sie Gedichte und Kurzgeschichten. 2024 erschien ihr erster Roman *Wenn aus Zufall Schicksal wird*. Weitere Werke sind in Planung. IG: kathrin.samar.autorin.

Dörte Schmidt, geb. 1972, hat Kulturwissenschaft studiert, lebt in Berlin, hat bereits mehrere Märchen, Gedichte, Grafiken, Kinder- und Kurzgeschichten in Anthologien und Literaturzeitschriften veröffentlicht, bei Schreibwettbewerben gewonnen und einen Sonderpreis erhalten.

Ragna Schmidt, geb. 1991, studierte in Flensburg, Bergen und Riedlingen Germanistik, Pädagogik und Psychologie. Sie arbeitet als Redakteurin und Dozentin. www.ragnaschreibt.de.

Ulrike Schmidt, geb. 1949, wohnhaft in Gevelsberg, Rentnerin. Zahlreiche Beiträge in Anthologien und Zeitungen. Mitglied im Literatur-Kreis Gevelsberg und im Autorenkreis Ruhr-Mark.

Marlis Sylvia Schnoy, geb. 1944 und aufgewachsen in Hamburg, Ausbildung: Kommunikations-Designerin, Dozentin an der Hanseatischen Akademie für Formenlehre und perspektivisches Zeichnen, Hobbys: Holzskulpturen, seit einem Jahr kreatives Schreiben.

Janthe Schröder, geb. 1974 in Bremen, schreibt Kurzgeschichten und Romane. Sie ist in Bremen aufgewachsen und hat dort an der Universität Sozial- und Wirtschaftsgeografie studiert. Seit 2007 lebt sie bei Scheeßel. www.meineblaueblume.de.

Tanja Schwibinger, geb. 1966 in Hildesheim, lebt im Südwesten. Wenn sie nicht schreibt, dokumentiert sie Augenerkrankungen, arbeitet im Garten oder an ihrem Mobil-Heim. Ihre Geschichten wurden in verschiedenen Anthologien veröffentlicht.

Michael Sebörk, geb. 1963 in Koblenz/Rhein. Aufgewachsen ist er an der Mosel. Studium der Pädagogik in Köln und Oldenburg. Zurzeit lebt er in der Nähe von Hannover.

Caroline Seeger wurde 1979 in Zürich geboren und lebt mit ihrer Familie in der Nordwestschweiz. Sie studierte in Zürich, Neuenburg und Basel. Sie arbeitet als Sprachlehrerin. Das Schreiben war von früh auf ihre Leidenschaft.

Mirja Seim, geb. 1981 in Bremerhaven, ist Fremdsprachenkorrespondentin, lebt mit Mann und Sohn in Friesland und liebt Schokolade.

Werner Siepler sinniert in gereimten Versen, humorvoll zum Nachdenken anregend, über die Macken und Marotten der Menschen. Durch seine Gedichte möchte der Autor die Problematik verschiedener Themen auf den Punkt bringen und Denkanstöße geben.

Stuart Smith, geb. 1992, wuchs in Hildesheim auf und beendete 2020 seinen Master in Philosophie-Künste-Interkulturell. Nach dem Studium zog er nach Cottbus.

Susanne Sperber unterrichtet seit gut 20 Jahren D/G am Willibald-Gluck-Gymnasium in Neumarkt/OPf. In ihrer Freizeit schreibt sie fleißig und gerne Gedichte für Geburtstagsfeiern oder Karten für die gesamte Verwandtschaft.

Jan Stechpalm, geb. 1966, Köln, schrieb die Gedichtbände *Aus VersEhen* (2008), *Versiert serviert* (2014) und *Verwobene Welten* (2017), die Erzählung *Odyssee durch Russland* (2011, Englisch 2019) und Beiträge in Anthologien, Zeitschriften und Blogs.

Ada Storm fühlt sich von Orten mit Büchern magisch angezogen, sie schreibt und liest daher oft in Bibliotheken und geht nie ohne Notizbuch aus dem Haus. Mit ihrem Partner lebt sie umgeben von viel Natur irgendwo in der Mitte Deutschlands. ada.storm@gmx.net.

Jens Stratmann lebt und arbeitet in Greven. Er isst selber sehr gern Schokolade, Zeugin ist die Waage.

Hans Sutter, geb. 1942 im Toggenburg, hat in mehreren Branchen als Kaufmännischer Angestellter gearbeitet. Seit Jahrzehnten wohnt er in Graubünden.

Andrea Timm, geb. 1975 in Bonn. Ans Schreiben kam sie in der Zeit, in der ihre Kinder sie jeden Tag aufs Neue in die Welt der Fantasie entführten. Was sie textet, dichtet und veröffentlicht, ist im Netz unter www.timmchen-schreibt.de zu finden.

Michaela Uhlig, geb. 1952 in Heidelberg, 1971 Fachhochschulreife, Abschluss zur Tanzpädagogin 1980. Tänzerin der Gruppe *Winter auf Mallorca* Eröffnung der Schule für Schauspiel Hamburg, Ausbildung zur professionellen Schauspielern. Texte und Schreiben sind ihre Leidenschaft.

Thedy Van Goy, geb. 1944 in Zürich ist verheiratet und hat einen Sohn. Er doziert BWL an höheren Fachschulen und lebt seinen Jugendwunsch, einmal Autor zu werden, heute aus. Bisher hat er zehn Bücher geschrieben.

Kerstin Voigt, geb. 1959, ist Pfarrerin, Dozentin für Praktische Theologie und war bis 2022 als Personalreferentin in der Evangelischen Kirche in Mitteldeutschland tätig. Heute lebt sie im Ruhestand in Erfurt.

Niklas von Rhein, geb. 1998, schreibt Geschichten, seit er schreiben kann. Heute lebt er in Darmstadt, wo er an Romanen und Kurzgeschichten arbeitet und in Quantenchemie promoviert.

Anathea Westen lebt mit ihren Hunden im idyllischen Kreis Lippe, im Nord-osten NRWs. Mehrere ihrer Texte wurden bereits in Anthologien veröffentlicht. www.anathea.de.

Cleo A. Wiertz, Jg. 1954. Dipl.-Psychologin, Schriftstellerin, Fotografin und Bildende Künstlerin. www.cleo-wiertz-textures.com.

R.S. Wiener. Der gebürtige Leipziger arbeitet hauptberuflich in einem Autohaus und verfasst in seiner Freizeit gern Kurzgeschichten unterschiedlicher Genres. Bisher sind mehrere seiner Geschichten in Anthologien oder als E-Book erschienen.

Karen Wright, geb. 1962 in Frankfurt. Lebt mit Mann und Kindern in Devon. Hat Kinderbücher aus dem Englischen ins Deutsche übersetzt, in verschiedenen Anthologien Geschichten und Gedichte veröffentlicht, sowie Bücher über Selfpublishing.

Dieter Zaiser, geb. 1953 in Kirchheim/Teck. Während seines Studiums der Technischen Informatik begann er Kurzgeschichten und Gedichte zu verfassen. Er ist verheiratet, hat drei Kinder u. zwei Enkel, die ihn dazu inspirieren auch Kindergedichte zu verfassen.

Alexander Zar, geb. 1949. Der Schweizer Schriftsteller und selbständige Treuhänder lebt in seiner Geburtsstadt Basel. Studium der Wirtschaftswissenschaften, verschiedene Veröffentlichungen, Theaterautor.

Sabine Zercher, geb. 1964, langjährige Verlagsassistentin im Fachbereich Psychologie, Autorin von *Märchen und mehr*, Kurzgeschichten in verschiedenen Anthologien, außerdem mit Texten und als Sprecherin an einem Hörbuch beteiligt.

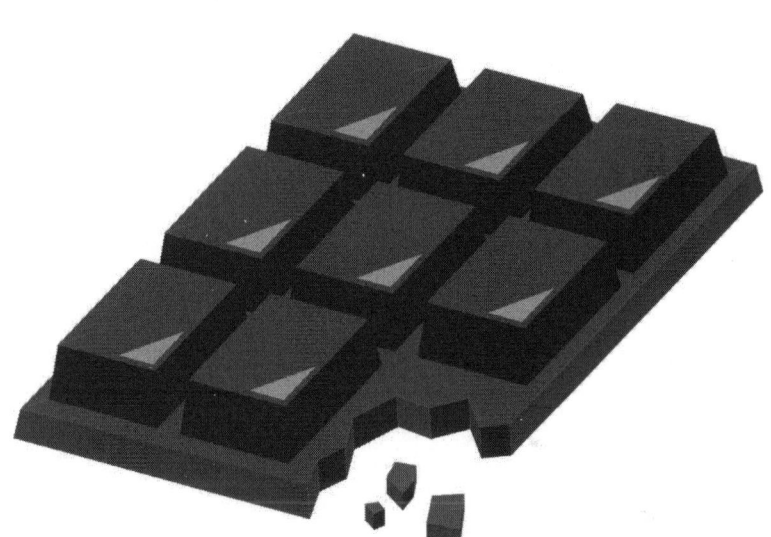